智能财税岗课赛证融通教材·高职系列

智能化成本核算与管理

中联集团教育科技有限公司　组　编
郭邦涌　主　编
单　松　副主编
刘晓菊　王诗憬　葛淼文　参　编

电子工业出版社
Publishing House of Electronics Industry
北京·BEIJING

内 容 简 介

本书是为适应企业会计工作智能化应用发展的新变化，按照"岗课赛证一体化"特色会计人才培养要求，以最新企业会计准则和相关法律法规为指导而组织编写的。本书在对成本会计工作过程和内容进行系统梳理的基础上，以成本会计岗位的主要工作任务为线索进行组织，划分为成本会计工作准备、要素费用发生的处理、账面成本费用分配结转、产品成本计算方法应用、成本报表编制与分析 5 个单元，共 17 项任务；结合要素费用发生的处理，对企业材料费用、人工费用和其他要素费用控制管理的真实案例进行分析，体现了成本会计岗位"算管结合"的工作要求。

本书体系完整、内容实用、配套资源丰富，既可作为高等职业教育财会类专业智能化成本核算与管理课程的教学用书，也可作为企业管理人员的自学参考用书。

未经许可，不得以任何方式复制或抄袭本书之部分或全部内容。
版权所有，侵权必究。

图书在版编目（CIP）数据

智能化成本核算与管理 / 郭邦涌主编. —北京：电子工业出版社，2024.1
ISBN 978-7-121-46846-9

Ⅰ．①智… Ⅱ．①郭… Ⅲ．①成本计算 ②成本管理 Ⅳ．①F231.2

中国国家版本馆 CIP 数据核字（2023）第 239549 号

责任编辑：贾瑞敏
印　　刷：北京建宏印刷有限公司
装　　订：北京建宏印刷有限公司
出版发行：电子工业出版社
　　　　　北京市海淀区万寿路 173 信箱　邮编 100036
开　　本：787×1 092　1/16　印张：13.25　字数：339 千字
版　　次：2024 年 1 月第 1 版
印　　次：2025 年 7 月第 2 次印刷
定　　价：47.00 元

凡所购买电子工业出版社图书有缺损问题，请向购买书店调换。若书店售缺，请与本社发行部联系，联系及邮购电话：（010）88254888，88258888。
质量投诉请发邮件至 zlts@phei.com.cn，盗版侵权举报请发邮件至 dbqq@phei.com.cn。
本书咨询联系方式：（010）88254019，jrm@phei.com.cn。

前言

本书编写的初衷是要为智能化成本核算与管理课程教学提供一本好教材。针对企业成本核算与管理工作的环境、内容和要求的新变化，编者结合多年来成本会计课程教学改革实践和探索的经验，在编写中力求做到以下几点。第一，条理清晰，逻辑严密。本书内容以两个线索展开，一个是成本核算与管理工作（准备、日常处理、期末处理）过程线索；另一个是成本核算与管理具体方法学习到面向企业系统应用线索。第二，突出重点，化解难点。对于教学重点、难点内容，通过理论阐述、举例讲解、课堂案例（案中学）、课后训练等环节，为学生学懂理论并扎实掌握技能提供保障。第三，立足实际，适应发展。本书对随着智能化技术在会计应用中的发展成本账务处理方法的变化，以及随着社会经济的发展成本管理理念和方法的创新，都做了相应的介绍。本书从结构、体例到内容，都凝结着编者多年制造企业会计工作的经验和成本会计教学研究的心血。

本书以岗位工作任务为导向，通过任务情境描述，明确任务要求，进行任务分析；从学生掌握知识和技能、高质量完成工作入手讲解相关知识，结合案例完成任务；突出工作过程条理化、工作内容标准化，也是深化智能化成本核算与管理课程工作过程系统化教学改革的一种探索。

本书体现德育为先、全面育人的思想，结合学生岗位工作的责任意识、担当意识、精益意识、保密意识的教育，培养其爱国、守法、敬业精神。通过二维码提供学生学习借鉴的论文，促进学生思想政治水平和专业理论修养的提高。

本书的内容与组织特色如下。

1．严守专业规范

教材中的表单、账页密切结合实际工作场景，尽量做到统一、规范。对账务处理中的单、证、账、表，严格按照会计工作规范要求处理。例如：金额数字书写格式统一为3位一个分节号，以元为单位，精确到分位，使学生养成规范书写金额数字的习惯。

2．强调成本管理

针对制造企业产品生产成本的主要构成内容，编写了材料费用、人工费用和其他费用控制管理的11个真实案例，通过案例分析开阔学生视野、培养学生成本管理意识，真正体现了成本核算与管理的有机结合。这是一个重要创新。

3．紧扣发展变化

根据企业会计信息化的发展，成本核算处理自动化使成本会计教学重点发生转变，本书强调会计方法要与企业生产管理实际相适应，对基于不同应用场景下的成本会计方法的选择和要求做了详细论述，注重成本会计方法的适用性，以提高账务处理的效率和效果。

4．教学设计完善

对于教学重点、难点，设置了课堂教学案例，教师课堂上可先启发学生进行操作处理，然后再做全面操作讲解，以提高教学效果。课后设置充足的技能训练内容，单项技能训练侧重于具体工作任务的账务处理方法应用，综合技能训练让学生完成一家大型制造企业一个会计期间完整的生产业务活动的成本账务处理，使学生学过如同在企业做过。

5. 教学资源丰富

本书配套的教学资源包括：第一，完整的教学课件；第二，对17项任务内容细分录制的34个微课；第三，所有"案中学"教学案例的参考答案；第四，所有任务测试的参考答案。以上资源通过出版社向使用本书的教师免费提供。

本书由中联集团教育科技有限公司组编，金华职业技术学院郭邦涌担任主编，金华职业技术学院单松担任副主编，金华职业技术学院刘晓菊、王诗憬、葛淼文参编。郭邦涌负责制定编写大纲并统稿。具体编写分工为：单元一，单元三的任务一、二、三，单元四由郭邦涌编写；单元二的任务一由郭邦涌、单松共同编写；单元二的任务二、三，单元三的任务四由刘晓菊编写；单元五由郭邦涌、王诗憬共同编写；各项任务后的任务检测由郭邦涌、葛淼文共同编写。

在本书的编写过程中，参阅了大量的著作和文献资料，在此向相关作者表示感谢。有关案例资料编写得到了金华安泰会计师事务所的大力支持，微课制作得到了中联集团教育科技有限公司的大力支持，在此表示衷心感谢！

由于编者水平有限，时间比较仓促，书中疏漏及错误之处在所难免，敬请广大读者批评指正。

编　者

说明：除非另有说明，全书有小数或除不尽的情况，默认保留2位小数。

目 录

单元一　成本会计工作准备　1

任务一　明确成本会计职能与要求/2
　任务情境/2
　相关知识/2
　　一、成本会计职能/2
　　二、产品成本核算要求/4
　　三、产品成本管理的原则/6
　任务实现/6
　任务总结/6
　任务测试/7
任务二　认识生产型企业/8
　任务情境/8
　相关知识/9
　　一、生产型企业的划分/9
　　二、大型制造企业的部门设置/9
　　三、制造企业的生产类型及其特点/10
　　四、制造企业的生产特点及管理要求对成本会计的影响/11
　任务实现/12
　任务拓展/12
　任务总结/13
　任务测试/13
任务三　区分成本费用与设置成本账户/14
　任务情境/14
　相关知识/14
　　一、区分成本费用/14
　　二、设置产品成本核算账户/16
　任务实现/26

　任务总结/26
　任务测试/26
任务四　制定产品成本核算流程/27
　任务情境/27
　相关知识/29
　　一、产品成本核算的工作环节/29
　　二、制定产品成本核算的账务处理流程/30
　任务实现/32
　任务总结/33
　任务测试/33

单元二　要素费用发生的处理　36

任务一　核算材料费用/37
　任务情境/37
　相关知识/39
　　一、材料领用的原始凭证/39
　　二、材料费用核算的程序/41
　　三、材料费用的确认/43
　任务实现/49
　任务总结/50
　任务测试/50
任务二　人工费用核算/59
　任务情境/59
　相关知识/60
　　一、职工薪酬的内容/60
　　二、职工薪酬核算账户设置/61
　　三、工资的计算/62
　　四、工资费用分配的核算/66
　　五、社会保险费的核算/67

六、住房公积金、工会经费和职工教育经费的核算/68

七、离职后福利的核算/69

八、职工福利费的核算/70

任务实现/73

任务总结/74

任务测试/74

任务三　其他要素费用的核算/81

任务情境/81

相关知识/82

一、折旧费的核算/82

二、水电费的核算/83

三、其他费用的核算/85

任务实现/86

任务总结/86

任务测试/86

单元三　账面费用分配结转

任务一　分配结转辅助生产成本/91

任务情境/91

相关知识/92

一、直接分配法/93

二、交互分配法/95

三、代数分配法/97

四、顺序分配法/98

五、计划成本分配法/100

任务实现/101

任务总结/102

任务测试/102

任务二　分配结转制造费用/105

任务情境/105

相关知识/106

一、人工工时比例分配法/106

二、人工工资比例分配法/106

三、机器工时比例分配法/107

四、标准机器工时比例分配法/107

五、年度计划分配率分配法/108

任务实现/109

任务总结/109

任务测试/110

任务三　单独核算生产损失/111

任务情境/111

相关知识/111

一、废品损失/111

二、停工损失/114

任务实现/114

任务总结/114

任务测试/115

任务四　分配结转产品生产成本/116

任务情境/116

相关知识/118

一、不计算在产品成本法/118

二、在产品成本按年初固定数计算法/119

三、在产品按所耗直接材料成本计价法/120

四、约当产量比例法/120

五、在产品按定额成本计价法/124

六、定额比例法/125

七、在产品按完工产品成本计价法/126

任务实现/126

任务总结/128

任务测试/129

单元四　产品成本计算方法应用

任务一　应用品种法/136

任务情境/136

相关知识/137

一、品种法的应用范围/137

二、品种法的主要特点/137

三、品种法的核算程序/138

任务实现/143

任务总结/143

任务测试/144

任务二　应用分批法/145

任务情境/145
相关知识/146
　一、分批法的应用范围/146
　二、分批法的主要特点/146
　三、分批法的核算程序/147
任务实现/151
任务总结/152
任务测试/152

任务三　应用分步法/157
任务情境/157
相关知识/158
　一、分步法的应用类型/158
　二、分步法的特点/159
　三、分项结转分步法的应用/159
　四、综合结转分步法的应用/162
　五、平行结转分步法的应用/166
任务实现/170
任务总结/172
任务测试/172

任务四　应用成本计算辅助方法/179
任务情境/179
相关知识/179
　一、分类法/179
　二、定额法/182
　三、作业成本法/188
任务实现/188
任务总结/189
任务测试/189

单元五　成本报表编制与分析　191

任务一　编制成本报表/192
任务情境/192
相关知识/193
　一、成本报表的概念和作用/193
　二、成本报表的特点/193
　三、成本报表的编制/193
　四、成本报表设计要求/196
任务实现/196

任务总结/197
任务测试/197
任务二　分析成本报表/198
任务情境/198
相关知识/199
　一、成本报表分析的意义与内容/199
　二、成本报表分析方法/199
任务实现/201
任务总结/202
任务测试/202

单元一
成本会计工作准备

精神独立、执业
守正、价值创新

▶ **思政目标**

1. 强化财经法律意识，遵守会计职业道德，遵守财经法规。
2. 树立正确的世界观、价值观、人生观。
3. 培养爱岗敬业、诚实守信、坚持原则、依法纳税、强化服务等职业道德。
4. 增强成本管理的责任感，形成立足岗位为企业发展做贡献就是为国家建设做贡献的思想认识，培养通过职业活动为社会创造财富的荣誉感。

▶ **知识目标**

1. 掌握成本会计的职能。
2. 掌握产品成本的核算要求。
3. 掌握产品成本管理的原则。
4. 掌握制造企业生产工艺及组织特点。
5. 掌握制造企业生产类型的划分。
6. 掌握制造企业成本项目，了解其他企业成本构成项目。
7. 掌握成本会计核算工作一般环节。
8. 掌握成本会计账务处理一般流程。
9. 掌握成本账簿的登记规则。

▶ **技能目标**

1. 能够区分生产费用与非生产费用、直接费用与间接费用、个别费用与共同费用。
2. 能够分析企业具体生产特点及管理要求，确定成本计算对象。
3. 能够根据企业具体情况设置成本账户并确定成本项目。
4. 能够根据成本账户设置制定产品成本核算账务处理流程清单。
5. 能够绘制企业产品成本核算账务处理流程图。

智能化成本核算与管理

任务一　明确成本会计职能与要求

微课：成本会计的职能与要求

任务情境

情境描述

大学毕业生赵明被大型机械制造企业江海机床集团录用，安排在财务部成本会计岗位工作。财务部经理首先让他学习企业岗位设置及任职要求文件，以明确成本会计岗位的工作职能与要求。

任务要求

① 明确成本会计有哪些职能，正确认识成本核算与成本管理的关系，深刻认识成本管理的重要性，强化成本管理意识。

② 成本核算有哪些要求？成本管理有哪些原则？

任务分析

成本会计岗位是制造企业财会部门必设的重要岗位，主要负责企业生产过程中所发生费用的核算和管理，以实现企业成本控制目标。成本核算主要是把生产发生的费用，按一定标准进行分类汇总，归集一定时期内实际发生的生产费用总额，计算产品总成本和单位成本。成本管理主要是建立和完善有关的成本管理规章制度，开展成本预测、决策、计划、控制、考核等工作，以降低企业生产费用，合理控制产品成本。

现实中，一些成本会计人员只做成本核算，不做成本管理，或者主要做成本核算，较少开展成本管理的主要原因有两个：一是思想上对成本会计管理职能的重要性既没有清楚的认识，也不清楚成本会计有哪些具体的管理职能；二是不知道如何开展成本管理，从而不能把成本管理与自己岗位的核算工作结合起来，去主动开展成本管理工作。解决这一问题，首先要领悟成本会计职能，明确岗位职责；其次要学习成本核算、成本管理理论和方法，掌握做好岗位工作的各项技能。

相关知识

一、成本会计职能

成本会计是随着经济发展而逐步发展起来的一个重要会计分支。由早期记录、计算企业生产和销售产品的成本，提供相关成本信息，到如今已形成现代成本会计较为系统和稳定的职能，成本会计在企业生存与发展中发挥着越来越大的作用。随着信息技术在会计领域应用的不断深化，成本会计的工作手段、方法和模式不断变化。成本数据的采集、加工处理越来越多地由会计软件自动进行，从而为成本会计人员更好地开展成本管理工作提供了更多的时间保障和技术支持。这将使成本会计职能在企业中得到更充分的发挥。

成本会计职能按与成本有关的经济业务事先、事中、事后的时效性划分为 7 个方面：成本预测、成本决策、成本计划、成本控制、成本分析、成本核算、成本考核。

（一）成本预测

成本预测是指对成本未来变动趋势及成本水平所做的科学判断和估算，是企业成本管理的起点。成本预测要在掌握企业内部情况及外部环境的有关数据，明确相关技术和经济因素影响的基础上，通过一定的程序选用适当的模型和方法，将定性与定量分析相结合，才能提高准确性，从而为成本决策提供可靠的依据。

（二）成本决策

成本决策是指在成本预测的基础上，结合成本决策事项所要达到的目标，提出各种可能的成本决策方案，再运用适当的方法和科学的程序，对企业有关的成本决策方案做出判断和选择。企业成本决策既重要又复杂，单纯从成本水平比较来看，成本低的方案比成本高的方案少消耗企业资源。但当不同成本水平所产生的绩效不同时，就不一定是成本越低的方案越好了，而需要在成本效益综合分析的基础上做出正确的成本方案选择。

（三）成本计划

成本计划是指根据成本决策所确定的目标，确定企业计划期内为完成计划产量所发生的耗费和各种产品的成本水平，并制定完成成本指标所采取的措施。成本计划是开展成本管理责任制的基础，对成本控制和挖掘成本降低潜力具有重要作用。

（四）成本控制

成本控制是指按预先制定的计划成本、标准成本等目标成本，对实际发生费用进行审核，将其限定在成本计划或成本标准范围内，及时反馈实际成本和计划成本或成本标准之间的差异，揭示造成成本差异的原因，并采取措施消除不利因素，以使实际成本符合目标成本要求。企业成本控制需要对控制目标、内容进行细化和分解，明确责任主体，以使具体控制措施落到实处。

（五）成本分析

成本分析主要是指利用成本核算所取得的成本数据与成本计划、往年同期实际、历史先进水平、国内外同类企业有关数据进行比较，以揭示成本水平的差别和成本变动的趋势，研究影响成本的因素和成本变动的原因，为进一步改善成本管理、寻找降低成本的途径提供依据。

（六）成本核算

成本核算是指对企业生产经营过程中发生的各种生产费用进行归集和分配，采用适当的方法计算各种产品的单位成本和总成本，并及时提供有关成本信息，以满足管理需要。

（七）成本考核

成本考核是指按经济责任制要求，评价企业各成本责任主体对事先下达的成本计划及具体控制目标的完成情况，并与相应的奖惩制度相结合，奖优罚劣。成本考核与成本计划、成本控制共同构成成本管理的闭环，起到约束各责任主体执行成本计划和调动其成本控制积极性的重要作用。

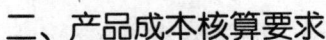

二、产品成本核算要求

（一）做好成本核算基础工作

成本核算的基础工作涉及费用发生的各个方面，是成本计量正确性、及时性、合理性的重要保证。它主要包括：

① 建立各种财产物资的计量、收发、盘点、保管等规程。
② 制定生产过程中的料、工、费等相关定额标准及定额管理制度。
③ 健全领料单、退料单、生产工时记录单、产量记录单等与成本核算相关的各种原始凭证，明确各项费用的审批权限和凭证传递程序。
④ 完善相关信息系统，保证费用信息传递的及时、准确和有效性。

（二）正确划分各种费用支出的界限

1. 资本性支出与收益性支出的界限

正确划分资本性与收益性支出的界限，是保证成本核算口径正确、成本数据完整的重要内容。当一项支出所取得的效益与多个会计期间相关时，该支出属于资本性支出。对于资本性支出要进行资本化处理，计入有关资产价值。而当一项支出所取得的效益仅与一个会计期间相关时，就属于收益性支出。收益性支出计入取得效益的当期损益。会计实务中的各种支出要根据实际业务情形，按照《企业会计准则》的有关规定正确区分处理。

《企业会计准则——基本准则》规定："企业为生产产品、提供劳务等发生的可归属于产品成本、劳务成本等的费用，应当在确认产品销售收入、劳务收入等时，将已销售产品、已提供劳务的成本等计入当期损益。""企业发生的支出不产生经济利益的，或者即使能够产生经济利益但不符合或者不再符合资产确认条件的，应当在发生时确认为费用，计入当期损益。"

《企业会计准则》（第17号借款费用）规定："符合资本化条件的资产，是指需要经过相当长时间的购建或者生产活动才能达到预定可使用或者可销售状态的固定资产、投资性房地产和存货等资产。"制造企业产品正常生产周期超过一个会计年度的，对于可直接归属于该产品生产的借款费用，应计入产品成本。

2. 计入产品成本的费用与期间费用的界限

计入产品成本的费用是在生产产品或提供劳务过程中发生的，构成产品成本或劳务成本的费用。它要与产品销售收入或劳务收入相配比，在产品销售、劳务提供实现时才计入期间损益。在计入期间损益之前，计入产品成本、劳务成本的费用属于存货资产的构成内容。

期间费用是企业经营管理过程中发生的，直接计入当期损益的各项费用，包括销售费用、管理费用、财务费用。期间费用与一定期间密切相关，而与产品生产和劳务提供不存在紧密联系，因而制造企业成本核算要严格区分它与计入产品成本的费用的界限。

3. 本期费用与非本期费用的界限

费用实际发生的时间与它应当发生的时间可能存在不一致的情况。正确划分本期费用与非本期费用应遵循权责发生制和配比原则。一项应由本期负担的费用，应当计入本期的产品成本或期间成本。例如，企业生产产品过程中使用的临时租入的设备，无论租金是否在本期支付，只要本期已经使用该设备，就应当将本期应负担的租金确认为本期费用，计入本期生产成本。如果一项费用不应由本期负担，则即使实际支出发生在本期，也不应作为本期费用处理。

4. 不同产品成本的界限

企业生产多种产品时，必须正确区分不同产品的成本。凡能直接分清是为生产哪种产品而发生的费用，就应将费用归属于该种产品，作为该产品的成本构成内容。例如，产品生产中形成产品实体的原材料费用。对于不能分清是为生产哪种产品而发生的费用，则应采用合理的分配标准进行分配，计入有关产品成本。

5. 完工产品成本和在产品成本的界限

在企业持续不断的生产过程中，当一个会计期间生产的产品没有全部完工，而存在一定数量的在产品时，产品成本核算要将全部生产费用在完工产品和在产品之间进行分配。成本核算中要采用适当的方法，将归集的生产费用在完工产品和在产品之间合理地分配，避免人为地提高或降低月末在产品成本，造成完工产品成本不实的情况。

（三）遵守一致性原则

成本数据是企业管理中较重要的数据之一，为保证成本信息口径的一致和相互可比，便于被理解和利用，成本核算所采用的会计政策应保持一致，不得随意变更。确需变更的，应当说明理由。

（四）遵守配比原则

成本核算过程中需要对共同费用、间接费用、辅助生产费用等各项费用进行分配，将费用归集给相应的承担者。分配应遵循"谁受益谁负担"的原则，负担多少根据受益程度而定。

（五）选择适当的成本核算方法

成本会计人员必须根据企业生产特点和管理要求，选择适当的成本核算方法。企业有大有小，产品种类有多有少，生产过程有繁有简，如果成本核算要确保及时、准确、完整地提供成本信息，就要在核算对象、计算期和程序等方面有所选择。针对不同企业应用条件下产品成本计算的要求，有3种基本方法可供选择，在实务中结合企业实际情况还可以选用一些辅助方法。随着经济、科技的发展，成本核算方法还将不断创新与丰富。

（六）遵守及时性原则

成本会计人员要提供企业成本信息，为企业管理服务，就必须及时处理生产经营中发生的费用并向企业相关管理者提供信息。成本信息是企业经营管理最具有重要性的会计信息——大到制定企业经营战略，小到产品定价、营销策略，无不需要成本信息的支撑，因而成本会计人员不仅要按月编制生产成本有关报表，还要按管理需要及时进行成本分析，以全面反映企业生产成本计划执行情况、产品成本水平及其变动情况，甚至还需要及时搜集、掌握同行业及市场上与企业成本相关的信息。

三、产品成本管理的原则

（一）成本效益原则

成本管理应用相关工具、方法时，应权衡其为企业带来的收益和付出的成本，避免获得的收益小于其投入的成本。成本管理的根本目的是提高企业的经济效益，而管理活动本身也有成本，因此开展成本管理要从全局着眼、局部着手，总体把握成本支出所产生的效益。成本效益原则是企业一切管理活动的根本要求，达到这一要求还要遵循其他具体原则。

（二）融合性原则

成本管理应以企业业务模式为基础，将成本管理嵌入业务的各领域、各层次、各环节，实现成本管理责任到人、控制到位、考核严格、目标落实。在实际工作中，要防止出现管理制度要求与实际业务处理"两张皮"的现象，避免有制度不执行，或者以各种理由使制度流于形式的现象。例如，某企业为分批组织生产产品制定了各批次产品的定额工时标准，但车间在生产期间可以向生产主管申请增加定额工时，就会使定额管理制度流于形式。

（三）适应性原则

成本管理应与企业生产经营特点和目标相适应，尤其要与企业发展战略或竞争战略相适应。企业生产技术特点不同，或者处于不同的发展阶段，所采取的管理理念、方法也会不同，要避免跟风和不切实际的做法。例如，在推进管理会计在企业的应用中，对生产自动化程度不高、间接费用在成本结构中占比较少的企业采用作业成本法进行产品成本核算，就与应用作业成本法的条件和推进管理会计应用的初衷不符。有效的成本管理必然是形式和内容的高度统一。

（四）重要性原则

成本管理应重点关注对成本具有重大影响的项目，对不具有重要性的项目则可以适当简化管理。这是符合辩证唯物主义矛盾论的正确处理。要把成本结构占比大、成本变动速度快、未来不确定性高的成本构成要素作为成本管理的主要对象，抓住成本管理的主要矛盾，才能取得好的成本管理效果。

任务实现

请学生背诵成本会计七大职能、六项核算要求、四项管理原则，并对其含义进行简要阐述，通过学生课后自测及课堂教师检查达到任务要求。

任务总结

① 按时间线索将成本会计职能划分为七大职能，如表 1-1 所示。

表 1-1　成本会计七大职能

事　前		事　中			事　后	
① 成本预测	② 成本决策	③ 成本计划	④ 成本控制	⑤ 成本分析	⑥ 成本核算	⑦ 成本考核

② 按成本核算的工作过程概括产品成本核算六项要求，如表 1-2 所示。

表 1-2　产品成本核算六项要求

成本核算工作过程	具体要求
核算准备	① 做好成本核算基础工作
费用计量	② 正确划分各种费用支出的界限
	③ 遵守一致性原则
	④ 遵守配比原则
成本计算	⑤ 选择适当的成本核算方法
信息披露	⑥ 遵守及时性原则

③ 按成本管理不同层面的要求概括产品成本管理四项原则，如表 1-3 所示。

表 1-3　产品成本管理四项原则

层　面	根本原则	操作原则		
要求	① 成本效益原则	② 融合性原则	③ 适应性原则	④ 重要性原则

任务测试

在线测试

一、单项选择题

1. 企业成本会计最基本的职能是（　　）。
   A．成本决策　　　　　　　　　B．成本核算
   C．成本考核　　　　　　　　　D．成本分析
2. 企业日常成本管理工作的起点是（　　）。
   A．成本预测　　　　　　　　　B．成本计划
   C．成本控制　　　　　　　　　D．成本分析
3. 下列属于成本核算应做好的基础工作的是（　　）。
   A．划分各种费用界限　　　　　B．建立、健全各种原始凭证及记录
   C．及时提供成本信息　　　　　D．选择适当的成本计算方法
4. 成本管理应遵循的根本原则是（　　）。
   A．融合性原则　　　　　　　　B．适应性原则
   C．重要性原则　　　　　　　　D．成本效益原则

二、多项选择题

1. 属于成本事前管理的职能包括（　　）。
   A．成本预测　　　　　　　　　B．成本决策
   C．成本核算　　　　　　　　　D．成本考核
2. 属于成本事后管理的职能包括（　　）。
   A．成本控制　　　　　　　　　B．成本分析
   C．成本核算　　　　　　　　　D．成本考核

3. 属于成本会计事中管理的职能包括（　　）。
   A. 成本决策　　　　　　　　　　B. 成本计划
   C. 成本控制　　　　　　　　　　D. 成本考核
4. 成本核算的基础工作包括（　　）。
   A. 健全各种财产物资管理制度　　B. 制定生产定额管理制度
   C. 建立、健全各种原始凭证及记录　　D. 完善相关信息系统

三、判断题

1. 成本会计的工作主要是开展成本核算。（　）
2. 一项费用在本期实际支出了款项就是本期费用。（　）
3. 一项支出的效益仅与一个会计年度相关的属于收益性支出。（　）
4. 成本管理过程中，为达到目的可以不计代价地运用各种手段和方法实施管理。（　）

四、简答题

1. 成本核算的要求有哪些？
2. 成本管理的原则有哪些？

任务二　认识生产型企业

微课：走进生产型企业

任务情境

情境描述

江海机床集团开展新员工培训，要求每位新员工了解企业机构设置及职能，熟悉自己的岗位工作所涉及的相关业务内容，以便顺利开展工作；要求赵明了解企业部门设置及类型、产品种类及名称、生产工艺技术过程及生产组织特点；明确企业生产和管理客观环境对岗位工作的影响。江海机床集团的部门设置如表1-4所示。

表1-4　江海机床集团的部门设置

序号	部门名称	序号	部门名称	序号	部门名称
1	行政部	9	成品部	17	供电车间
2	人事部	10	市场部	18	铸造车间
3	后勤部	11	销售部	19	电镀车间
4	财务部	12	售后部	20	热处理车间
5	采供部	13	运输公司	21	冷作车间
6	生产部	14	工具车间	22	机加车间
7	工艺部	15	蒸汽车间	23	装配车间
8	质监部	16	机修车间	24	油漆车间

江海机床集团主要产品的生产工艺流程为：铸造车间生产铁铸件、铝铸件，检验合格

后交自制半成品库；机加车间从自制半成品库领用铸件加工螺纹磨床床身、丝杠磨床床身等部件后，直接交装配车间；装配车间将机加车间转来的部件及外购件装配，生产出机床产品，检验调试合格后交成品仓库。

任务要求

① 江海机床集团的部门设置中哪些是管理部门？哪些是生产部门？哪些是辅助生产部门？哪些是基本生产部门？

② 企业的主要产品机床的生产工艺特点是单步骤，还是多步骤？生产组织的特点是大量生产、分批生产，还是单件生产？

任务分析

高职学生一般没有企业实践经历，缺少对企业部门设置及运作的感性认识。如果前序课程设置了企业经营管理沙盘实训，就有助于学生了解制造企业部门的基本运作过程。也可通过企业实例，帮助学生理解企业按生产特点进行的类型划分。

相关知识

一、生产型企业的划分

生产型企业是指其经济活动具有生产过程的企业。狭义的生产过程通常是指生产实物产品的过程；广义的生产过程不仅包括产出产品，而且包括提供劳务的过程。从产业划分上看，生产型企业属于第二产业（采矿业，制造业，电力、热力、燃气及水生产和供应业，建筑业）和部分第三产业（农、林、牧、渔专业及辅助性活动，开采专业及辅助性活动，机械和设备修理业，交通运输业，信息传输、软件和信息技术服务业）。其中，制造企业是利用一定经济资源，通过组织生产加工制造各种生产和生活所需产品的企业，是生产型企业的主要组成部分。其基本业务活动过程包括供应过程、生产过程、销售过程 3 个主要阶段，生产过程较为典型。因此，成本会计教学一般以制造企业为例。

据统计，我国目前拥有联合国产业分类中所列的全部工业门类，共有 41 个工业大类，207 个工业中类，666 个工业小类。这充分体现了我国人民的勤劳和智慧。

二、大型制造企业的部门设置

大型制造企业的部门设置可划分为管理部门与生产部门两类，如图 1-1 所示。

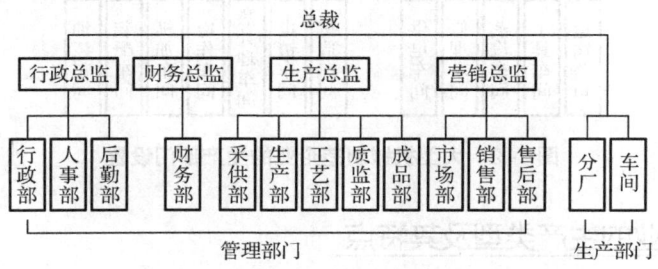

图 1-1 大型制造企业的部门设置

（一）管理部门

企业管理部门的设置因企业规模与管理模式的不同而有所差别。大型制造企业一般需要设置的管理部门如下。

① 行政部：主要负责企业内部及对外行政事务管理，包括文件收发、会议组织、印章管理、法律事务、检查监督等内容。

② 人事部：主要负责企业人才与人力保障和管理，包括人员招聘、人员培训、劳资管理等。

③ 后勤部：主要负责企业生产、环境、卫生等。

④ 财务部：主要负责企业会计核算、财务管理。

⑤ 采供部：主要负责企业生产材料的采购与管理。

⑥ 生产部：主要负责企业生产计划的制订与管理。

⑦ 工艺部：主要负责企业产品生产技术流程的制定与管理。

⑧ 质监部：主要负责企业产品的质量监督与控制。

⑨ 成品部：主要负责企业产成品的保管与收发。

⑩ 市场部：主要负责产品的市场调研、市场开发与维护。

⑪ 销售部：主要负责产品销售订单、销售计划的管理。

⑫ 售后部：主要负责产品的售后维修及客户反馈与处理。

（二）生产部门

大型制造企业按照生产技术工艺过程及管理要求，设置车间、分厂等部门，负责产品的生产。生产部门根据生产目的的不同分为辅助生产部门与基本生产部门，如图 1-2 所示。辅助生产部门主要为基本生产提供所需要耗用的辅助产品及劳务；基本生产部门生产对外销售的产品。以大型机械制造企业为例，辅助生产部门主要为基本生产提供电力、水、蒸汽、工具等辅助产品，以及运输、修理等劳务，基本生产部门生产过程耗用辅助产品及接受辅助劳务供应，需要承担相应的辅助产品及劳务成本；基本生产部门通过领用材料进行加工，再经过装配、调试，生产出企业对外销售的机械产品。

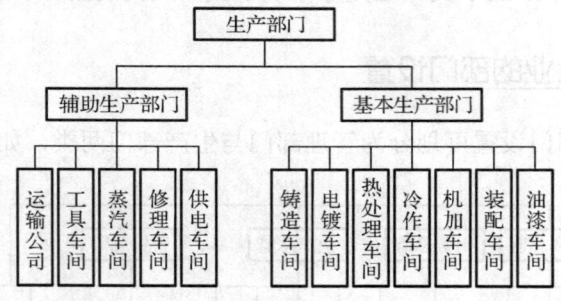

图 1-2　大型机械制造企业的生产部门设置

三、制造企业的生产类型及其特点

制造企业的生产类型及其特点对企业成本核算方法具有重要影响。制造企业的生产类型可按生产工艺过程特点与生产组织特点进行划分。

（一）按生产工艺过程特点划分

制造企业按生产工艺过程特点划分，可分为单步骤生产和多步骤生产。

1. 单步骤生产

单步骤生产是指生产工艺过程不能间断，不能分散在不同的生产场地进行的生产。其产品生产周期一般比较短，通常没有自制半成品或其他中间产品；其生产各工艺技术过程联系紧密，产品只能由一个企业独立完成生产，不能由几个企业协作进行生产。例如，发电、采掘、化肥生产等企业就属于这类。

2. 多步骤生产

多步骤生产是指生产工艺过程由可以间断的多个阶段组成，各阶段可以在不同的生产场地组织生产，各步骤能够生产出各自的半成品。其产品生产周期一般较长。多步骤生产根据加工方式的不同，又可划分为连续式生产和装配式生产。

① 连续式生产是指原材料从生产起点投入后，需要经过多个生产步骤连续加工而生产出产成品，前一步骤生产的半成品将作为后一生产步骤的加工对象。连续式生产的典型企业有纺织、钢铁等企业。

② 装配式生产是指不同原材料投入各生产步骤后，分别生产出产成品所需要的各种零部件（半成品），最后一个生产步骤将前面各步骤生产的零部件组装成产成品。装配式生产的典型企业有汽车、机床等企业。

（二）按生产组织特点划分

制造企业按生产组织特点划分，可分为大量生产、成批生产、单件生产3种类型。

1. 大量生产

大量生产是指企业不断重复生产一种或几种产品的生产。其主要特点是企业生产的产品品种较少、各种产品产量较大、生产的专业化水平较高。采掘、冶金、纺织、机床等生产企业是大量生产的典型企业。

2. 成批生产

成批生产是指企业按照不同的生产批次组织产品生产。其主要特点是各批次产品的规格、型号、原料等各不相同。各批次产量相对较大的称大批量生产，近似于大量生产；各批次产量相对较小的称小批量生产，近似于单件生产。服装、工艺品生产企业是成批生产的典型企业。

3. 单件生产

单件生产是指根据客户对产品规格、型号、性能等方面的特殊要求组织开展个性化的产品生产。其主要特点是受生产组织能力的限制，每次组织生产的数量极少。大型船舶、重型设备生产企业是单件生产的典型企业。

四、制造企业的生产特点及管理要求对成本会计的影响

制造企业不同的生产特点及管理要求对成本会计工作的影响主要表现在以下5个方面。

智能化成本核算与管理

（一）成本会计工作组织

制造企业不同的生产特点对成本会计工作组织的影响主要表现在采用集中核算与分散核算的组织形式上。生产复杂度高的企业一般规模较大，为落实经济责任制，加强生产部门对成本的管控，可能采取"分散核算"形式，在生产部门设置相应的核算岗位并配备会计人员，进行本部门的成本核算、成本管理工作；"集中核算"形式是把企业的成本会计业务集中在企业的财会部门进行，各生产部门只负责提供成本核算与管理的有关业务原始凭证，这种组织形式减少了核算层次及人员，但不利于生产部门对生产成本数据的及时掌握和成本管理。

（二）成本计算对象

成本计算对象是指生产费用归集的对象，即生产耗费的承担者。受生产特点与管理要求的影响，可能以产品品种、生产批次、生产步骤、产品类别、生产作业等作为成本计算对象，以便准确归集生产成本，及时提供管理需要的成本信息。

（三）成本计算期

成本计算期一般与会计分期一致，但在小批量组织生产的条件下，由于生产批次繁多，因此往往以生产周期为成本计算期，以优化成本核算工作。

（四）成本核算流程

开展企业的生产核算工作必须建立与自身生产特点及管理要求相适应的成本核算流程。不同生产特点的企业在要素费用归集处理、账面费用分配结转的先后顺序等方面均有所不同，企业的成本核算具体流程也各不相同。

（五）成本计算方法

成本计算方法是指由成本计算对象、计算期、完工产品成本计算等要素所构成的企业成本会计核算体系。针对不同的生产特点及管理要求，目前形成了品种法、分批法、分步法3种成本计算基本方法，以及分类法、定额法、作业成本法等成本计算辅助方法。

任务实现

① 表1-4中序号1至12的部门为管理部门；序号13至17的部门为辅助生产部门；序号18至24的部门为基本生产部门。

② 江海机床集团的主要产品机床的生产工艺是多步骤生产，既有连续式生产，又有装配式生产。其生产组织特点是大量生产。

任务拓展

请学生利用课余时间开展社会实践，实地调查一家生产型企业，了解企业部门设置、企业生产工艺过程及生产组织，结合理论所学进行企业生产特点的概括及类型划分。

单元一　成本会计工作准备

任务总结

① 制造企业部门类型及其对成本会计工作的主要影响如表 1-5 所示。

表 1-5　制造企业部门类型及其对成本会计工作的主要影响

类　型		对成本会计工作的主要影响
非生产部门		成本费用分类及归集、计算
生产部门	辅助生产部门	
	基本生产部门	

② 制造企业按生产工艺过程特点的分类及其对成本会计工作的主要影响如表 1-6 所示。

表 1-6　制造企业按生产工艺过程特点的分类及其对成本会计工作的主要影响

类　型		对成本会计工作的主要影响
单步骤		成本计算对象、成本计算方法
多步骤	连续式	
	装配式	

③ 制造企业按生产组织特点的分类及其对成本会计工作的主要影响如表 1-7 所示。

表 1-7　制造企业按生产组织特点的分类及其对成本会计工作的主要影响

类　型	对成本会计的主要影响
大量生产	成本计算对象、成本计算期、成本计算方法
分批生产	
单件生产	

任务测试

在线测试

一、单项选择题

1．大中型企业的成本会计工作一般采取（　　）。
　　A．集中工作方式　　　　　　　　B．统一领导方式
　　C．分散工作方式　　　　　　　　D．会计岗位责任制
2．企业不断重复生产一种或几种产品，其生产组织特点属于（　　）。
　　A．大量生产　　B．大批量生产　　C．小批量生产　　D．单件生产

二、多项选择题

1．单步骤生产企业的特点是（　　）。
　　A．生产工艺过程不能间断　　　　B．能分散在不同的生产场地进行生产
　　C．生产周期一般比较短　　　　　D．通常有自制半成品或其他中间产品
2．多步骤生产企业的特点是（　　）。
　　A．生产过程由可间断的多个阶段组成　　B．可以在不同的生产场地组织生产
　　C．有半成品　　　　　　　　　　D．生产周期一般较短
3．影响企业成本会计工作模式的主要因素有（　　）。
　　A．生产组织的特点　　　　　　　B．生产工艺过程的特点

C. 成本管理的要求　　　　　　　　D. 产品成本计算对象的确定

三、判断题

1. 生产型企业按其生产组织的特点划分，可分为大量生产、成批生产和单件生产三大类。（　　）
2. 单步骤生产的企业虽然生产过程不能间断，但也需要计算半成品或中间产品成本。（　　）

任务三　区分成本费用与设置成本账户

微课：区分成本费用与设置成本账户

任务情境

情境描述

对于制造企业经济活动过程中发生的各种费用，会计人员要进行确认、计量，就需要对费用进行科学分类，需要判断哪些费用构成产品成本。为准确计算产品成本，对产品成本构成要按核算与管理要求详细划分。

江海机床集团发生以下费用业务。

① 供电车间生产领用燃料。
② 生产部购买办公用品。
③ 油漆车间领用几种机床床身使用的防锈漆。
④ 支付本月周转借款利息。
⑤ 计提车间厂房、机器折旧费。
⑥ 计算销售门店人员工资。

任务要求

① 区分各项费用：哪些是生产费用，哪些是非生产费用；哪些是直接费用，哪些是间接费用；哪些是个别费用，哪些是共同费用。
② 明确各项费用应该记入的账户。

任务分析

费用是一种企业经济利益的流出，不同费用的补偿方式不同，不同费用的账务处理方法也就不同。费用分类是为了准确归集费用，达到费用与收入的合理配比。因此，费用按经济内容、经济用途、账务处理方式等进行分类后，才能准确记入应记的账户。

相关知识

一、区分成本费用

成本费用可进行不同分类，分别服务于不同的目的。开展企业成本核算需要首先按经济用途将成本费用分为生产费用与非生产费用；生产费用核算将生产成本按与生产产品的关系分为直接费用与间接费用,直接费用又按是否能直接明确受益产品分为个别费用与共同费用;非生产费用核算分为管理费用、销售费用、财务费用。

(一)生产费用与非生产费用

企业生产经营费用主要由材料费用、燃料及动力费用、人工费用、其他费用等要素构成,统称为要素费用。要素费用按用途分为生产费用和非生产费用。

① 生产费用是企业在生产产品或提供劳务过程中发生的,应由产品或劳务负担的费用。

② 非生产费用是在企业产品生产或提供劳务活动之外的经营管理活动中发生的,直接计入当期损益的费用。非生产费用主要由销售费用、管理费用、财务费用等构成,统称为期间费用。

生产费用与非生产费用的界限划分,在会计实务中可根据发生费用的主体进行判断。制造企业费用发生的主体可分为生产部门与管理部门,各自发生费用的用途不同:生产部门为生产产品而发生的费用属于生产费用,计入产品生产成本;管理部门为经营管理企业而发生的费用属于非生产费用,计入当期损益。

从企业各部门的职能来看,直接负责开展产品生产、劳务供应的部门,如车间、分厂、运输、修理、供水、供电、供气等部门发生的费用为生产费用;负责企业经营管理的职能部门,如行政、人事、财务、采供、销售、生产计划、生产工艺等部门发生的费用属于非生产费用。

(二)直接费用与间接费用

1. 直接费用

直接费用是在企业生产过程中发生的,由特定产品所消耗,可以直接计入该产品成本的生产费用。它包括直接材料、燃料及动力、直接人工等。其中,直接材料是指构成产品实体的原材料及有助于产品形成的主要材料和辅助材料;燃料及动力是指直接用于产品生产的燃料和动力;直接人工是指直接从事产品生产的工人的职工薪酬。

2. 间接费用

间接费用是指在企业生产过程中发生的,与各产品没有直接联系,需要采用一定标准分配计入各种产品成本的费用。它主要包括生产部门(车间、分厂)发生的水电费、固定资产折旧、无形资产摊销、车间管理人员的职工薪酬、劳动保护费、国家规定的有关环保费用、季节性和修理期间的停工损失等。

(三)个别费用与共同费用

直接费用又分为个别费用和共同费用。个别费用是在产品生产过程中发生的可直接辨识为某种产品所消耗的费用,可直接计入该产品成本。共同费用主要包括两个方面的内容:几种产品在生产中共同耗用的某种主要材料,为方便生产现场管理,领用时不指定为哪种产品所耗用形成的共同费用;班组计件工资制计算的几种不同产品的人工费用。共同费用通过分配计入各产品成本。

共同费用的出现是生产现场组织管理的需要。当一个车间生产的几种产品都需要耗用同一种直接材料时,在领料过程中一般并不事先区分为哪种产品所耗用,而是形成共同费用。复杂加工的企业计算车间生产工人工资，按每位工人所完成的标准工时计算，当一人参与生产几种不同的产品时，其人工费用也属于共同费用。同样，燃料及动力费也可能出现共同费用。共同费用需要选择适当的分配标准加以分配。

拓中学　　　　　　　　　费用报销的原始凭证审核要点

费用报销是企业成本确认计量的重要工作内容，其原始凭证审核主要从真实性、合法性、合理性、完整性、正确性、及时性6个方面进行。

第一，真实性。审核原始凭证及其所记载的经济业务是否真实，包括凭证的真实性和业务的真实性。经济活动中有许多凭证具有防伪功能，如增值税专用发票、一些结算票据等，其真实性判断较为容易；对于不具有防伪功能的凭证，首先根据经验进行判断，如果对其真实性存疑，又属重大经济事项，则需要借助查询等一些特殊程序加以证实。如果记录经济业务所使用的凭证是假凭证，则无须对经济业务是否真实再做判断。

第二，合法性。合法性是指审核原始凭证所记录的经济业务是否符合有关法律、法规规定。例如，标的物是否涉及法律明文禁止的野生动、植物及其他违禁物品。

第三，合理性。合理性主要包括审核费用是否符合企业预算管理要求，是否符合企业业务授权管理要求，是否符合企业绩效管理有关要求。

第四，完整性。完整性是指审核原始凭证应填写的事项是否完整，包括经济业务发生的日期、业务内容、标的物、单价、金额、印鉴、签章及必需的备注内容等是否填写齐全。

第五，正确性。正确性是指审核凭证各项内容填写是否正确。例如，按照数量、单价计算的金额是否正确，金额大、小写是否一致等。

第六，及时性。及时性是指审核取得的费用发票是否已经过期、失效。

二、设置产品成本核算账户

制造企业产品成本核算一级账户有两个：生产成本、制造费用。通过设置这两个总分类账户，归集和提供产品生产耗费的总括数据。两个账户分别按成本核算和管理要求设置明细账户，详细反映各成本计算对象的成本项目详细数据。

（一）"生产成本"账户

"生产成本"账户核算企业进行工业性生产发生的各项生产费用。所谓工业性生产，包括生产各种产品（自制半成品、产成品）、自制材料、自制工具、自制设备等。本账户借方登记生产发生的费用，贷方登记转出的完工产品成本；借方余额为在产品成本。

"生产成本"账户下按生产类型设置两个明细账户："基本生产成本"账户和"辅助生产成本"账户。为减少账户级次，也可将这两个账户直接设为一级账户，用于取代"生产成本"账户。

1. "基本生产成本"账户

"基本生产成本"账户核算企业为生产主要对外销售的产品而发生的费用。生产发生直接费用或分配转入间接费用时，借记该账户，贷记"原材料""应付职工薪酬""银行存款""应付账款""辅助生产成本""制造费用"等有关对应账户；结转完工半成品、产成品成本转出时，借记"原材料""库存商品"等对应账户，贷记本账户；期末余额为在产品成本。

本账户分别按基本生产车间和成本计算对象（产品的品种、类别、订单、生产批次、生产步骤等）设置明细账户，并按主要成本项目设置专栏。依据我国《企业产品成本核算制度（试行）》的规定，制造企业一般设置"直接材料""燃料及动力""直接人工""制造费用"等成本项目，账簿采用多栏式。基本生产成本明细账如表1-8所示。

表1-8 基本生产成本明细账

一级科目		5001	基本生产成本					
二级科目		500101	××车间		三级科目	50010101	×产品	

年　　　　　　　　　　　　　　　　　　　　　　　　　　　　　　　　　　元

月	日	凭证字号	摘　要	直接材料	燃料及动力	直接人工	制造费用	合　计

基本生产成本明细账的账页格式根据企业核算内容的不同会有所不同。其登记账簿要求：按成本项目分别登记成本费用；期末账面需要结记"本期发生额合计""本期费用合计"；在不设贷方栏次的多栏账中登记贷方发生额时用红字。

2．"辅助生产成本"账户

"辅助生产成本"账户核算企业为服务于基本生产而进行的辅助产品制造和劳务供应所发生的费用。发生辅助生产费用，借记本账户，贷记"原材料""应付职工薪酬""累计折旧""银行存款"等账户；期末按受益对象分配转出，借记"基本生产成本""制造费用""管理费用"等账户，贷记本账户；期末一般无余额，如果有余额，则为辅助产品生产的在产品成本。

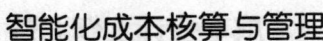

本账户按辅助生产车间、辅助产品和劳务等设置明细账，按成本构成主要内容设置成本项目，账簿采用多栏式。辅助生产成本明细账如表 1-9 所示。

表 1-9　辅助生产成本明细账

一级科目　　　　　5002　　　辅助生产成本
二级科目　　　　　500201　　××辅助生产车间

　　　　　　　　　　　　　　　　　　　　　　　　　　　年　　　　　　　　　　　　　　　　元

月	日	凭证字号	摘要	直接材料	直接人工	折旧费	水电费	劳保费	保险费	修理费	其他	合计

（二）"制造费用"账户

"制造费用"账户核算企业生产车间（部门）为生产产品和提供劳务而发生的各项间接费用。当企业只生产一种产品时，间接费用可直接记入生产成本有关明细账户"制造费用"成本项目。为便于进行间接费用的分析，可仍然设置本账户，计算产品成本时将本账户归集的全部费用直接转入"生产成本"账户。

本账户按生产车间、分厂等设置明细账，按间接费用主要构成内容设置成本项目，账簿采用多栏式。制造费用明细账如表 1-10 所示。

表 1-10　制造费用明细账

一级科目　　　　　5101　　　制造费用
二级科目　　　　　510101　　××车间

　　　　　　　　　　　　　　　　　　　　　　　　　　　年　　　　　　　　　　　　　　　　元

月	日	凭证字号	摘要	水电费	折旧费	人工费	办公费	劳保费	环保费	修理费	其他	合计

单元一　成本会计工作准备

（续表）

月	日	凭证字号	摘要	水电费	折旧费	人工费	办公费	劳保费	环保费	修理费	其他	合计

拓中学　　　　　　设置成本类科目的有关规定

财政部制定的《会计科目和主要账务处理》对成本类 7 个会计科目及其核算内容做了简要规定。成本类会计科目编号及名称如表 1-11 所示。

表 1-11　成本类会计科目编号及名称

顺序号	编号	会计科目名称	顺序号	编号	会计科目名称
117	5001	生产成本	121	5401	工程施工
118	5101	制造费用	122	5402	工程结算
119	5201	劳务成本	123	5403	机械作业
120	5301	研发支出			

一、5001 生产成本

① 本科目核算企业进行工业性生产发生的各项生产成本，包括生产各种产品（产成品、自制半成品等）、自制材料、自制工具、自制设备等。

对于农业企业进行农业生产发生的各项生产成本，可将本科目改为"5001 农业生产成本"科目，并分种植业、畜牧养殖业、林业和水产业确定成本核算对象（消耗性生物资产、生产性生物资产、公益性生物资产和农产品）和成本项目，进行费用的归集和分配。

房地产开发企业可将本科目改为"5001 开发成本"科目。

② 本科目可按基本生产成本和辅助生产成本进行明细核算。基本生产成本应当分别按

照基本生产车间和成本核算对象（产品的品种、类别、订单、批次、生产阶段等）设置明细账（或成本计算单，下同），并按照规定的成本项目设置专栏。

③ 生产成本的主要账务处理如下。

1）企业发生的各项直接生产成本，借记本科目（基本生产成本、辅助生产成本），贷记"原材料""库存现金""银行存款""应付职工薪酬"等科目。

各生产车间应负担的制造费用，借记本科目（基本生产成本、辅助生产成本），贷记"制造费用"科目。

辅助生产车间为基本生产车间、企业管理部门和其他部门提供的劳务及产品，期（月）末按照一定的分配标准分配给各受益对象，借记本科目（基本生产成本）、"管理费用"、"销售费用"、"其他业务成本"、"在建工程"等科目，贷记本科目（辅助生产成本）。

企业已经生产完成并已验收入库的产成品及入库的自制半成品，应于期（月）末，借记"库存商品"等科目，贷记本科目（基本生产成本）。

2）生产性生物资产在产出农产品过程中发生的各项费用，借记"农业生产成本"科目，贷记"库存现金""银行存款""原材料""应付职工薪酬""生产性生物资产累计折旧"等科目。

农业生产过程中发生的应由农产品、消耗性生物资产、生产性生物资产和公益性生物资产共同负担的费用，借记"农业生产成本——共同费用"科目，贷记"库存现金""银行存款""原材料""应付职工薪酬""农业生产成本"等科目。

期（月）末，可按一定的分配标准对上述共同负担的费用进行分配，借记"农业生产成本——农产品""消耗性生物资产""生产性生物资产""公益性生物资产"等科目，贷记"农业生产成本——共同费用"科目。

应由生产性生物资产收获的农产品负担的费用，应当采用合理的方法在农产品各品种之间进行分配。如果有尚未收获的农产品，则还应当在已收获和尚未收获的农产品之间进行分配。

生产性生物资产收获的农产品验收入库时，按其实际成本，借记"农产品"科目，贷记本科目。

④ 本科目期末借方余额，反映企业尚未加工完成的在产品成本或尚未收获的农产品成本。

二、5101 制造费用

① 本科目核算企业生产车间（部门）为生产产品和提供劳务而发生的各项间接费用。企业行政管理部门为组织和管理生产经营活动而发生的管理费用，在"管理费用"科目核算。

② 本科目可按不同的生产车间、部门和费用项目进行明细核算。

③ 制造费用的主要账务处理如下。

1）生产车间发生的机物料消耗，借记本科目，贷记"原材料"等科目。

2）发生的生产车间管理人员的工资等职工薪酬，借记本科目，贷记"应付职工薪酬"科目。

3）生产车间计提的固定资产折旧，借记本科目，贷记"累计折旧"科目。

4）生产车间支付的办公费、水电费等，借记本科目，贷记"银行存款"等科目。

5）发生季节性的停工损失，借记本科目，贷记"原材料""应付职工薪酬""银行存款"等科目。

6）将制造费用分配计入有关的成本核算对象，借记"生产成本——基本生产成本（或辅助生产成本）""劳务成本"等科目，贷记本科目。

7）季节性生产企业制造费用全年实际发生额和分配额之间的差额，除其中属于为下一年开工生产做准备的可留待下一年分配外，其余部分实际发生额大于分配额的差额，借记"生产成本——基本生产成本"科目，贷记本科目；实际发生额小于分配额的差额做相反的会计分录。

④ 除季节性的生产性企业外，本科目期末应无余额。

三、5201 劳务成本

① 本科目核算企业对外提供劳务发生的成本。

对于企业（证券）为上市公司进行承销业务发生的各项相关支出，可将本科目改为"5201 待转承销费用"科目，并按照客户进行明细核算。

② 本科目可按提供劳务种类进行明细核算。

③ 企业发生的各项劳务成本，借记本科目，贷记"银行存款""应付职工薪酬""原材料"等科目。

建造承包商对外单位、专项工程等提供机械作业（包括运输设备）的成本，借记本科目，贷记"机械作业"科目。

结转劳务的成本，借记"主营业务成本""其他业务成本"等科目，贷记本科目。

④ 本科目期末借方余额，反映企业尚未完成或尚未结转的劳务成本。

四、5301 研发支出

① 本科目核算企业进行研究与开发无形资产过程中发生的各项支出。

② 本科目可按研究开发项目，分别在"费用化支出""资本化支出"科目进行明细核算。

③ 研发支出的主要账务处理如下。

1）企业自行开发无形资产发生的研发支出，不满足资本化条件的借记本科目（费用化支出），满足资本化条件的借记本科目（资本化支出），贷记"原材料""银行存款""应付职工薪酬"等科目。

2）研究开发项目达到预定用途形成无形资产的，应按本科目（资本化支出）的余额，借记"无形资产"科目，贷记本科目（资本化支出）。

期（月）末，应将本科目归集的费用化支出金额转入"管理费用"科目，借记"管理费用"科目，贷记本科目（费用化支出）。

④ 本科目期末借方余额，反映企业正在进行的无形资产研究开发项目满足资本化条件的支出。

五、5401 工程施工

① 本科目核算企业（建造承包商）实际发生的合同成本和合同毛利。

② 本科目可按建造合同，分别在"合同成本""间接费用""合同毛利"科目进行明细核算。

③ 工程施工的主要账务处理如下。

1）企业进行合同建造时发生的人工费、材料费、机械使用费及施工现场材料的二次搬运费、生产工具和用具使用费、检验试验费、临时设施折旧费等其他直接费用，借记本科目（合同成本），贷记"应付职工薪酬""原材料"等科目。发生的施工、生产单位管理人员职工薪酬、固定资产折旧费、财产保险费、工程保修费、排污费等间接费用，借记本科目（间接费用），贷记"累计折旧""银行存款"等科目。

期（月）末，将间接费用分配计入有关合同成本，借记本科目（合同成本），贷记本科目（间接费用）。

2）确认合同收入、合同费用时，借记"主营业务成本"科目，贷记"主营业务收入"科目；按其差额，借记或贷记本科目（合同毛利）。

3）合同完工时，应将本科目余额与相关工程施工合同的"工程结算"科目对冲，借记"工程结算"科目，贷记本科目。

④ 本科目期末借方余额，反映企业尚未完工的建造合同成本和合同毛利。

六、5402 工程结算

① 本科目核算企业（建造承包商）根据建造合同约定向业主办理结算的累计金额。

② 本科目可按建造合同进行明细核算。

③ 企业向业主办理工程价款结算，按应结算的金额，借记"应收账款"等科目，贷记本科目。

合同完工时，应将本科目余额与相关工程施工合同的"工程施工"科目对冲，借记本科目，贷记"工程施工"科目。

④ 本科目期末贷方余额，反映企业尚未完工的建造合同中已办理结算的累计金额。

七、5403 机械作业

① 本科目核算企业（建造承包商）及其内部独立核算的施工单位、机械站和运输队使用自有施工机械及运输设备进行机械作业（包括机械化施工和运输作业等）所发生的各项费用。

企业及其内部独立核算的施工单位，从外单位或本企业其他内部独立核算的机械站租入施工机械发生的机械租赁费，在"工程施工"科目核算。

② 本科目可按施工机械或运输设备的种类等进行明细核算。

施工企业内部独立核算的机械施工、运输单位使用自有施工机械或运输设备进行机械作业所发生的各项费用，可按成本核算对象和成本项目进行归集。

成本项目一般分为人工费、燃料及动力费、折旧及修理费、其他直接费用、间接费用（为组织和管理机械作业生产所发生的费用）。

③ 机械作业的主要账务处理如下。

1）企业发生的机械作业支出，借记本科目，贷记"原材料""应付职工薪酬""累计折旧"等科目。

2）期（月）末，企业及其内部独立核算的施工单位、机械站和运输队为本单位承包的工程进行机械化施工和运输作业的成本，应转入承包工程的成本，借记"工程施工"科目，贷记本科目。对外单位、专项工程等提供机械作业（包括运输设备）的成本，借记"劳务成本"科目，贷记本科目。

④ 本科目期末应无余额。

拓中学　　　　　　　　各类企业产品成本核算项目和范围

按照财政部颁布的《企业产品成本核算制度（试行）》的规定，企业应当根据生产经营特点和管理要求，按照成本的经济用途和生产要素内容相结合的原则或成本性态等设置成本项目。各类企业产品成本核算项目和范围有所不同。

一、制造企业

制造企业一般设置直接材料、燃料及动力、直接人工和制造费用等成本项目。

① 直接材料是指构成产品实体的原材料及有助于产品形成的主要材料和辅助材料。

② 燃料及动力是指直接用于产品生产的燃料和动力。

③ 直接人工是指直接从事产品生产的工人的职工薪酬。

④ 制造费用是指企业为生产产品和提供劳务而发生的各项间接费用，包括企业生产部门（如生产车间）发生的水电费、固定资产折旧、无形资产摊销、管理人员的职工薪酬、劳动保护费、国家规定的有关环保费用、季节性和修理期间的停工损失等。

二、农业企业

农业企业一般设置直接材料、直接人工、机械作业费、其他直接费用、间接费用等成本项目。

① 直接材料是指在种植业生产中耗用的自产或外购的种子、种苗、饲料、肥料、农药、燃料及动力、修理用材料及零件、原材料及其他材料等，以及在养殖业生产中直接用于养殖生产的苗种、饲料、肥料、燃料、动力、畜禽医药费等。

② 直接人工是指直接从事农业生产人员的职工薪酬。

③ 机械作业费是指在种植业生产过程中使用农用机械进行耕耙、播种、施肥、除草、喷药、收割、脱粒等机械作业所发生的费用。

④ 其他直接费用是指除直接材料、直接人工和机械作业费以外的畜力作业费等直接费用。

⑤ 间接费用是指应摊销、分配计入成本核算对象的运输费、灌溉费、固定资产折旧、租赁费、保养费等费用。

三、批发零售企业

批发零售企业一般设置进货成本、相关税费、采购费等成本项目。

① 进货成本是指商品的采购价款。

② 相关税费是指购买商品发生的进口关税、资源税和不能抵扣的增值税等。

③ 采购费是指运杂费、装卸费、保险费、仓储费、整理费、合理损耗及其他可归属于商品采购成本的费用。采购费金额较小的，可以在发生时直接计入当期销售费用。

四、建筑企业

建筑企业一般设置直接人工、直接材料、机械使用费、其他直接费用和间接费用等成本项目。建筑企业将部分工程分包的，还可以设置分包成本项目。

① 直接人工是指按照国家规定支付给施工过程中直接从事建筑安装工程施工的工人及在施工现场直接为工程制作构件和运料、配料等工人的职工薪酬。

② 直接材料是指在施工过程中所耗用的、构成工程实体的材料、结构件、机械配件和有助于工程形成的其他材料及周转材料的租赁费与摊销等。

③ 机械使用费是指施工过程中使用自有施工机械所发生的机械使用费、使用外单位施工机械的租赁费，以及按照规定支付的施工机械进出场费等。

④ 其他直接费用是指施工过程中发生的材料搬运费、材料装卸保管费、燃料动力费、临

时设施摊销、生产工具用具使用费、检验试验费、工程定位复测费、工程点交费、场地清理费，以及能够单独区分和可靠计量的为订立建造承包合同而发生的差旅费、投标费等费用。

⑤ 间接费用是指企业各施工单位为组织和管理工程施工所发生的费用。

⑥ 分包成本是指按照国家规定开展分包，支付给分包单位的工程价款。

五、房地产企业

房地产企业一般设置土地征用及拆迁补偿费、前期工程费、建筑安装工程费、基础设施建设费、公共配套设施费、开发间接费、借款费用等成本项目。

① 土地征用及拆迁补偿费是指为取得土地开发使用权（或开发权）而发生的各项费用，包括土地买价或出让金、大市政配套费、契税、耕地占用税、土地使用费、土地闲置费、农作物补偿费、危房补偿费、土地变更用途和超面积补交的地价及相关税费、拆迁补偿费、安置及动迁费、回迁房建造费等。

② 前期工程费是指项目开发前期发生的政府许可规费、招标代理费、临时设施费及水文地质勘察、测绘、规划、设计、可行性研究、咨询论证、筹建、场地通平等前期费用。

③ 建筑安装工程费是指开发项目开发过程中发生的各项主体建筑的建筑工程费、安装工程费及精装修费等。

④ 基础设施建设费是指开发项目在开发过程中发生的道路、供水、供电、供气、供暖、排污、排洪、消防、通信、照明、有线电视、宽带网络、智能化等社区管网工程费和环境卫生、园林绿化等园林、景观环境工程费用等。

⑤ 公共配套设施费是指开发项目内发生的独立的、非营利性的且产权属于全体业主的，或者无偿赠予地方政府、政府公共事业单位的公共配套设施费用等。

⑥ 开发间接费是指企业为直接组织和管理开发项目所发生的，且不能将其直接归属于成本核算对象的工程监理费、造价审核费、结算审核费、工程保险费等。为业主代扣代缴的公共维修基金等不得计入产品成本。

⑦ 借款费用是指符合资本化条件的借款费用。

房地产企业自行进行基础设施、建筑安装等工程建设的，可以比照建筑企业设置有关成本项目。

六、采矿企业

采矿企业一般设置直接材料、燃料及动力、直接人工、间接费用等成本项目。

① 直接材料是指采掘生产过程中直接耗用的添加剂、催化剂、引发剂、助剂、触媒及净化材料、包装物等。

② 燃料及动力是指采掘生产过程中直接耗用的各种固体、液体、气体燃料，以及水、电、汽、风、氮气、氧气等动力。

③ 直接人工是指直接从事采矿生产人员的职工薪酬。

④ 间接费用是指为组织和管理厂（矿）采掘生产所发生的职工薪酬、劳动保护费、固定资产折旧、无形资产摊销、保险费、办公费、环保费、化（检）验计量费、设计制图费、停工损失、洗车费、转输费、科研试验费、信息系统维护费等。

七、交通运输企业

交通运输企业一般设置营运费用、运输工具固定费用与非营运期间的费用等成本项目。

① 营运费用是指企业在货物或旅客运输、装卸、堆存过程中发生的营运费用，包括货

物费、港口费、起降及停机费、中转费、过桥过路费、燃料及动力费、航次租船费、安全救生费、护航费、装卸整理费、堆存费等。铁路运输企业的营运费用还包括线路等相关设施的维护费等。

②运输工具固定费用是指运输工具的固定费用和共同费用等，包括检验检疫费、车船使用税、劳动保护费、固定资产折旧、租赁费、备件配件费、保险费、驾驶及相关操作人员薪酬及其伙食费等。

③非营运期间费用是指受不可抗力制约或行业惯例等原因暂停营运期间发生的有关费用等。

八、信息传输企业

信息传输企业一般设置直接人工、固定资产折旧、无形资产摊销、低值易耗品摊销、业务费、电路及网元租赁费等成本项目。

①直接人工是指直接从事信息传输服务的人员的职工薪酬。

②业务费是指支付通信生产的各种业务费用，包括频率占用费、卫星测控费、安全保卫费、码号资源费、设备耗用的外购电力费、自有电源设备耗用的燃料和物料费等。

③电路及网元租赁费是指支付给其他信息传输企业的电路及网元等传输系统和设备的租赁费等。

九、软件及信息技术服务企业

软件及信息技术服务企业一般设置直接人工、外购软件与服务费、场地租赁费、固定资产折旧、无形资产摊销、差旅费、培训费、转包成本、水电费、办公费等成本项目。

①直接人工是指直接从事软件及信息技术服务的人员的职工薪酬。

②外购软件与服务费是指企业为开发特定项目而必须从外部购进辅助软件或服务所发生的费用。

③场地租赁费是指企业为开发软件或提供信息技术服务而租赁场地支付的费用等。

④转包成本是指企业将有关项目部分分包给其他单位支付的费用。

十、文化企业

文化企业一般设置开发成本和制作成本等成本项目。

①开发成本是指从选题策划开始到正式生产制作所经历的一系列过程，包括信息搜集、策划、市场调研、选题论证、立项等阶段所发生的信息搜集费、调研交通费、通信费、组稿费、专题会议费、参与开发人员的职工薪酬等。

②制作成本是指产品内容和物质形态的制作成本，包括稿费、审稿费、校对费、录入费、编辑加工费、直接材料费、印刷费、固定资产折旧、参与制作人员的职工薪酬等。电影企业的制作成本是指企业在影片制片、译制、洗印等生产过程所发生的各项费用，包括剧本费、演职员的薪酬、胶片及磁片磁带费、化妆费、道具费、布景费、场租费、剪接费、洗印费等。

企业应当按照上述规定确定产品成本核算项目，进行产品成本核算。企业内部管理有相关要求的，还可以按照现代企业多维度、多层次的成本管理要求，利用现代信息技术对有关成本项目进行组合，输出有关成本信息。上述以外的其他行业的企业应当比照以上类似行业的企业确定成本项目。

任务实现

对本期江海机床集团发生的有关费用进行分类，明确应记入的账户，如图 1-3 所示。

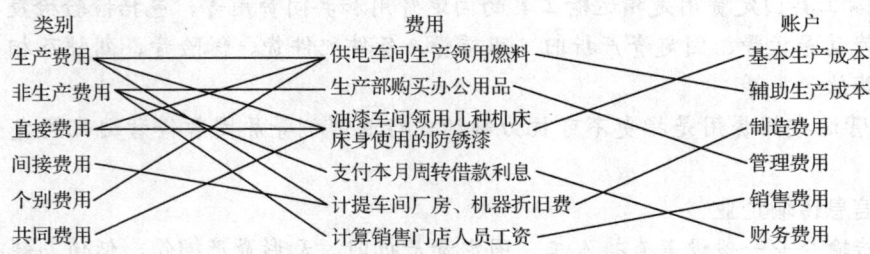

图 1-3　区分费用类别及应记账户

任务总结

① 制造企业成本费用的分类如图 1-4 所示。

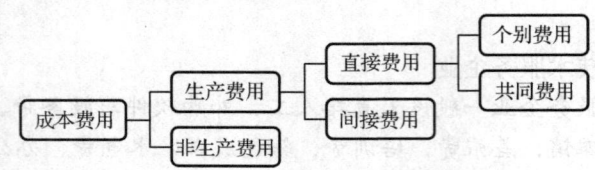

图 1-4　制造企业成本费用的分类

② 制造企业成本核算主要设置的账户如图 1-5 所示。

图 1-5　制造企业成本核算主要设置的账户

任务测试

一、单项选择题

1. 下列属于生产费用的是（　　）。
   A．车间领用材料　B．厂部领用材料　C．销售发出商品　D．购进材料
2. 下列属于直接费用的是（　　）。
   A．车间管理人员工资　　　　　　B．生产工人工资
   C．销售部人员工资　　　　　　　D．财务人员工资
3. 下列属于产品成本的是（　　）。
   A．生产计划部门人员工资　　　　B．财务人员工资
   C．销售人员工资　　　　　　　　D．车间工人工资

在线测试

二、多项选择题

1. 企业职能部门划分中不属于生产职能部门的是（　　　　）。
   A．生产车间　　　B．生产分厂　　　C．生产计划部　　　D．生产工艺部
2. 企业的成本费用按经济用途分为（　　　　）。
   A．生产费用　　　B．非生产费用　　　C．管理费用　　　D．财务费用
3. 生产费用按计入成本的方式不同分为（　　　　）。
   A．共同费用　　　B．直接费用　　　C．间接费用　　　D．个别费用
4. 直接费用按是否明确受益产品分为（　　　　）。
   A．生产费用　　　B．制造费用　　　C．个别费用　　　D．共同费用
5. 制造企业应设置的成本账户主要有（　　　　）。
   A．生产成本　　　B．制造费用　　　C．劳务支出　　　D．研发支出
6. 制造企业生产成本明细账一般应设置的成本项目有（　　　　）。
   A．直接材料　　　B．直接人工　　　C．制造费用　　　D．废品损失

三、判断题

1. 共同费用有可能分配记入"制造费用"账户。（　　）
2. 企业可以将"基本生产成本""辅助生产成本"账户直接设为一级账户。（　　）
3. 成本明细账的项目可根据成本构成按重要性原则具体设置若干项目。（　　）

四、简答题

1. 制造企业"生产成本"账户核算的内容是什么？
2. "生产成本"账户怎样设置明细账户及成本项目？

任务四　制定产品成本核算流程

微课：制定产品成本核算流程

任务情境

情境描述

江海机床集团生产螺纹磨床、丝杠磨床两种主要产品，设有铸造、机加、装配 3 个基本生产车间，供电、工具两个辅助生产车间；铸造车间生产各种铁铸件、铝铸件，检验合格后交半成品库；机加车间从自制半成品库领用铸件加工螺纹磨床床身、丝杠磨床床身后，直接交装配车间；装配车间将机加车间转来的部件及外购件进行装配生产出机床，经调试检验合格后交成品仓库；工具车间主要生产车刀、钻头工具，完工后转入工具仓库，满足基本生产使用。

任务要求

① 根据江海机床集团生产部门、产品及工艺过程，确定企业成本核算应设置的成本账户，填写表 1-12。

表 1-12 成本账户设置一览表

部门类型	生产车间	产品及劳务	生产成本明细账户	制造费用明细账户

② 依据江海机床集团设置的各成本账户之间的关系，制定成本核算账务处理流程清单，填写表 1-13。

表 1-13 成本核算账务处理流程清单

序 号	账务处理内容
1	
2	
3	
4	
5	
6	
7	
8	

③ 依据江海机床集团成本核算账务处理流程清单，绘制成本核算账务处理流程图，如图 1-6 所示。

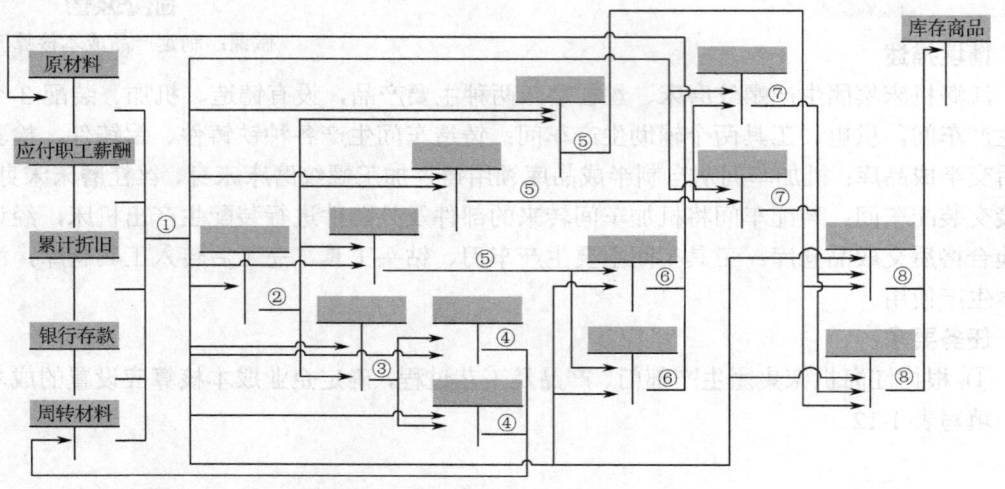

图 1-6 成本核算账务处理流程图

任务分析

产品成本核算流程是由成本核算内容、账户及相互关系、账务处理的环节等要素按时间先后顺序构建的核算活动序列。这些要素体现在产品成本核算的各工作环节中，因此应先明确产品成本核算的工作环节，再制定账务处理流程。

相关知识

一、产品成本核算的工作环节

产品成本核算的工作环节是指按照成本核算的要求，做好成本核算准备，对生产过程中发生的各项生产费用进行账务处理，对账面费用进行归集和分配，最终计算出各种产品的成本，提供管理需要的成本信息的基本过程。

（一）确定成本计算对象

确定成本计算对象就是明确生产费用的归集对象，即明确生产耗费的承担者，也就是确定成本核算应具体开设的明细账户——成本计算对象表现为成本账户的各级明细账户。成本会计人员要根据企业自身生产工艺过程、组织方式等具体生产特点和管理要求，确定成本计算对象。

制造企业的成本计算对象一般可以按产品品种、生产批次、生产步骤等加以确定。其中，单步骤大量组织生产的企业，直接以产品品种为成本计算对象；单步骤小批量组织生产的企业，以生产批次为成本计算对象；多步骤大量组织生产的企业，以生产步骤及各步骤生产的产品品种为成本计算对象；多步骤小批量组织生产的企业，以生产步骤及各步骤生产批次为成本计算对象。

企业成本管理要求也会影响成本计算对象的确定。多步骤生产的企业在确定成本计算对象时可适当简化，对产品成本影响不大的生产步骤可不单独设置为成本计算对象。实行作业成本管理的企业，有可能将生产步骤细化为更多的生产作业，应以生产作业为成本计算对象。

企业成本账户体系设置的不同，将进一步影响各成本账户的成本项目的划分，以及成本计算期的确定。

（二）要素费用处理

要素费用处理是按照成本核算要求，对企业生产经营发生的材料费用、燃料及动力费用、人工费用及其他费用等要素费用划分费用界限，区分费用归属的不同对象，将费用记入产品成本核算账户及期间费用账户的过程。首先，对有关费用原始凭证及经济业务内容进行审核，确定费用是否应当开支、金额是否符合规定；其次，对有关共同费用选择适当的分配标准计算分配率，将费用分配给相应的承担者；最后，根据费用归属的具体成本计算对象编制记账凭证，并依据审核无误的记账凭证将费用登记入账，形成进一步开展产品成本核算的账面数据。

（三）账面费用分配结转

账面费用分配结转是在要素费用处理后，对各成本账户所登记的费用按受益原则进行分配结转，包括对辅助生产成本、制造费用、单独核算的生产损失、基本生产成本等明细账户账面费用的分配结转，以完成产品生产成本的归集、分配，计算完工产品成本。

（四）提供成本管理信息

成本核算的过程既是采集成本费用信息，归集、计算产品成本的过程，又是进行费用审核，开展成本控制管理的过程。成本核算所取得的成本数据是企业管理决策的重要信息，要按企业内部管理要求向管理层报送成本报表，分析成本变动及影响因素，为管理决策提供依据。

二、制定产品成本核算的账务处理流程

（一）确定账务处理先后的原则

产品成本核算的账务处理流程是成本会计对生产费用进行确认、归集、分配，最终计算出产品成本的过程。它必须按各成本账户之间的联系确定各项账务处理的顺序，先归集后分配。首先是日常要素费用发生的处理，将一个会计期间的全部生产费用确认、计量，记入有关成本类账户，归集形成各账户账面费用；其次是对各账户账面费用按照"谁受益，谁负担"的原则及生产过程的先后顺序进行分配结转。具体结合以下原则加以确定。

1. 先分配结转"制造费用"账户的费用，后分配结转"生产成本"账户的费用

"制造费用"账户核算间接生产费用，"生产成本"账户核算全部生产费用。先分配结转制造费用，转入生产成本后，生产成本才能得以完整归集，进行产品成本的分配结转。

2. 先分配结转辅助生产部门的费用，后分配结转基本生产部门的费用

辅助生产主要为基本生产提供辅助产品和劳务，其费用要分配结转给有关基本生产部门等受益对象，基本生产部门的费用才能完整归集。

3. 先分配结转加工过程在前的生产部门的费用，后分配结转加工过程在后的生产部门的费用

前一生产过程的完工产品要转入后一生产过程继续生产，则前一生产部门的费用要先分配转入后一生产部门，才能使后一生产部门的费用得以完整归集。

（二）账务处理的一般流程

产品成本核算账务处理的一般流程是制造企业基本业务模式下的成本账务处理过程，如图1-7所示。它分为以下4个过程。

① 要素费用发生的处理（将有关费用记入"基本生产成本""辅助生产成本""制造费用"等账户）。

② 辅助生产成本分配结转（将费用记入基本生产部门的"制造费用""管理费用"等账户）。

③ 基本生产部门的制造费用分配结转（将费用记入"基本生产成本"账户）。

④ 完工产品成本分配结转（将完工产品成本转入"库存商品"账户）。

单元一　成本会计工作准备

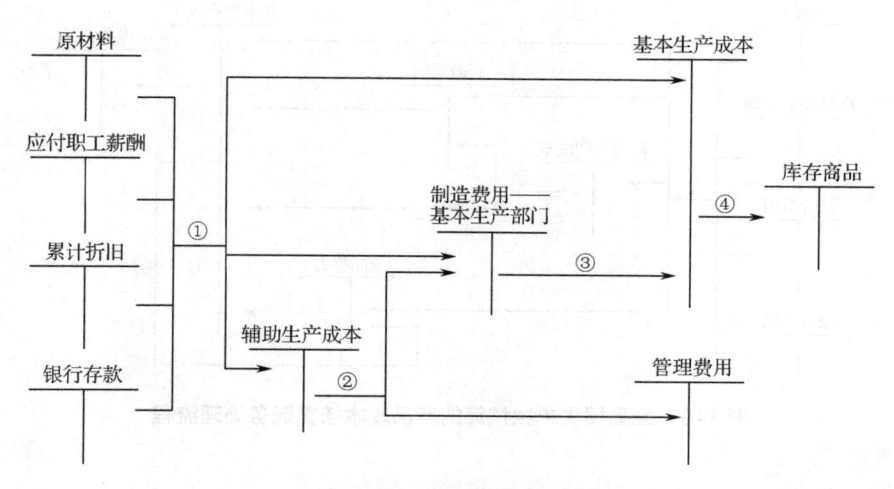

图 1-7　产品成本核算账务处理的一般流程

（三）账务处理的特殊流程

1. 一个辅助生产部门生产两种及以上辅助产品（劳务）的账务处理流程

如果企业辅助生产部门生产两种以上产品，则辅助生产发生的间接费用需要通过设置制造费用明细账户先归集再分配——需要增加分配结转辅助生产部门制造费用的过程（见图 1-8），将费用计入辅助生产成本。

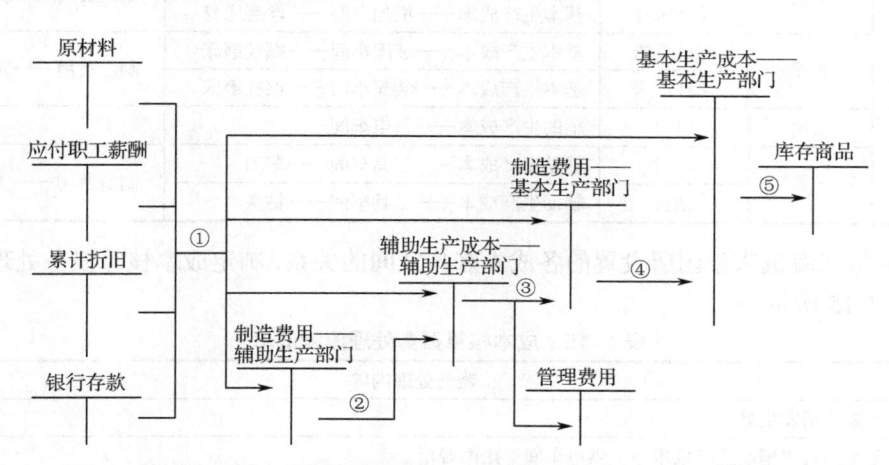

图 1-8　设置辅助生产部门制造费用明细账户的产品成本核算账务处理流程

2. 废品损失单独核算的账务处理流程

如果企业对生产损失性费用进行单独核算，则需要增设"废品损失""停工损失"等账户计算结转生产损失性费用，如图 1-9 所示。

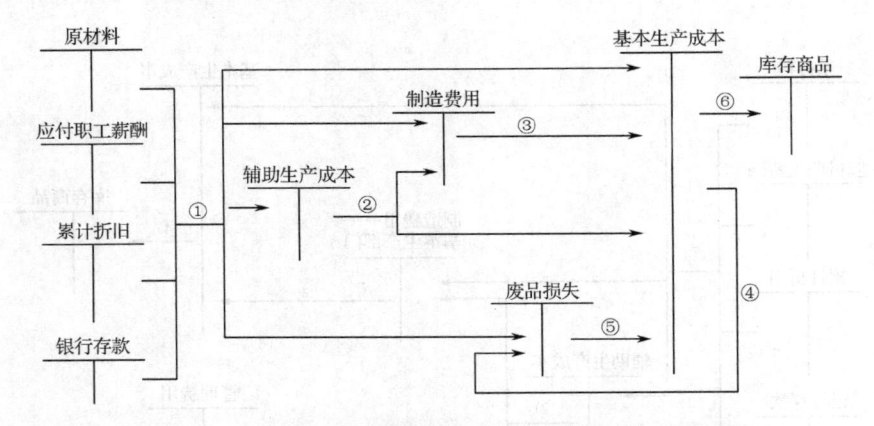

图 1-9　废品损失单独核算的产品成本核算账务处理流程

任务实现

① 根据江海机床集团生产部门、产品及工艺过程,确定企业成本核算应设置的成本账户,如表 1-14 所示。

表 1-14　成本账户设置一览表

部门类型	生产车间	产品及劳务	生产成本明细账户	制造费用明细账户
基本生产	铸造	铁铸件	基本生产成本——铸造车间——铁铸件	制造费用——铸造车间
		铝铸件	基本生产成本——铸造车间——铝铸件	
	机加	螺磨床身	基本生产成本——机加车间——螺磨床身	制造费用——机加车间
		丝磨床身	基本生产成本——机加车间——丝磨床身	
	装配	螺纹磨床	基本生产成本——装配车间——螺纹磨床	制造费用——装配车间
		丝杠磨床	基本生产成本——装配车间——丝杠磨床	
辅助生产	供电	电力	辅助生产成本——供电车间	
	工具	车刀	辅助生产成本——工具车间——车刀	制造费用——工具车间
		钻头	辅助生产成本——工具车间——钻头	

② 依据江海机床集团所设置的各成本账户之间的关系,制定成本核算账务处理流程清单,如表 1-15 所示。

表 1-15　成本核算账务处理流程清单

序号	账务处理内容
1	要素费用发生处理
2	分配结转"辅助生产成本——供电车间"账面费用
3	分配结转"制造费用——工具车间"账面费用
4	分配结转"辅助生产成本——工具车间——车刀""辅助生产成本——工具车间——钻头"完工产品成本
5	分配结转"制造费用——铸造车间""制造费用——机加车间""制造费用——装配车间"账面费用
6	分配结转"基本生产成本——铸造车间——铁铸件""基本生产成本——铸造车间——铝铸件"完工产品成本
7	分配结转"基本生产成本——机加车间——螺磨床身""基本生产成本——机加车间——丝磨床身"完工产品成本
8	分配结转"基本生产成本——装配车间——螺纹磨床""基本生产成本——装配车间——丝杠磨床"完工产品成本

③ 依据江海机床集团成本核算账务处理流程清单，绘制成本核算账务处理流程图，如图 1-10 所示。

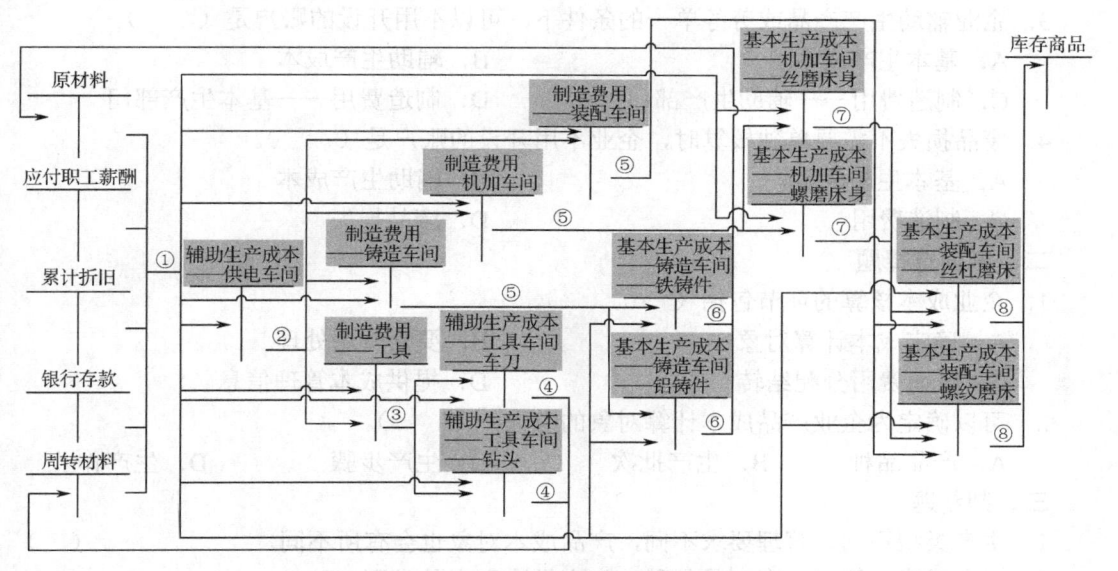

图 1-10 成本核算账务处理流程图

任务总结

① 制造企业产品成本核算工作的基本环节如表 1-16 所示。

表 1-16 产品成本核算工作的基本环节

① 确定成本计算对象
② 要素费用处理
③ 账面费用分配结转
④ 提供成本管理信息

② 制造企业产品成本核算账务处理的一般流程如表 1-17 所示。

表 1-17 产品成本核算账务处理的一般流程

日常处理	① 要素费用处理
期末处理	② 分配辅助生产成本
	③ 分配基本生产部门制造费用
	④ 计算完工产品成本

任务测试

一、单项选择题

1. 单步骤大量组织生产的企业，以（　　）为成本计算对象。
   A．产品品种　　　B．生产批次　　　C．生产步骤　　　D．生产作业

2. 单步骤小批量组织生产的企业，以（　　）为成本计算对象。
   A．产品品种　　　B．生产批次　　　C．生产步骤　　　D．生产作业
3. 企业辅助生产产品或劳务单一的条件下，可以不用开设的账户是（　　）。
   A．基本生产成本　　　　　　　　　B．辅助生产成本
   C．制造费用——辅助生产部门　　　D．制造费用——基本生产部门
4. 废品损失不需要单独核算时，企业不用开设的账户是（　　）。
   A．基本生产成本　　　　　　　　　B．辅助生产成本
   C．制造费用　　　　　　　　　　　D．废品损失

二、多项选择题
1. 企业成本核算的环节包括（　　）。
   A．确定成本计算对象　　　B．要素费用处理
   C．账面费用分配结转　　　D．提供成本管理信息
2. 可以确定为企业产品成本计算对象的有（　　）。
   A．产品品种　　　B．生产批次　　　C．生产步骤　　　D．生产作业

三、判断题
1. 生产类型不同、管理要求不同，产品成本对象也会有所不同。（　　）
2. 产品成本计算对象有产品品种、生产批次和产品类别 3 种。（　　）

四、简答题
1. 产品成本核算的工作环节有哪些？
2. 产品成本核算账务处理的一般流程是什么？

五、实训题
江海机床集团是一家大型机械设备制造企业，主要生产螺纹磨床、丝杠磨床两种产品，设有铸造、机加、装配 3 个基本生产车间，供电、机修两个辅助生产车间。其生产工艺流程如下：铸造车间生产各种铁铸件、铝铸件，检验合格后交半成品仓库；机加车间从自制半成品库领用铸件加工螺磨床身、丝磨床身后，直接交装配车间；装配车间将机加车间转来的部件及领用的外购件进行装配，生产出机床，经调试检验合格后交成品仓库，废品损失不单独核算。

江海机床集团 2023 年 5 月初在产品成本资料如表 1-18 所示。

表 1–18　2023 年 5 月初在产品成本资料　　　　　　　　　　　　　　　　　元

在产品	直接材料	直接人工	制造费用	合　计
铁铸件				
铝铸件				
螺磨床身	16 000.00	20 000.00	10 000.00	46 000.00
丝磨床身	50 000.00	30 000.00	28 000.00	108 000.00
螺纹磨床	240 000.00	200 000.00	180 000.00	620 000.00
丝杠磨床	190 000.00	75 000.00	115 000.00	380 000.00

要求：① 确定设置哪些基本生产成本、辅助生产成本、制造费用明细账户并填写成本账户设置一览表。

② 制定成本核算账务处理流程清单。

③ 绘制成本核算账务处理流程图。

④ 运用 Excel 设置各成本类账户明细账，确定成本项目。

⑤ 登记各成本明细账月初余额。

单元二

要素费用发生的处理

守正创新

➤ 思政目标
1. 强化财经法律意识，遵守会计职业道德，遵守财经法规。
2. 树立正确的世界观、价值观、人生观。
3. 培养爱岗敬业、诚实守信、坚持准则、依法纳税、强化服务等职业道德。
4. 增强责任感，在费用核算及费用管控中自觉遵守劳动法、税法等相关法律、法规和制度的规定，维护企业和职工的正当权益，提高企业经济效益。

➤ 知识目标
1. 掌握材料费用核算的主要原始凭证及其用途。
2. 掌握材料费用核算的程序。
3. 掌握生产领用原材料、燃料、包装物、低值易耗品的费用确认方法。
4. 掌握材料费用管控的主要环节。
5. 掌握职工薪酬的构成。
6. 掌握计时工资制、计件工资制的内容。
7. 掌握材料费用、人工费用及间接费用等有关成本管控的基本理论。

➤ 技能目标
1. 能够按照成本计算对象分领料单。
2. 能够对产品直接材料中的共同材料进行分配。
3. 能够编制材料费用分配汇总表。
4. 能够编制领料业务会计分录。
5. 能够分别按计时工资和计件工资制度计算职工工资。
6. 能够计提企业负担的社保金。
7. 能够填制工资费用分配表，并编制会计分录。
8. 能够对其他要素费用做账务处理。

单元二 要素费用发生的处理

任务一　核算材料费用

微课：材料费用的确认

任务情境

江海机床集团本月生产领用材料填写领料单，如表 2-1 至表 2-9 所示。它包括原料及主要材料（生铁、铝锭）、自制半成品（铁铸件）、辅助材料（冷却液）、外购件（标准件、配件）、燃料（柴油）5 种原材料。原材料采用实际价格核算。

表 2-1　领料单

领料部门：铸造车间　　　　　　　　　　　　　　　　　　　　　　　　　　　　　1001
用　　途：铁铸件　　　　　　　　　　2023 年 5 月

材料编号	材料名称	规　格	计量单位	请领数量	实发数量	单价/（元/吨）	金额/元
	生铁		吨	45		4 000.00	180 000.00

主管：　　　　　　　会计：　　　　　　　仓管：　　　　　　　经办人：

表 2-2　领料单

领料部门：铸造车间　　　　　　　　　　　　　　　　　　　　　　　　　　　　　1002
用　　途：铝铸件　　　　　　　　　　2023 年 5 月

材料编号	材料名称	规　格	计量单位	请领数量	实发数量	单价/（元/吨）	金额/元
	铝锭		吨	8		15 250.00	122 000.00

主管：　　　　　　　会计：　　　　　　　仓管：　　　　　　　经办人：

表 2-3　领料单

领料部门：机加车间　　　　　　　　　　　　　　　　　　　　　　　　　　　　　1003
用　　途：螺磨床身　　　　　　　　　2023 年 5 月

材料编号	材料名称	规　格	计量单位	请领数量	实发数量	单价/（元/件）	金额/元
	铁铸件		件	25		6 352.00	158 800.00

主管：　　　　　　　会计：　　　　　　　仓管：　　　　　　　经办人：

表 2-4　领料单

领料部门：机加车间　　　　　　　　　　　　　　　　　　　　　　　　　　　　　1004
用　　途：丝磨床身　　　　　　　　　2023 年 5 月

材料编号	材料名称	规　格	计量单位	请领数量	实发数量	单价/（元/件）	金额/元
	铁铸件		件	15		6 352.00	95 280.00

主管：　　　　　　　会计：　　　　　　　仓管：　　　　　　　经办人：

表 2-5　领料单

领料部门：装配车间　　　　　　　　　　　　　　　　　　　　　　　　　　　　　1005
用　　途：螺纹磨床　　　　　　　　　2023 年 5 月

材料编号	材料名称	规　格	计量单位	请领数量	实发数量	单价/（元/套）	金额/元
	标准件		套	25		8 702.00	217 550.00

主管：　　　　　　　会计：　　　　　　　仓管：　　　　　　　经办人：

37

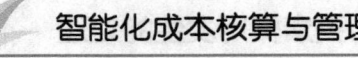

表 2-6 领料单

领料部门：装配车间　　　　　　　　　　　　　　　　　　　　　　　　　　　　　　1006
用　　途：丝杠磨床　　　　　　　　　2023 年 5 月

材料编号	材料名称	规格	计量单位	请领数量	实发数量	单价/（元/套）	金额/元
	外购件		套	15		8 702.00	130 530.00

主管：　　　　　　会计：　　　　　　仓管：　　　　　　经办人：

表 2-7 领料单

领料部门：机加车间　　　　　　　　　　　　　　　　　　　　　　　　　　　　　　1007
用　　途：一般耗用　　　　　　　　　2023 年 5 月

材料编号	材料名称	规格	计量单位	请领数量	实发数量	单价/（元/桶）	金额/元
	冷却液		桶	10		40.00	400.00

主管：　　　　　　会计：　　　　　　仓管：　　　　　　经办人：

表 2-8 领料单

领料部门：供电车间　　　　　　　　　　　　　　　　　　　　　　　　　　　　　　1008
用　　途：生产耗用　　　　　　　　　2023 年 5 月

材料编号	材料名称	规格	计量单位	请领数量	实发数量	单价/（元/升）	金额/元
	柴油		升	1 000		9.00	9 000.00

主管：　　　　　　会计：　　　　　　仓管：　　　　　　经办人：

表 2-9 领料单

领料部门：机修车间　　　　　　　　　　　　　　　　　　　　　　　　　　　　　　1009
用　　途：生产耗用　　　　　　　　　2023 年 5 月

材料编号	材料名称	规格	计量单位	请领数量	实发数量	单价/（元/套）	金额/元
	配件		套	5		100.00	500.00

主管：　　　　　　会计：　　　　　　仓管：　　　　　　经办人：

任务要求

① 根据领料单，汇总填制江海机床集团材料费用分配表，如表 2-10 所示。

表 2-10 江海机床集团材料费用分配表

2023 年 5 月 30 日　　　　　　　　　　　　　　　　　　　　　　　　　　　　　　元

车间	用途	原料及主要材料	自制半成品	辅助材料	外购件	燃料	合计
铸造车间	铁铸件						
	铝铸件						
机加车间	螺磨床身						
	丝磨床身						
装配车间	螺纹磨床						
	丝杠磨床						
供电车间	生产耗用						
机修车间	生产耗用						
机加车间	一般耗用						
合计							

② 根据材料费用分配表，编制分配材料费用的会计分录。

任务分析

制造企业在生产过程领用材料，形成当期生产过程发生的材料费用。它是产品生产费用的主要构成要素之一。生产领用材料由领料人填写领料单，经领料部门主管领导审核签字后，仓库管理员发料并签字，最后领料单传递到财会部门进行材料费用账务处理。

核算材料费用主要掌握4点：第一，材料领用部门（基本生产部门或辅助生产部门）及用途（产品直接耗用或车间一般耗用）不同，则材料费用归属的对象和会计账户不同；第二，领用的材料不同（原材料或周转材料），则账务处理方法不同；第三，几种产品发生的共同材料费用，需要按一定分配标准分配给各产品；第四，材料计价形式（按实际成本计价或按计划成本计价）不同，则材料费用构成不同。

相关知识

一、材料领用的原始凭证

（一）领料单

领料单是企业生产领用材料业务的主要原始凭证，如表2-11所示。领料单填制要求"一料一单"，即一种材料填写一张单据。领料单一般一式四联：第一联为存根联，留领料部门备查；第二联为记账联，留财会部门作为出库材料核算的依据；第三联为保管联，留仓库作为登记材料实物账的依据；第四联为业务联，留采购部门作为物资供应统计的依据。领料单由车间生产计划员填制，车间负责人（生产主管）、领料人、仓库管理员（发料人）等相关人员在领料单上签章。

表2-11 领料单

领料部门：　　　　　　　　　　　　　　　　　　　　　　　　　　　　　　　　　　编号

用　　途：

材料编号	材料名称	规格	计量单位	请领数量	实发数量	单　价	金额/元

主管：　　　　　　　　会计：　　　　　　　　仓管：　　　　　　　　经办人：

（二）限额领料单

限额领料单是企业根据生产定额管理要求，对按生产计划需要大量领用的原材料专门设置的领料凭证，如表2-12所示。使用限额领料单，一方面是为了避免材料一次领用量过大，生产现场堆放材料过多，增加生产现场管理的难度，造成材料浪费；另一方面是为了避免多次填写和审批同一材料领料单而增加工作环节及出现差错，方便开展定额成本管理。

限额领料单属于累计凭证，根据月生产计划填写领用限额，在限额内填写每次实际领用的数量，在有效期（最多为一个月）内连续使用并完成填写。它一般用于按生产计划需要持续、大量领用，并制定有定额标准的材料领用业务。限额领料单应在每月开始前，由生产计划人员根据生产计划和材料消耗定额，按照每种材料及用途分别填制，并根据业务管理需要设置若干联次。

表 2-12　限额领料单

领料部门：　　　　　　　　　　　　　　　　　　　　　　　　　　　　　　　　　　编号
用　途：　　　　　　　　　　　　　年　月　日

材料编号	材料名称	规格	计量单位	计划产量	单位消耗定额	领用限额

领料日期	实发数量	领料人	发料人	单价	金额/元	限额结余
合　计						

主管：　　　　　制单人：

领料单和限额领料单中的单价、金额一般由会计人员在进行领料单稽核过程中根据材料计划成本或实际成本计算、填写。生产材料种类较少的企业一般采用实际价格进行材料核算；生产材料种类较多的大型企业，通常采用计划价格进行材料核算。

成本会计人员对领料凭证所列材料的种类、数量和用途等进行必要审核，检查所领用的材料种类和用途是否符合规定、数量有无超过定额或预算。审核无误的领料凭证作为材料费用入账的依据。

（三）共同材料费用分配表

企业生产系列产品时，物料清单（BOM）中经常会有相同的原材料耗用。车间领用几种产品共同耗用的某种材料时，为方便生产现场的材料管理，领料单中的"用途"一般不具体填写为哪一种产品所耗用，从而形成共同材料费用。对共同耗用的各种材料，要分别填写共同材料费用分配表（见表 2-13），分配给各产品。

表 2-13　共同材料费用分配表

领料部门：
材料名称：　　　　　　　　　　　　　　年　月

受益产品	分配标准	分配率	分配金额
产品一	⑦		④
产品二	⑧		⑤
…	⑨		⑥
合　计	②	③	①

第 1 步　填写根据领料单汇总的某种共同材料费用合计数：①。
第 2 步　填写分配标准合计数：②=⑦+⑧+⑨。
第 3 步　计算分配率：③=①÷②（一般保留 4 位小数）。
第 4 步　分配金额：④=③×⑦（保留 2 位小数）。
第 5 步　分配金额：⑤=③×⑧。
第 6 步　最后一个分配项目需要承担分配金额尾差：⑥=①-④-⑤。

单元二　要素费用发生的处理

（四）材料费用分配汇总表

材料费用核算要根据各受益对象耗用材料的领料单及共同材料费用分配表，分别归集、汇总填制材料费用分配汇总表，如表 2-14 所示。表中的"受益对象"按企业有关成本明细账具体列示，"材料类别"按企业材料分类管理项目填列。

表 2-14　材料费用分配汇总表

年　月

受益对象	材料类别			合　计
	类别一	类别二	类别三	
产　品				
基本生产部门				
辅助生产部门				
管理部门				
合　计				

拓中学　企业产品生产中常用名词的英文缩写 BOM、PDM、PMC

随着企业生产的国际化，企业生产经营中许多与之相关的术语的英文缩写已成为日常惯用的表达形式，如 BOM、PDM、PMC 等。

① BOM 是物料清单（Bill Of Material）的英文缩写，是指制造产品所需的各种材料及其数量的明细表。物料清单能够表明组成产品的所有部件、组件、零件及原材料之间的结构关系。BOM 是企业资源计划（ERP）系统中较重要的概念之一。

② PDM 是产品数据管理（Product Data Management）的英文缩写，是指基于计算机系统控制整个产品的开发设计过程，管理所有与产品相关的信息和所有与产品相关的过程的技术。其构成包括零件蓝图、刀具清单、数控程序、过程卡片、三维数模和质量文件等。通过逐步建立虚拟的产品模型，最终形成完整的产品描述、生产过程描述及生产过程控制数据。

③ PMC 是生产及物料控制（Production Material Control）的英文缩写，是指对生产计划与生产进度的控制，以及对物料的计划、跟踪、收发、储存、使用等各方面的监督与管理和呆滞材料的预防处理工作。

二、材料费用核算的程序

在大中型制造企业会计岗位设置较细的情况下，对领料单的稽核，材料单价、金额的计算、填写等处理属于材料核算岗位的内容；成本会计岗位负责对稽核无误的领料单进行材料费用分配——具体包括分领料单、分配材料共同费用、填制材料费用分配汇总表及编制领料业务记账凭证等环节。

（一）分领料单

分领料单是根据每一张领料单的领料部门和用途，区分该材料属于生产耗用还是非生产耗用、产品耗用还是车间一般耗用、某种产品单独耗用（个别费用）还是几种产品共同耗用（共同费用），按受益对象汇总个别费用，将共同费用按材料名称汇总，分别填入共同材料费用分配表的"合计"栏。

（二）分配材料共同费用

共同耗用材料费用的分配应选择适当的分配标准，将材料共同费用分配给各受益对象，填制共同材料费用分配表。其常用的分配标准有材料定额消耗量、材料定额费用、产品重量、产品体积、表面积等。

例 2-1 某制造企业本月生产 A、B 两种产品，共同耗用甲材料共计 5 000 元。本月生产 A 产品 20 台、B 产品 30 台，产品耗用甲材料的费用定额分别为：A 产品单位费用定额 120 元/台；B 产品单位费用定额 100 元/台。要求以材料定额费用为标准分配本月产品共同耗用甲材料的费用。

根据产量和费用定额计算各产品定额费用，以共同费用除以定额费用合计计算分配率，据以分配费用，如表 2-15 所示。

表 2-15 共同材料费用分配表

领用单位：某车间
领用材料：甲材料　　　　　　　　　　2023 年 5 月　　　　　　　　　　　　　元

受益产品	产量/台	费用定额/（元/台）	定额费用	分配率	分配金额
A	20	120.00	2 400.00		2 222.16
B	30	100.00	3 000.00		2 777.84
合　计			5 400.00	0.925 9	5 000.00

（三）填制材料费用分配汇总表

按各受益对象将分领料单过程汇总的个别费用与分配材料共同费用环节分配的费用分别汇总，填入材料费用分配汇总表。

在企业材料采用实际成本计价的情况下，材料费用分配汇总表中的金额就是材料费用的实际成本。企业材料采用计划成本计价时，费用合计栏为材料计划成本，需要分配材料成本差异，形成材料费用实际成本。如表 2-16 所示，"计划成本合计"后增加两列：一列计算分配材料成本差异；一列计算材料费用实际成本。

表 2-16 材料费用分配汇总表

年　月　　　　　　　　　　　　　　　　　元

受益对象	材料类别			计划成本合计	材料成本差异	实际成本合计
	类别一	类别二	类别三			
产品						
基本生产部门						
辅助生产部门						
管理部门						
合　计						

（四）填制领料业务记账凭证

根据材料费用分配汇总表，编制领料业务会计分录，填制记账凭证。基本生产车间生产产品耗用材料，借记"基本生产成本"有关明细账户；辅助生产车间耗用材料，借记"辅助生产成本"有关明细账户；生产车间一般耗用，借记"制造费用"有关明细账户；企业管理部门耗用，借记"管理费用"有关明细账户。材料采用实际成本计价，按材料实际成本贷记"原材料"有关明细账户；材料采用计划成本计价，按计划成本贷记"原材料"有关明细账户，同时贷记"材料成本差异"有关明细账户（超支差用蓝字，节约差用红字）。

三、材料费用的确认

材料费用是指在企业生产经营过程中耗用原材料（原料及主要材料、辅助材料、自制半成品、备品备件、燃料及其他材料等）、周转材料（包装物、低值易耗品）等所形成的费用。生产领用的材料多种多样，用途也各不相同，需要加以详细区分，按《企业会计准则》的有关规定进行确认。

（一）生产领用原材料

生产领用的原材料经过加工构成产品实体的，称作原料及主要材料，如构成机床床身的铁铸件；不构成产品主要实体，但有助于产品形成的材料，称作辅助材料，如机床床身所使用的螺丝钉、油漆等；为维护固定资产等设备正常使用，在生产过程中所消耗的材料，如棉纱头、机油、润滑油等，称作机物料消耗。生产领用原料及主要材料、辅助材料、自制半成品、备品备件等，费用记入生产成本明细账"直接材料"成本项目；机物料消耗记入制造费用明细账的"材料费"项目。

（二）生产领用燃料

当燃料费用在生产成本中占有较大比重时，可在生产成本明细账中设置"燃料及动力"成本项目单独归集；燃料费用占生产成本比重较小的企业，可不设置"燃料及动力"成本项目，而直接记入"直接材料"成本项目。

（三）生产领用包装物

用于包装产品作为产品组成部分的包装物，计入生产成本；随同商品出售而不单独计价的包装物，计入销售费用；随同商品出售单独计价的包装物，计入其他业务成本。

（四）生产领用低值易耗品

低值易耗品费用金额较小的，可在领用时一次性记入"制造费用"账户；费用金额较大的，可供多次使用的低值易耗品采用分次摊销法，对实物设置备查账簿进行登记。

分次摊销法需要单独设置"周转材料——低值易耗品——在用""周转材料——低值易耗品——在库""周转材料——低值易耗品——摊销"账户。

1. 领用时

借：周转材料——低值易耗品——在用
    贷：周转材料——低值易耗品——在库

2. 分次摊销时

借：制造费用
    贷：周转材料——低值易耗品——摊销

3. 最后一次摊销时

借：制造费用
    贷：周转材料——低值易耗品——摊销

同时：

借：周转材料——低值易耗品——摊销
    贷：周转材料——低值易耗品——在用

微课：材料费用按实际成本核算

例 2-2 某企业基本生产车间生产 A、B 两种主要产品，辅助生产车间生产辅助产品 C。原材料按实际成本计价。本月生产 A 产品 15 件、B 产品 20 件，生产领用甲、乙、丙、丁、戊、己 6 种材料，领料单如表 2-17 至表 2-23 所示。其中，丙材料属于产品共同耗用材料，其费用以定额消耗量为标准在各受益产品之间进行分配。丙材料消耗定额标准分别为：A 产品单位消耗定额 3 千克；B 产品单位消耗定额 1.5 千克。要求根据领料单完成材料费用的账务处理。

表 2-17 领料单

领料部门：基本生产车间　　　　　　　　　　　　　　　　　　　　　　　　　　　00001
用　　途：A 产品

材料编号	材料名称	规 格	计量单位	请领数量	实发数量	单价/（元/千克）	金额/元
	主要材料（甲）		千克	400	400	182.00	72 800.00

主管：　　　　　　　会计：　　　　　　　仓管：　　　　　　　经办人：

表 2-18 领料单

领料部门：基本生产车间　　　　　　　　　　　　　　　　　　　　　　　　　　　00002
用　　途：B 产品

材料编号	材料名称	规 格	计量单位	请领数量	实发数量	单价/（元/千克）	金额/元
	主要材料（乙）		千克	473	473	200	94 600.00

主管：　　　　　　　会计：　　　　　　　仓管：　　　　　　　经办人：

表 2-19 领料单

领料部门：基本生产车间　　　　　　　　　　　　　　　　　　　　　　　　　　　00003
用　　途：生产产品

材料编号	材料名称	规 格	计量单位	请领数量	实发数量	单价/（元/千克）	金额/元
	辅助材料（丙）		千克	80	80	35	2 800.00

主管：　　　　　　　会计：　　　　　　　仓管：　　　　　　　经办人：

单元二 要素费用发生的处理

表 2-20 领料单

领料部门：辅助生产车间　　　　　　　　　　　　　　　　　　　　　　　　　　00004
用　途：C 产品

材料编号	材料名称	规　格	计量单位	请领数量	实发数量	单价/（元/千克）	金额/元
	主要材料（丁）		千克	184	184	5	920.00

主管：　　　　　　　会计：　　　　　　　仓管：　　　　　　　经办人：

表 2-21 领料单

领料部门：辅助生产车间　　　　　　　　　　　　　　　　　　　　　　　　　　00005
用　途：一般耗用

材料编号	材料名称	规　格	计量单位	请领数量	实发数量	单价/（元/千克）	金额/元
	其他材料（戊）		千克	25	25	20	500.00

主管：　　　　　　　会计：　　　　　　　仓管：　　　　　　　经办人：

表 2-22 领料单

领料部门：基本生产车间　　　　　　　　　　　　　　　　　　　　　　　　　　00006
用　途：一般耗用

材料编号	材料名称	规　格	计量单位	请领数量	实发数量	单价/（元/千克）	金额/元
	其他材料（己）		千克	45	45	20	900.00

主管：　　　　　　　会计：　　　　　　　仓管：　　　　　　　经办人：

表 2-23 领料单

领料部门：管理部门　　　　　　　　　　　　　　　　　　　　　　　　　　　　00007
用　途：其他耗用

材料编号	材料名称	规　格	计量单位	请领数量	实发数量	单价/（元/千克）	金额/元
	其他材料（己）		千克	15	15	20	300.00

主管：　　　　　　　会计：　　　　　　　仓管：　　　　　　　经办人：

具体账务处理如下。

（1）分领料单

对每一张领料单逐一进行识别，第 00003 号领料单为共同费用，其他领料单均为个别费用。

（2）分配共同费用

根据分领料单确定的共同费用，填写共同材料费用分配表分配给各受益对象，如表 2-24 所示。

表 2-24 共同材料费用分配表

领用单位：基本生产车间
领用材料：丙材料　　　　　　　　　　2023 年 5 月

受益产品	产量/件	材料消耗定额/（千克/件）	定额消耗量/千克	分配率/（元/千克）	分配金额/元
A	15	3	45		1 680.00
B	20	1.5	30		1 120.00
合　计			75	37.333 3	2 800.00

（3）填写材料费用分配汇总表

按照各受益对象将个别费用及分配的材料共同费用分别进行汇总，如表2-25所示。

表2-25　材料费用分配汇总表　　　　　　　　　　　　　　　　　　元

受益对象	材料类别			合　计
	主要材料	辅助材料	其他材料	
A产品	72 800.00	1 680.00		74 480.00
B产品	94 600.00	1 120.00		95 720.00
基本生产车间			900.00	900.00
辅助生产车间	920.00		500.00	1 420.00
管理部门			300.00	300.00
合　计	168 320.00	2 800.00	1 700.00	172 820.00

（4）编制分配材料费用的会计分录（填制记账凭证）

借：基本生产成本——基本生产车间——A产品　　　　74 480.00
　　基本生产成本——基本生产车间——B产品　　　　95 720.00
　　辅助生产成本——辅助生产车间　　　　　　　　　1 420.00
　　制造费用——基本生产车间　　　　　　　　　　　　900.00
　　管理费用　　　　　　　　　　　　　　　　　　　　300.00
　　贷：原材料——原料及主要材料　　　　　　　　168 320.00
　　　　原材料——辅助材料　　　　　　　　　　　　2 800.00
　　　　原材料——其他材料　　　　　　　　　　　　1 700.00

例2-3　以例2-2的资料为基础，假定企业材料采用计划成本计价，材料成本综合差异率为10%（超支差）。要求根据领料单完成材料费用的账务处理。

具体账务处理如下。

（1）分领料单

与实际成本计价下的处理相同。

（2）分配共同费用

与实际成本计价下的处理相同。

微课：材料费用按计划成本核算

（3）填制材料费用分配汇总表

按照各受益对象将个别费用及分配的材料共同费用分别进行汇总，填写材料费用分配表汇总表，计算计划成本合计。然后，按综合成本差异率计算应分配的成本差异。最后，将计划成本与材料成本差异（超支差）汇总，计算、填写实际成本，如表2-26所示。

表2-26　材料费用分配汇总表　　　　　　　　　　　　　　　　　　元

受益对象	材料类别			计划成本合计 ④=①+②+③	材料成本差异 ⑤=④×10%	实际成本合计 ⑥=④+⑤
	主要材料 ①	辅助材料 ②	其他材料 ③			
A产品	72 800.00	1 680.00		74 480.00	7 448.00	81 928.00
B产品	94 600.00	1 120.00		95 720.00	9 572.00	105 292.00

单元二　要素费用发生的处理

（续表）

受益对象	材料类别			计划成本合计 ④=①+②+③	材料成本差异 ⑤=④×10%	实际成本合计 ⑥=④+⑤
	主要材料 ①	辅助材料 ②	其他材料 ③			
基本生产车间			900.00	900.00	90.00	990.00
辅助生产车间	920.00		500.00	1 420.00	142.00	1 562.00
管理部门			300.00	300.00	30.00	330.00
合　计	168 320.00	2 800.00	1 700.00	172 820.00	17 282.00	190 102.00

（4）编制分配材料费用的会计分录（填制记账凭证）

借：基本生产成本——基本生产车间——A产品　　　　81 928.00
　　基本生产成本——基本生产车间——B产品　　　　105 292.00
　　辅助生产成本　　　　　　　　　　　　　　　　1 562.00
　　制造费用——基本生产车间　　　　　　　　　　990.00
　　管理费用　　　　　　　　　　　　　　　　　　330.00
　贷：原材料——原料及主要材料　　　　　　　　　168 320.00
　　　原材料——辅助材料　　　　　　　　　　　　2 800.00
　　　原材料——其他材料　　　　　　　　　　　　1 700.00
　　　材料成本差异　　　　　　　　　　　　　　　17 282.00

案中学　　　　　　　　　　材料费用控制管理

微课：材料费用管控

　　企业成本会计岗位不仅直接负责企业产品成本核算工作，还担负着企业成本管理的重要职能。目前，计算机技术在会计活动中的广泛、深入应用，使会计人员有更多的时间开展管理活动。成本会计人员有大量第一手成本数据，便于从中发现企业生产管理中存在的问题。因此，要主动、积极地开展成本管理，不仅要做好成本计划的编制、掌握成本开支的范围和标准、参与制定各项成本定额，而且要将成本核算与成本控制相融合，有效地控制成本。

　　材料费用是生产型企业成本的重要构成内容，主要形成于材料的采购、储存、领用3个阶段，涉及存货决策和生产决策。材料成本由订货成本、购置成本、储存成本、缺货成本等构成。存货决策主要涉及进货项目、供应商、进货时间、进货批量的选择。常用的存货管理方法有经济订货模型、存货分类控制系统、适时制库存控制系统等。预算管理、定额管理、标准成本制度等是控制生产过程材料消耗的主要方法。

　　企业成本管理的理念、方法会随着企业发展而变化，成本会计人员开展材料费用控制的根本目的是节约成本、降低风险、提高经济效益。要求成本会计人员时刻不忘成本会计职能，牢固树立成本管理意识，培养敏锐的观察力，根据成本核算所掌握的数据及时发现问题、提出对策、解决问题，实现对材料成本的有效管控。

一、采购环节原材料成本管控案例

1. 在途材料的算、管结合

　　HJ集团是一家国有大型（一类）机床研发、制造企业。其采供部负责企业生产所需材料物资的采购、储存管理工作，每笔采购业务需要填制一式三联（蓝色、白色、黄色）的采购业务单据（蓝色联为采供部留存、白色联为付款联、黄色联为入库联）；财务部每月月末采取抽单核对法进行材料明细核算，即将会计系统中当期完成采购付款所形成的采购申请单（白单）与本期完成验收入库材料所形成的验收入库单（黄单）进行核对，依据核对完全一致的两联采购单据完成采购账务处理，即借记"原材料"等账户，贷记"材料采购"账户；未核对上的白单为款已付货未到的在途物资，其金额即为"材料采购"账户期末余额；未核对上的黄单表示材料已验收入库但尚未支付货款，做暂估应付处理，即借记"原材料"账户，贷记"应付账款——暂估应付"账户（次月初红字冲回）。

每月在抽单后都有大量"白单"未能核对上，有的时间长达两年以上。"在途物资"账户期末余额巨大，一方面，占用了企业大量资金；另一方面，由于供应商变化、采购负责人变化等原因，因此一些未能及时核销的"白单"可能实际已由呆账变为坏账，从而给企业带来损失，增加了企业经营成本。

解决的方法：第一，完善在途物资核销制度，在采购业务单据上增加一栏，明确所采购材料的最长在途时限；第二，设置超期未到货在途物资的采购员责任追究制度，与采供部的经济利益挂钩。

效果：经过加强会计管理，对长期挂账的未到货材料全部清理完毕，在途材料资金平均占用额大幅降低，从而提高了资金使用效率，有效防范了在途材料坏账的发生。

2. 材料超储带来的生存风险

HDL公司是一家国有控股小型化肥生产企业，主要生产几种复合肥料。2021年，受通货膨胀影响，生产需要的某种主要原材料的市场价格持续上升，由原来的每吨1 000元涨到了每吨2 000多元。由于上涨趋势较大并可能会进一步加剧，企业决定立即大量采购以控制原材料成本，从而导致仓库严重超储。此后，原材料价格果然一路飙升，最高时达到每吨3 000多元，因而企业管理层庆幸决策正确——在每吨2 000多元时大量采购。甚至企业管理层中有人认为，这时即使不生产，把材料卖出去也能赚钱。但没有想到的是，由于国家加大宏观调控力度，因此一年后原材料价格回到了每吨1 000多元，而企业仓库中仍有大量价格在每吨2 000元左右的原材料，使得企业陷入每生产一吨就要亏损1 000元的窘境，致使企业最终因严重亏损而破产。这一案例说明企业的材料采购决策和成本控制直接关系到企业的生死存亡。

二、储存环节原材料成本管控案例

YX制衣有限公司是一家私营大型服装生产企业，由于服装企业分批次生产的特点，因此使得一批产品生产完工后，所剩的原材料一般不符合另一批次产品生产的需要而造成原材料积压。虽然每批所剩材料不多，但积少成多，增加了企业成本。

针对这种情况，企业对材料订购数量进行精确测算，严格按产品试制过程中确定的耗材标准计算需要量并组织采购。由于有的原材料不足整匹时只能按整匹采购，所以难以完全避免材料的剩余。因此，企业进一步对库存材料实行三色标签管理制度，即仓库中当月曾经领用的原材料，在货架上使用绿色标签；一个月未领用的原材料，在货架上使用黄色标签；两个月未领用的原材料，在货架上使用红色标签。红色标签材料由材料管理部门及时进行出售处理，并对其纳入考核。材料处理出售的价格主要是根据估算材料储存成本、资金占用成本和材料随时间推移的减值成本，以及材料出售净损失无差别点进行判断。

三、生产环节材料成本管控案例

1. 全面成本管理

KK 公司是一家大型飞机制造公司，其生产线可同时容纳 12 架大型飞机在线生产。企业实行全面成本管理，生产现场材料管理工作非常细致入微。为了使生产线上的员工人人树立成本节约意识，对生产线上存放的数万种配件无论金额大小，一律在储存箱上突出标明单价，以提醒员工每浪费一个零件，即使再小，也会给企业产品增加成本。

2. 边角料回收率与例外管理

WZ 有色金属加工公司是一家民营有色金属制品加工企业，企业对各类有色金属部件加工制定了边角料回收率标准，通过回收处置、再利用，有效降低了生产成本。某月，出现了铜件加工边角料回收率明显不足的情况，管理人员通过分析，判断可能是生产现场存在边角料失窃的情况。管理人员通过留心观察，发现确实是有人从生产车间带走了铜材加工下脚料铜屑，随即采取措施予以制止，避免了企业发生更大的损失。

3. 产品生产成本定额管理

YX 制衣有限公司是一家大型民营服装生产企业，企业产品生产要经过试制部门试生产，确定生产技术标准及成本定额标准后再交由生产车间组织生产。企业实行生产成本定额管理，生产流水线上任何一个产品出现不合格，都要追究是由哪一道工序所引起的，并明确责任人，返工修复发生的材料费等所有费用均由责任人承担。同时，责任人需要接受相应的技术培训。这样，企业各批次的生产成本定额得到了严格的执行，成本管控十分有效。

任务实现

① 根据领料单，汇总填制江海机床集团材料费用分配汇总表，如表 2-27 所示。

表 2-27　江海机床集团材料费用分配汇总表

2023 年 5 月 30 日　　　　　　　　　　　　　　　　　　元

车间	用途	原料及主要材料	自制半成品	外购件	辅助材料	燃料	合计
铸造车间	铁铸件	180 000.00					180 000.00
	铝铸件	122 000.00					122 000.00
机加车间	螺磨床身		158 800.00				158 800.00
	丝磨床身		95 280.00				95 280.00
装配车间	螺纹磨床			217 550.00			217 550.00
	丝杠磨床			130 530.00			130 530.00
供电车间	生产耗用					9 000.00	9 000.00
机修车间	生产耗用			500.00			500.00
机加车间	一般耗用				400.00		400.00
合计		302 000.00	254 080.00	348 580.00	400.00	9 000.00	914 060.00

② 根据材料费用分配汇总表，编制分配材料费用的会计分录。

借：基本生产成本——铸造车间——铁铸件　　　　　180 000.00
　　基本生产成本——铸造车间——铝铸件　　　　　122 000.00

基本生产成本——机加车间——螺磨床身	158 800.00
基本生产成本——机加车间——丝磨床身	95 280.00
基本生产成本——装配车间——螺纹磨床	217 550.00
基本生产成本——装配车间——丝杠磨床	130 530.00
辅助生产成本——供电车间	9 000.00
辅助生产成本——机修车间	500.00
制造费用——机加车间	400.00
贷：原材料	914 060.00

任务总结

材料费用核算的程序主要包括 4 个环节，如图 2-1 所示。

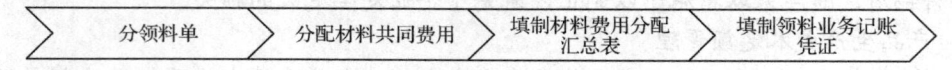

分领料单 → 分配材料共同费用 → 填制材料费用分配汇总表 → 填制领料业务记账凭证

图 2-1 材料费用核算的程序

任务测试

一、单项选择题

1. 生产产品领用原料及主要材料费用应当记入（　　）账户。
   A．基本生产成本　　B．辅助生产成本　　C．制造费用　　D．管理费用
2. 车间发生的机物料消耗费用应记入（　　）账户。
   A．基本生产成本　　B．辅助生产成本　　C．制造费用　　D．管理费用
3. 生产领用燃料，燃料费用占生产成本比重较大，一般应记入（　　）成本项目。
   A．直接材料　　B．直接人工　　C．燃料及动力　　D．制造费用
4. 生产领用包装产品作为产品组成部分的，其费用应记入（　　）账户。
   A．基本生产成本　　B．制造费用　　C．其他业务成本　　D．销售费用
5. 生产领用低值易耗品，其费用应记入（　　）账户。
   A．基本生产成本　　B．辅助生产成本　　C．制造费用　　D．管理费用
6. 材料共同费用以定额费用为标准进行分配的适用条件是（　　）。
   A．几种产品共同耗用几种材料　　B．产品重量与所耗材料多少相关
   C．产品产量与耗用材料多少相关　　D．材料消耗定额较准确和稳定

二、多项选择题

1. 材料费用核算的工作包括（　　）等环节。
   A．分领料单　　B．分配材料共同费用
   C．填制材料费用分配汇总表　　D．编制记账凭证
2. 下列应记入产品成本"直接材料"成本项目的有（　　）。
   A．构成产品实体的原料及主要材料　　B．辅助材料
   C．机物料　　D．低值易耗品

3．分领料单是确定材料费用承担者，主要依据领料单中的（　　　　）进行判断。
　A．材料名称　　　B．领料部门　　　C．领料用途　　　D．发料人
4．分配材料费用的会计分录应借记的会计科目有（　　　　）。
　A．基本生产成本　B．辅助生产成本　C．制造费用　　　D．原材料

三、判断题

1．凡是生产车间领用的原材料费用，最终都必须转到生产成本明细账的"直接材料"成本项目。（　　）
2．车间生产一般耗用的机物料记入该车间制造费用明细账户。（　　）
3．生产领用燃料可以记入生产成本明细账的"直接材料"成本项目。（　　）
4．生产领用的包装物一律记入生产成本明细账。（　　）

四、实训题

1．某生产单位本月领用材料费用明细：甲产品 50 000 元；乙产品 40 000 元；车间一般耗用 200 元；管理部门领用 500 元。**要求**：编制会计分录。

2．某生产车间生产甲、乙两种产品，本月生产耗用材料 220 200 元。其中，共同耗用材料 36 000 元。
要求：根据材料费用分配表中的资料，进行以下账务处理。
① 运用定额消耗量比例法，计算填写材料费用分配表，如表 2-28 所示。

表 2-28　材料费用分配表

2023 年 5 月　　　　　　　　　　　　　　　　　　　　　　　　　　　元

领料用途	产量/件	共同耗用材料费用				直接材料费用	合计
		单位消耗定额/（千克/件）	定额消耗量/千克	分配率/（元/千克）	分配额		
甲产品	20	440				127 740	
乙产品	40	80				56 460	
合计	—	—		—			

② 根据材料费用分配表编制会计分录（有必要的明细科目）。

3．某制造企业材料按计划成本计价，本期发生以下领用材料业务，如表 2-29 至表 2-49 所示。

表 2-29　领料单

领料部门：车间　　　　　　　　　　　　　　　　　　　　　　　　　　00001
用　　途：栅栏式防盗门

材料编号	材料名称	规　格	计量单位	请领数量	实发数量	单价/（元/千克）	金额/元
	冷轧钢板		千克	35 600		5.60	199 360.00

主管：　　　　　　会计：　　　　　　仓管：　　　　　　经办人：

表 2-30　领料单

领料部门：车间　　　　　　　　　　　　　　　　　　　　　　　　　　00002
用　　途：实体门

材料编号	材料名称	规　格	计量单位	请领数量	实发数量	单价/（元/千克）	金额/元
	冷轧钢板		千克	56 500		5.60	316 400.00

主管：　　　　　　会计：　　　　　　仓管：　　　　　　经办人：

表 2-31 领料单

领料部门：车间　　　　　　　　　　　　　　　　　　　　　　　　　　　　　　00003
用　　途：复合式防盗门

材料编号	材料名称	规　格	计量单位	请领数量	实发数量	单价/（元/千克）	金额/元
	冷轧钢板		千克	60 520		5.60	338 912.00

主管：　　　　　　会计：　　　　　　　　仓管：　　　　　　　　经办人：

表 2-32 领料单

领料部门：车间　　　　　　　　　　　　　　　　　　　　　　　　　　　　　　00004
用　　途：栅栏式防盗门

材料编号	材料名称	规　格	计量单位	请领数量	实发数量	单价/（元/千克）	金额/元
	不锈钢管		千克	5 500		9.85	54 175.00

主管：　　　　　　会计：　　　　　　　　仓管：　　　　　　　　经办人：

表 2-33 领料单

领料部门：车间　　　　　　　　　　　　　　　　　　　　　　　　　　　　　　00005
用　　途：复合式防盗门

材料编号	材料名称	规　格	计量单位	请领数量	实发数量	单价/（元/千克）	金额/元
	不锈钢管		千克	4 400		9.85	43 340.00

主管：　　　　　　会计：　　　　　　　　仓管：　　　　　　　　经办人：

表 2-34 领料单

领料部门：车间　　　　　　　　　　　　　　　　　　　　　　　　　　　　　　00006
用　　途：实体门

材料编号	材料名称	规　格	计量单位	请领数量	实发数量	单价/（元/副）	金额/元
	不锈钢轴承合页		副	1 000		28.50	28 500.00

主管：　　　　　　会计：　　　　　　　　仓管：　　　　　　　　经办人：

表 2-35 领料单

领料部门：车间　　　　　　　　　　　　　　　　　　　　　　　　　　　　　　00007
用　　途：复合式防盗门

材料编号	材料名称	规　格	计量单位	请领数量	实发数量	单价/（元/副）	金额/元
	不锈钢轴承合页		副	800		28.50	22 800.00

主管：　　　　　　会计：　　　　　　　　仓管：　　　　　　　　经办人：

表 2-36 领料单

领料部门：车间　　　　　　　　　　　　　　　　　　　　　　　　　　　　　　00008
用　　途：栅栏式防盗门

材料编号	材料名称	规　格	计量单位	请领数量	实发数量	单价/（元/副）	金额/元
	可脱卸旗形合页		副	1 000		16.00	16 000.00

主管：　　　　　　会计：　　　　　　　　仓管：　　　　　　　　经办人：

表 2-37 领料单

领料部门：车间　　　　　　　　　　　　　　　　　　　　　　　　　　　　　　00009
用　　途：栅栏式防盗门

材料编号	材料名称	规　格	计量单位	请领数量	实发数量	单价/（元/平方米）	金额/元
	岩棉		平方米	4 600		9.00	41 400.00

主管：　　　　　　会计：　　　　　　　　仓管：　　　　　　　　经办人：

表2-38　领料单

领料部门：车间　　　　　　　　　　　　　　　　　　　　　　　　　　　00010
用　　途：实体门

材料编号	材料名称	规　格	计量单位	请领数量	实发数量	单价/（元/平方米）	金额/元
	岩棉		平方米	6 200		9.00	55 800.00

主管：　　　　　　会计：　　　　　　仓管：　　　　　　经办人：

表2-39　领料单

领料部门：车间　　　　　　　　　　　　　　　　　　　　　　　　　　　00011
用　　途：复合式防盗门

材料编号	材料名称	规　格	计量单位	请领数量	实发数量	单价/（元/平方米）	金额/元
	岩棉		平方米	6 824		9.00	61 416.00

主管：　　　　　　会计：　　　　　　仓管：　　　　　　经办人：

表2-40　领料单

领料部门：车间　　　　　　　　　　　　　　　　　　　　　　　　　　　00012
用　　途：栅栏式防盗门

材料编号	材料名称	规　格	计量单位	请领数量	实发数量	单价/（元/把）	金额/元
	防盗锁		把	1 000		55.20	55 200.00

主管：　　　　　　会计：　　　　　　仓管：　　　　　　经办人：

表2-41　领料单

领料部门：车间　　　　　　　　　　　　　　　　　　　　　　　　　　　00013
用　　途：实体门

材料编号	材料名称	规　格	计量单位	请领数量	实发数量	单价/（元/把）	金额/元
	防盗锁		把	1 000		55.20	55 200.00

主管：　　　　　　会计：　　　　　　仓管：　　　　　　经办人：

表2-42　领料单

领料部门：车间　　　　　　　　　　　　　　　　　　　　　　　　　　　00014
用　　途：复合式防盗门

材料编号	材料名称	规　格	计量单位	请领数量	实发数量	单价/（元/把）	金额/元
	防盗锁		把	1 600		55.20	88 320.00

主管：　　　　　　会计：　　　　　　仓管：　　　　　　经办人：

表2-43　领料单

领料部门：车间　　　　　　　　　　　　　　　　　　　　　　　　　　　00015
用　　途：实体门

材料编号	材料名称	规　格	计量单位	请领数量	实发数量	单价/（元/个）	金额/元
	猫眼		个	1 000		12.80	12 800.00

主管：　　　　　　会计：　　　　　　仓管：　　　　　　经办人：

表2-44　领料单

领料部门：车间　　　　　　　　　　　　　　　　　　　　　　　　　　　00016
用　　途：复合式防盗门

材料编号	材料名称	规　格	计量单位	请领数量	实发数量	单价/（元/个）	金额/元
	猫眼		个	800		12.80	10 240.00

主管：　　　　　　会计：　　　　　　仓管：　　　　　　经办人：

表 2-45　领料单

领料部门：车间　　　　　　　　　　　　　　　　　　　　　　　　　　　　　　　00017
用　　途：栅栏式防盗门

材料编号	材料名称	规　格	计量单位	请领数量	实发数量	单价/（元/米）	金额/元
	橡胶密封条		米	4 000		1.80	7 200.00

主管：　　　　　　　会计：　　　　　　　　　　　仓管：　　　　　　　　　经办人：

表 2-46　领料单

领料部门：车间　　　　　　　　　　　　　　　　　　　　　　　　　　　　　　　00018
用　　途：实体门

材料编号	材料名称	规　格	计量单位	请领数量	实发数量	单价/（元/米）	金额/元
	橡胶密封条		米	4 000		1.80	7 200.00

主管：　　　　　　　会计：　　　　　　　　　　　仓管：　　　　　　　　　经办人：

表 2-47　领料单

领料部门：车间　　　　　　　　　　　　　　　　　　　　　　　　　　　　　　　00019
用　　途：复合防盗门

材料编号	材料名称	规　格	计量单位	请领数量	实发数量	单价/（元/米）	金额/元
	橡胶密封条		米	6 400		1.80	11 520.00

主管：　　　　　　　会计：　　　　　　　　　　　仓管：　　　　　　　　　经办人：

表 2-48　领料单

领料部门：车间　　　　　　　　　　　　　　　　　　　　　　　　　　　　　　　00020
用　　途：生产产品

材料编号	材料名称	规　格	计量单位	请领数量	实发数量	单价/（元/千克）	金额/元
	塑粉		千克	2 756		15.30	42 166.80

主管：　　　　　　　会计：　　　　　　　　　　　仓管：　　　　　　　　　经办人：

表 2-49　领料单

领料部门：车间　　　　　　　　　　　　　　　　　　　　　　　　　　　　　　　00021
用　　途：生产产品

材料编号	材料名称	规　格	计量单位	请领数量	实发数量	单价/（元/千克）	金额/元
	磷化液		千克	2 454		6.50	15 951.00

主管：　　　　　　　会计：　　　　　　　　　　　仓管：　　　　　　　　　经办人：

要求：

① 根据领料单中的材料用途，区分所领用材料的费用是属于个别费用，还是共同费用。将属于共同费用的领料单金额分别汇总填入共同材料费用分配表各材料"分配额"栏的"合计"行中，如表 2-50 所示；将属于个别费用的领料单金额分别汇总填入材料费用分配汇总表的"直接计入"栏的相应行次，如表 2-51 所示。

② 以材料定额消耗量为标准分配共同材料费用，填写共同材料费用分配表，见表 2-50。根据各产品本期投产量和单位消耗定额计算定额消耗量，根据分配额合计数与定额消耗量合计数计算分配率，将费用分配给各产品，并将分配额填入材料费用分配汇总表"分配计入"栏的相应行次，见表 2-51。

表 2-50　共同材料费用分配表

2023 年 5 月　　　　　　　　　　　　　　　　　　　　　　　　　　　　　元

产品名称	本期投产量	磷化液				塑粉			
		单位消耗定额	定额消耗量	分配率	分配额	单位消耗定额	定额消耗量	分配率	分配额
栅栏式防盗门	1 000	0.62				0.70			
实体门	1 000	0.85				0.96			
复合式防盗门	800	1.23				1.37			
合　计									

③ 填制材料费用分配汇总表，见表 2-51。然后编制会计分录。

表 2-51　材料费用分配汇总表

2023 年 5 月 30 日　　　　　　　　　　　　　　　　　　　　　　　　　元

产品名称	直接计入	分配计入	合　计
栅栏式防盗门			
实体门			
复合式防盗门			
合　计			

④ 计算结转材料成本差异（本月月末材料成本差异率为 3%），填写材料成本差异计算表，如表 2-52 所示。将表 2-51 中各产品"合计"行金额填入表 2-52 "材料计划成本"栏各相同产品行次，根据本期的材料成本差异率计算材料成本差异额。然后编制会计分录。

表 2-52　材料成本差异计算表

2023 年 5 月 30 日　　　　　　　　　　　　　　　　　　　　　　　　　元

产品名称	材料计划成本	成本差异率	成本差异额
栅栏式防盗门			
实体门			
复合式防盗门			
合　计			

4. 企业包装物按实际成本计价，生产领用包装物的费用采取一次摊销法进行账务处理。本期领用情况见周转材料（包装物）费用分配表，如表 2-53 所示。

表 2-53　周转材料（包装物）费用分配表　　　　　　　　　　　　　　　元

名　称	栅栏式防盗门	实体门	复合式防盗门	合　计
PE 保护膜	10 230.00	11 625.00	14 880.00	36 735.00
包装箱	9 460.00	10 750.00	6 880.00	27 090.00
合　计	19 690.00	22 375.00	21 760.00	63 825.00

要求：根据表 2-53 编制会计分录。

5. 江海机床集团 2023 年 5 月发生以下领料业务，如表 2-54 至表 2-70 所示。材料按实际成本计价。

表 2-54 领料单

领料部门：铸造车间　　　　　　　　　　　　　　　　　　　　　　　　　　　　21001
用　　途：铁铸件　　　　　　　　　2023 年 5 月

材料编号	材料名称	规　格	计量单位	请领数量	实发数量	单价/（元/吨）	金额/元
	生铁		吨	45		2 000.00	90 000.00

主管：　　　　　　会计：　　　　　　仓管：　　　　　　经办人：

表 2-55 领料单

领料部门：铸造车间　　　　　　　　　　　　　　　　　　　　　　　　　　　　21002
用　　途：铝铸件　　　　　　　　　2023 年 5 月

材料编号	材料名称	规　格	计量单位	请领数量	实发数量	单价/（元/吨）	金额/元
	铝锭		吨	8		14 000.00	112 000.00

主管：　　　　　　会计：　　　　　　仓管：　　　　　　经办人：

表 2-56 领料单

领料部门：铸造车间　　　　　　　　　　　　　　　　　　　　　　　　　　　　21003
用　　途：铁铸件　　　　　　　　　2023 年 5 月

材料编号	材料名称	规　格	计量单位	请领数量	实发数量	单价/（元/吨）	金额/元
	焦炭		吨	2.8		1 680.00	4 704.00

主管：　　　　　　会计：　　　　　　仓管：　　　　　　经办人：

表 2-57 领料单

领料部门：铸造车间　　　　　　　　　　　　　　　　　　　　　　　　　　　　21004
用　　途：铝铸件　　　　　　　　　2023 年 5 月

材料编号	材料名称	规　格	计量单位	请领数量	实发数量	单价/（元/吨）	金额/元
	无烟煤		吨	5		860.00	4 300.00

主管：　　　　　　会计：　　　　　　仓管：　　　　　　经办人：

表 2-58 领料单

领料部门：机加车间　　　　　　　　　　　　　　　　　　　　　　　　　　　　21005
用　　途：螺磨床身　　　　　　　　2023 年 5 月

材料编号	材料名称	规　格	计量单位	请领数量	实发数量	单价/（元/件）	金额/元
	铁铸件		件	25		6 352.00	158 800.00

主管：　　　　　　会计：　　　　　　仓管：　　　　　　经办人：

表 2-59 领料单

领料部门：机加车间　　　　　　　　　　　　　　　　　　　　　　　　　　　　21006
用　　途：丝磨床身　　　　　　　　2023 年 5 月

材料编号	材料名称	规　格	计量单位	请领数量	实发数量	单价/（元/件）	金额/元
	铁铸件		件	15		6 352.00	95 280.00

主管：　　　　　　会计：　　　　　　仓管：　　　　　　经办人：

表 2-60 领料单

领料部门：机加车间　　　　　　　　　　　　　　　　　　　　　　　　　　　　21007
用　　途：螺磨床身　　　　　　　　2023 年 5 月

材料编号	材料名称	规　格	计量单位	请领数量	实发数量	单价/（元/件）	金额/元
	铝铸件		件	75		1 964.00	147 300.00

主管：　　　　　　会计：　　　　　　仓管：　　　　　　经办人：

表 2-61 领料单

领料部门：机加车间　　　　　　　　　　　　　　　　　　　　　　　　　　21008
用　　途：丝磨床身　　　　　　　2023 年 5 月

材料编号	材料名称	规　格	计量单位	请领数量	实发数量	单价/（元/件）	金额/元
	铝铸件		件	45		1 964.00	88 380.00

主管：　　　　　　　会计：　　　　　　　仓管：　　　　　　　经办人：

表 2-62 领料单

领料部门：装配车间　　　　　　　　　　　　　　　　　　　　　　　　　　21009
用　　途：螺纹磨床　　　　　　　2023 年 5 月

材料编号	材料名称	规　格	计量单位	请领数量	实发数量	单价/（元/台）	金额/元
	电动机		台	25		1 500.00	37 500.00

主管：　　　　　　　会计：　　　　　　　仓管：　　　　　　　经办人：

表 2-63 领料单

领料部门：装配车间　　　　　　　　　　　　　　　　　　　　　　　　　　21010
用　　途：丝杠磨床　　　　　　　2023 年 5 月

材料编号	材料名称	规　格	计量单位	请领数量	实发数量	单价/（元/台）	金额/元
	电动机		台	15		1 500.00	22 500.00

主管：　　　　　　　会计：　　　　　　　仓管：　　　　　　　经办人：

表 2-64 领料单

领料部门：装配车间　　　　　　　　　　　　　　　　　　　　　　　　　　21011
用　　途：螺纹磨床　　　　　　　2023 年 5 月

材料编号	材料名称	规　格	计量单位	请领数量	实发数量	单价/（元/套）	金额/元
	外购件		套	25		8 702.00	217 550.00

主管：　　　　　　　会计：　　　　　　　仓管：　　　　　　　经办人：

表 2-65 领料单

领料部门：装配车间　　　　　　　　　　　　　　　　　　　　　　　　　　21012
用　　途：丝杠磨床　　　　　　　2023 年 5 月

材料编号	材料名称	规　格	计量单位	请领数量	实发数量	单价/（元/套）	金额/元
	外购件		套	15		8 702.00	130 530.00

主管：　　　　　　　会计：　　　　　　　仓管：　　　　　　　经办人：

表 2-66 领料单

领料部门：装配车间　　　　　　　　　　　　　　　　　　　　　　　　　　21013
用　　途：生产产品　　　　　　　2023 年 5 月

材料编号	材料名称	规　格	计量单位	请领数量	实发数量	单价/（元/千克）	金额/元
	油漆		千克	40		15.00	600.00

主管：　　　　　　　会计：　　　　　　　仓管：　　　　　　　经办人：

表 2-67 领料单

领料部门：装配车间　　　　　　　　　　　　　　　　　　　　　　　　　　21014
用　　途：生产产品　　　　　　　2023 年 5 月

材料编号	材料名称	规　格	计量单位	请领数量	实发数量	单价/（元/千克）	金额/元
	油漆		千克	35		15.00	525.00

主管：　　　　　　　会计：　　　　　　　仓管：　　　　　　　经办人：

表 2-68　领料单

领料部门：机加车间　　　　　　　　　　　　　　　　　　　　　　　　　　　　　　21015
用　途：一般耗用　　　　　　　　　2023 年 5 月

材料编号	材料名称	规　格	计量单位	请领数量	实发数量	单价/（元/桶）	金额/元
	冷却液		桶	10		40.00	400.00

主管：　　　　　　　　会计：　　　　　　　　仓管：　　　　　　　　经办人：

表 2-69　领料单

领料部门：供电车间　　　　　　　　　　　　　　　　　　　　　　　　　　　　　　21016
用　途：生产耗用　　　　　　　　　2023 年 5 月

材料编号	材料名称	规　格	计量单位	请领数量	实发数量	单价/（元/千克）	金额/元
	柴油		千克	1 000		9.00	9 000.00

主管：　　　　　　　　会计：　　　　　　　　仓管：　　　　　　　　经办人：

表 2-70　领料单

领料部门：机修车间　　　　　　　　　　　　　　　　　　　　　　　　　　　　　　21017
用　途：生产耗用　　　　　　　　　2023 年 5 月

材料编号	材料名称	规　格	计量单位	请领数量	实发数量	单价/（元/套）	金额/元
	配件		套	5		100.00	500.00

主管：　　　　　　　　会计：　　　　　　　　仓管：　　　　　　　　经办人：

要求：完成本月江海机床集团领料业务处理。

① 根据领料单中的材料用途，区分所领用材料的费用是属于个别费用，还是共同费用。将属于共同费用的领料单金额汇总填入共同材料费用分配表"材料费用"栏的"合计"行中，如表 2-71 所示；将属于个别费用的领料单金额分别汇总填入材料费用分配汇总表的相应行次，如表 2-72 所示。

② 以产品表面积为标准分配共同材料费用，填写共同材料费用分配表，见表 2-71。根据各产品本期产量和单位产品标准面积计算总面积，根据材料费用合计数与总面积合计数计算分配率，将费用分配给各受益产品。

表 2-71　共同材料费用分配表

领料部门：
材料名称：　　　　　　　　　　　　2023 年 5 月

产品	产量/台	标准面积/（平方米/台）	总面积/平方米	分配率/（元/平方米）	材料费用/元
螺纹磨床	20	5			
丝杠磨床	10	6			
合　计					

③ 填写材料费用分配汇总表，见表 2-72。将各产品领用材料的个别费用与表 2-71 中分配的共同费用分别汇总，填入相应的栏次，完成材料费用分配汇总表的填写。

表 2-72　材料费用分配汇总表

2023 年 5 月 30 日　　　　　　　　　　　　　　　　　　　　　　　　　　　　　　　元

车间	用　途	原料及主要材料	自制半成品	辅助材料	外购件	燃料	合　计
铸造车间	铁铸件						
	铝铸件						

单元二　要素费用发生的处理

（续表）

车　间	用　途	原料及主要材料	自制半成品	辅助材料	外购件	燃　料	合　计
机加车间	螺磨床身						
	丝磨床身						
装配车间	螺纹磨床						
	丝杠磨床						
供电车间	生产耗用						
机修车间	生产耗用						
机加车间	一般耗用						
合　计							

④ 编制分配材料费用的会计分录。

⑤ 依据会计分录登记成本账簿。

6．机加车间领用周转材料，如表 2-73 所示。

表 2-73　周转材料领用单

领料部门：机加车间　　　　　　　　　　　　　　　　　　　　　　　　　　　　　50001

用　途：生产用　　　　　　　　　2023 年 5 月

材料编号	材料名称	规　格	计量单位	请领数量	实发数量	单价/（元/件）	金额/元
	通用可调夹具		件	20		2 000	40 000

主管：　　　　　　　会计：　　　　　　　仓管：　　　　　　　经办人：

要求：采用分期摊销法，分 5 个月平均摊销。

① 编制本月领用周转材料的会计分录。

② 编制本月摊销周转材料的会计分录。

任务二　人工费用核算

任务情境

情境描述

江海机床集团本期发生以下业务。

① 生产部门统计机加车间生产工人钱嘉本月生产加工的所有合格品的定额工时总数为 210 小时。钱嘉为六级工，月标准工资 3 300 元。工人月额定标准工时 176 小时。

② 考勤统计机加车间计划员孙正本月出勤 19 天，请病假 2 天、事假 1 天。孙正为经济员初级职称，月标准工资 2 400 元。企业劳资制度规定月计薪天数 21.75 天，病假扣款率 50%。

③ 企业为职工缴纳的社会保险费计提比例为：养老 14%、医疗 5.50%、失业 0.50%、工伤 0.20%、残保金 1.50%。

微课：工资的构成

④ 职工个人缴纳的社会保险费计提比例为：养老 8%、医疗 2%、失业 0.50%。

任务要求

① 按计件工资制计算钱嘉本月应付工资，并说明工资费用应记入的成本账户。

② 按计时工资制计算孙正本月应付工资，并说明工资费用应记入的成本账户。

③ 依据工资计算结果计算企业负担二人的社会保险费，并说明工资费用应记入的成本账户。

④ 计算个人应缴纳的社会保险费，并计算实发工资数。

任务分析

人工费用是企业生产费用的主要构成要素之一。成本会计人员每月按照企业劳资制度，根据考勤及生产统计表，计算各类职工的应付工资和实发工资，对工资费用进行分配，按工资总额分别计算和处理职工薪酬构成中的其他各项人工费用。

成本会计人员需要掌握职工薪酬的构成内容；理解基本工资、应付工资、实发工资、工资总额等重要名词的含义；按计时工资制、计件工资制计算职工工资；按受益原则分配工资费用；按工资总额计提社会保险费、工会经费、职工教育经费，据实列支职工福利费。

计时工资计算的关键指标是日工资率；计件工资计算的关键指标是单位产品工资或小时工资率。分配工资费用后，依据分配的工资费用计提其他各项职工薪酬费用，所记入的账户与工资费用相一致。

相关知识

一、职工薪酬的内容

职工薪酬包括短期薪酬、带薪缺勤、离职后福利、辞退福利和其他长期职工福利。

① 短期薪酬是指企业在职工提供相关服务的年度报告期间结束后的 12 个月内需要全部予以支付的职工薪酬——因解除与职工的劳动关系给予的补偿除外。短期薪酬具体包括：职工工资、奖金、津贴和补贴，职工福利费，非货币性福利，医疗保险费、工伤保险费和生育保险费等社会保险费，住房公积金，工会经费和职工教育经费，短期带薪缺勤，短期利润分享计划，其他短期薪酬。

② 带薪缺勤是指企业支付工资或提供补偿的职工缺勤，包括年休假、病假、短期伤残、婚假、产假、丧假、探亲假等。

③ 离职后福利是指企业为获得职工提供的服务而在职工退休或与企业解除劳动关系后，提供的各种形式的报酬和福利——短期薪酬和辞退福利除外。

④ 辞退福利是指企业在职工劳动合同到期之前解除与职工的劳动关系，或者为鼓励职工自愿接受裁减而给予职工的补偿。

⑤ 其他长期职工福利是指除短期薪酬、离职后福利、辞退福利之外所有的职工薪酬，包括长期带薪缺勤、长期残疾福利和长期利润分享计划等。

二、职工薪酬核算账户设置

职工薪酬是指企业为获得职工提供的服务或解除劳动关系而给予的各种形式的报酬或补偿，包括短期薪酬、离职后福利、辞退福利和其他长期职工福利。企业提供给职工配偶、子女受赡养人、已故员工遗属及其他受益人等的福利，也属于职工薪酬。

企业设置"应付职工薪酬"账户进行职工薪酬的核算。该账户主要包括"工资、奖金、津贴和补贴""职工福利费""非货币性福利""社会保险费""住房公积金""工会经费和职工教育经费""带薪缺勤""利润分享计划""设定提存计划""设定受益计划""辞退福利"等二级账户。

（一）职工工资、奖金、津贴和补贴

职工工资、奖金、津贴和补贴是指企业按照构成工资总额的计时工资、计件工资支付给职工的各项劳动报酬和超额劳动报酬，为了补偿职工特殊或额外的劳动消耗和因其他特殊原因支付给职工的津贴，以及为了保证职工工资水平不受物价影响支付给职工的物价补贴等。

（二）职工福利费

职工福利费是指企业向职工提供的生活困难补助、丧葬补助费、抚恤费、职工异地安家费、防暑降温费等职工福利支出。

（三）非货币性福利

非货币性福利是指企业以自产产品或外购商品发放给职工作为福利，或者将企业拥有的资产无偿提供给职工使用。例如，企业提供给高管无偿使用的汽车、住房，以及企业为职工无偿提供医疗保健服务等。

（四）社会保险费

社会保险费是指企业按照国家规定的基准和比例计算，向社会保险经办机构缴存的医疗保险费、工伤保险费和生育保险费等费用。

（五）住房公积金

住房公积金是指企业按照国家规定的基准和比例计算，向住房公积金管理机构缴存的住房储蓄金。

（六）工会经费和职工教育经费

工会经费和职工教育经费是指企业为了改善职工文化生活、提高职工文化水平和业务素质，而开展工会活动、职工教育及职业技能培训，根据国家规定的基准和比例计算提取的金额。

（七）利润分享计划

利润分享计划是指因职工提供服务而与职工达成的基于利润或其他经营成果提供薪酬的协议。

（八）设定提存计划

设定提存计划是指向独立的基金缴存固定费用后，企业不再进一步承担支付义务的离职后福利计划。它的主要表现为养老保险费。

（九）设定受益计划

设定受益计划是指除设定提存计划外的离职后福利计划。

三、工资的计算

工资总额是指企业在一定时期内直接支付给本单位全部职工的劳动报酬总额。根据国家统计局的规定，工资总额由计时工资、计件工资、奖金、津贴和补贴、加班加点工资和特殊情况下支付的工资六部分组成。

工资是职工薪酬的主要内容，工资的计算既是企业产品成本中直接人工归集的基础，也是企业向职工支付工资、结算工资费用的依据。企业可以根据具体情况采用各种不同的工资制度。最基本的工资制度是计时工资制和计件工资制。

（一）计时工资的计算

计时工资是指按计时工资标准和工作时间计算支付给个人的劳动报酬。它适用于不能采取计件工资制的工人、管理人员和服务人员等工资的计算。其计算方法有月薪制和日薪制两种形式。

1. 月薪制

采用月薪制，无论各月日历天数是多少，每月的标准工资都是相同的，只要职工当月出满勤，就可以得到固定的月标准工资。月薪制一般用于企业固定职工计时工资的计算。为了按照职工出勤或缺勤日数计算应付月工资，还应根据月标准工资计算日工资率。日工资率也称日工资，是指每个职工每日应得的平均工资额。日工资率一般有以下计算方法。

（1）月计薪天数与日工资计算

〈1〉每月按固定日数 30 天计算

按照这种方法计算日工资，不论月大或月小一律按 30 天计算。月内的星期六和星期日、法定假日视为出勤，照付工资；缺勤期间的节假日也应算作缺勤，照扣工资。其日工资率的计算公式为：

$$日工资率 = 月标准工资 \div 30$$

〈2〉每月按照 21.75 天计算

按照《中华人民共和国劳动法》的规定，法定节假日企业应当依法支付工资，即折算日工资率、小时工资率时不剔除国家规定的 11 天法定节日。据此，月计薪天数为：

$$月计薪天数 = (365 - 104) \div 12 = 21.75（天）$$

按照这种方法计算日工资率，不论各月实际天数多少，一律按 21.75 天计算，月内的休息日不付工资，缺勤期间的休息日也不扣工资。其日工资率的计算公式为：

$$日工资率 = 月标准工资 \div 21.75$$

单元二　要素费用发生的处理

〈3〉每月按照 20.83 天计算

有些企业按照国家法定工作时间的规定，从全年 365 天中扣除 104 天双休日，再扣除 11 天法定节假日，这样全年法定工作时间为 250 天，平均到 12 个月当中，职工的月计薪天数为 20.83 天，日工资率等于月标准工资除以 20.83。

（2）月应付工资计算

〈1〉按月标准工资扣除缺勤工资计算

应付工资＝月标准工资－（事假天数×日工资率＋病假天数×日工资率×病假扣款率）

〈2〉按月实际出勤天数计算

应付工资＝本月出勤天数×日工资率＋病假天数×日工资率×（1－病假扣款率）

2. 日薪制

日薪制是指企业根据需要，以日薪作为计酬标准，按照实际工作日计算应付计时工资的方法。它一般用于企业临时工的工资计算。按日薪制计算应付工资，职工每月的全勤工资不是固定的，会随着当月工作日多少而发生变化。

例 2-4　江海机床集团职工王超的月标准工资为 4 350 元。10 月份共 31 天，其中病假 4 天、事假 2 天、休假 11 天（含 3 天节日休假），王超共出勤 14 天。根据企业薪酬管理制度，结合职工的工龄，其病假工资按工资标准的 90%计算。该职工的病假和事假期间没有节假日。

按月薪制下每月 21.75 天计算王超 10 月份的应付计时工资如下：

日工资率＝4 350.00÷21.75＝200（元）

① 按缺勤天数扣除缺勤工资计算的月工资额为：

应付工资＝4 350.00－200×2－200×4×（1－90%）＝3 870.00（元）

② 按出勤天数计算的月工资额为：

应付工资＝200×(14＋3)＋200×4×90%＝4 120.00（元）

从上面的例子可以发现，两种算法表现出的职工该月应付工资有一定的差异。但遵循一致性原则进行工资的计算，从全年度来看不同的算法不会导致职工全年工资总额出现大的差异。

（二）计件工资的计算

计件工资在一般情况下是对生产工人所采用的工资计算方法。采用计件工资时，根据产量和工时记录中登记的每一个生产工人和班组完成的工作量，乘以企业规定的计件单价进行计算。

1. 以产品实际产量作为工作量计算计件工资

这里的产量包括合格品的数量和料废品的数量。对于材料不合格造成的料废品，应照付工资；对于加工人员的过失造成的工废品，则不支付工资。其计算公式为：

$$应得计件工资＝\sum[（合格品数量＋料废品数量）×计件单价]$$

计件工资按照结算对象的不同，分为个人计件工资和集体计件工资。

（1）个人计件工资的计算

个人计件工资是指根据产量和工时记录中登记的每一个职工完成的产量乘以规定的计件单价计算的工资。

例 2-5 江海机床集团职工刘刚本月加工 A 零件 2 000 个，计件单价 0.80 元/个；加工 B 零件 800 个，计件单价 1.50 元/个。经检验，A 零件料废品 10 个，工废品 4 个；B 零件工废品 5 个，其余为合格品。该职工本月应得计件工资为：

应得计件工资=(2 000-4)×0.80+(800-5)×1.50=2 789.30（元）

（2）集体计件工资的计算

集体计件工资是以班组为对象计算的计件工资。常用的分配方法有以下两种。

① 以实际工作小时为分配标准，在集体各成员之间分配计件工资。其计算公式为：

$$\text{工资分配率} = \frac{\text{小组计件工资总额}}{\text{小组实际工作小时合计}}$$

个人应得计件工资=个人实际工作小时×工资分配率

例 2-6 江海机床集团某生产小组 3 个人共同完成某项加工任务，共得计件工资 5 600 元。以实际工作小时为分配标准，计算个人应得计件工资。编制生产小组计件工资分配表，如表 2-74 所示。

表 2-74　生产小组计件工资分配表（以实际工作小时为分配标准）

部门：某生产小组　　　　　　　　　　2023 年 5 月　　　　　　　　　　　　　　　元

姓 名	实际工作小时	工资分配率/（元/小时）	应得计件工资
张一	100		1 750.00
张二	120		2 100.00
张三	100		1 750.00
合 计	320	17.50	5 600.00

② 以计时工资为分配标准，在集体成员之间进行分配。其计算公式为：

$$\text{工资分配率} = \frac{\text{小组计件工资总额}}{\text{小组计时工资总额}}$$

个人应得计件工资=个人应得计时工资×工资分配率

仍以例 2-6 为例，有关资料及个人应得计件工资的计算如表 2-75 所示。

表 2-75　生产小组计件工资分配表（以计时工资为分配标准）

部门：某生产小组　　　　　　　　　　2023 年 5 月　　　　　　　　　　　　　　　元

姓 名	小时工资率/（元/小时）	实际工作小时	计时工资	工资分配率	应得计件工资
张一	18	100	1 800		2 048.76
张二	16	120	1 920		2 185.34
张三	12	100	1 200		1 365.90
合 计		320	4 920	1.138 2	5 600.00

从以上两种分配方法可以明显看出：以计时工资为分配标准进行分配能体现技术因素，在生产工人技术等级相差悬殊、计件工作本身技术含量较高的情况下，这种分配方法比较合理；而按实际工作小时作为分配标准进行分配则不能体现技术因素，在生产工人技术等级差别不大，或者计件工作本身技术性不强的情况下，可以采用。

2. 以产品实际产量折算的标准工时作为工作量计算计件工资

技术复杂度高的生产企业为加强对成本的管理,对产品的各项加工工艺制定标准工时,统计工人完成的工作量,以实际生产的各种产品的标准工时进行汇总计算工资。其计算公式为:

$$全月个人完成的标准工时总数 = \sum 个人加工的各种产品数量 \times 该产品单位产品标准工时$$

$$应付计件工资 = 全月个人完成的标准工时总数 \times 小时工资率$$

不同技术等级工人的小时工资率不同,高等级的技术工人小时工资率高于技术等级低的工人。小时工资率的计算公式为:

$$小时工资率 = 个人技术等级对应的月标准工资 \div 月额定标准工时$$

月额定标准工时一般为 176 小时,是按平均月工作日 22 天、每天工作 8 小时计算确定的。

(三)奖金、津贴和补贴及加班加点工资的计算

奖金是指支付给职工的超额劳动报酬和增收节支的劳动报酬,包括生产奖(超产奖、质量奖、安全奖、年终奖)、节约奖、劳动竞赛奖和其他奖金。

津贴是指为了补偿职工特殊或额外的劳动消耗和因特殊工作环境支付给职工的补助,包括补偿职工特殊或额外劳动消耗的津贴(高温作业的临时补贴、冷库低温津贴、夜班津贴、终班津贴、班长津贴)、保健津贴、工龄津贴和其他津贴。

补贴是为了保证职工工资水平不受物价变动影响而支付给职工的补助。

加班加点工资应根据加班天数和加点时数,以及职工个人的日工资率和小时工资率计算。

计算出上述各项后,就可以计算职工的应付工资和实发工资了。其计算公式为:

$$应付工资 = 应付计时工资(应付计件工资) + 奖金 + 津贴 + 补贴 + 加班加点工资$$

在实际工作中,为了减少现金收付工作,便于职工收付有关款项,企业向职工支付工资时,一般可同时支付某些福利费用和交通补贴等代发款项,并且扣除职工应付的房租、个人所得税等代扣款项。实发工资的计算公式为:

$$实发工资 = 应付工资 + 代发款项 - 代扣款项$$

企业的财会部门根据计算出来的职工工资,按照车间、部门分别编制工资结算单——按照职工类别和姓名分行填列应付每一职工的各种工资、应发工资、代扣款项和实发工资,作为与职工进行工资结算的依据。为了掌握整个企业工资结算和支付的情况,还应根据各车间、各部门的工资结算单等资料,编制整个企业的工资结算汇总表,如表 2-76 所示。

表 2-76 工资结算汇总表

编制单位:金西工厂　　　　　　　　2023 年 5 月　　　　　　　　　　　　　　　元

部门人员		基础工资	奖金	加班工资	津贴	应付工资	代扣款项					实发金额
							医疗保险(2%)	养老保险(8%)	失业保险(0.5%)	住房公积金(10%)	小计	
基本生产车间	生产工人	103 800.00	9 600.00		4 600.00	118 000.00	2 360.00	9 440.00	590.00	11 800.00	24 190.00	93 810.00
	管理人员	13 250.00	1 200.00		580.00	15 030.00	300.60	1 202.40	75.15	1 503.00	3 081.15	11 948.85

(续表)

部门人员		基础工资	奖金	加班工资	津贴	应付工资	代扣款项					实发金额
							医疗保险（2%）	养老保险（8%）	失业保险（0.5%）	住房公积金（10%）	小计	
辅助生产车间	供电车间	20 300.00	2 532.00		840.00	23 672.00	473.44	1 893.76	118.36	2 367.20	4 852.76	18 819.24
	机修车间	21 200.00	3 090.00	1 010.00	790.00	26 090.00	521.80	2 087.20	130.45	2 609.00	5 348.45	20 741.55
行政管理人员		19 480.00	1 890.00		840.00	22 210.00	444.20	1 776.80	111.05	2 221.00	4 553.05	17 656.95
工程人员		24 420.00	2 210.00		928.00	27 558.00	551.16	2 204.64	137.79	2 755.80	5 649.39	21 908.61
合计		202 450.00	20 522.00	1 010.00	8578.00	232 560.00	4 651.20	18 604.80	1 162.80	23 256.00	47 674.80	184 885.20

实务中，企业一般在每月发放工资时根据工资结算汇总表中的"实发金额"栏的合计数，通过开户银行支付或从开户银行提取现金再向职工发放。从应付工资中代扣的由职工个人负担的社会保险费及住房公积金应作为其他应付款核算，在企业计提了应由企业承担的社会保险费后一并缴存给相应机构，计入职工个人社保账户。例如，金西工厂2023年5月代扣款及实发工资核算的会计分录如下。

借：应付职工薪酬——工资、奖金、津贴和补贴　　　　　232 560.00
　　贷：银行存款/库存现金　　　　　　　　　　　　　　184 885.20
　　　　其他应付款——医疗保险　　　　　　　　　　　　　4 651.20
　　　　其他应付款——养老保险　　　　　　　　　　　　　18 604.80
　　　　其他应付款——失业保险　　　　　　　　　　　　　1 162.80
　　　　其他应付款——住房公积金　　　　　　　　　　　　23 256.00

四、工资费用分配的核算

企业财会部门根据本月编制的工资结算汇总表等资料，编制工资费用分配表。

微课：工资费用分配表的填制

根据工资费用分配表进行工资的分配。其中，直接进行产品生产和辅助生产的生产工人工资，应分别记入"基本生产成本"和"辅助生产成本"账户；生产车间组织和管理人员的工资应记入"制造费用"账户；企业管理人员、销售人员、基本建设人员的工资等，应分别记入"管理费用""销售费用""在建工程"等账户。同时，将已分配的工资总额，记入"应付职工薪酬"账户的贷方。

采用计件工资形式支付的生产工人工资属于直接费用，可直接计入所生产产品的成本。采用计时工资形式支付的工资，如果生产工人只生产了一种产品，则可直接计入所生产产品的成本；如果生产了多种产品，则需要选用适当的方法，在各种产品之间进行分配——一般以产品生产所耗用的生产工时作为分配标准进行分配。其计算公式为：

$$生产工资分配率 = \frac{应分配的工资费用}{各种产品生产工时之和}$$

某产品应分配的工资费用=该产品的生产工时×生产工资分配率

例 2-7 金西工厂生产甲、乙两种产品。2023 年 5 月，应直接计入两种产品的个别工资费用分别为 61 350 元和 40 000 元，共同工资费用为 16 650 元。按产品生产工时比例进行分配，甲、乙两种产品的生产工时分别为 25 000 小时和 12 000 小时。其账务处理如下。

工资费用分配率=$\dfrac{16650}{25000+12000}$=0.45（元/小时）

甲产品应计入的共同费用=25 000×0.45=11 250.00（元）

乙产品应计入的共同费用=12 000×0.45=5 400.00（元）

根据工资结算汇总表等有关资料编制金西工厂的工资费用分配表，如表 2-77 所示。

表 2-77 工资费用分配表

单位名称：金西工厂　　　　　　　　　　　2023 年 5 月

应借账户		成本或费用项目	直接计入/元	分配计入			合计/元
				生产工时/小时	工资分配率/（元/小时）	分配金额/元	
基本生产成本	甲产品	直接人工	61 350.00	25 000.00		11 250.00	72 600.00
	乙产品	直接人工	40 000.00	12 000.00		5 400.00	45 400.00
	小　计		101 350.00	37 000.00	0.45	16 650.00	118 000.00
辅助生产成本	供电车间	直接人工	23 672.00				23 672.00
	机修车间	直接人工	26 090.00				26 090.00
	小　计		49 762.00				49 762.00
制造费用	基本生产车间	工资	15 030.00				15 030.00
管理费用		工资	22 210.00				22 210.00
在建工程		工资	27 558.00				27 558.00
合　计			215 910.00			16 650.00	232 560.00

根据工资费用分配表，应编制会计分录如下。

借：基本生产成本——甲产品　　　　　　　　72 600.00
　　基本生产成本——乙产品　　　　　　　　45 400.00
　　辅助生产成本——供电车间　　　　　　　23 672.00
　　辅助生产成本——机修车间　　　　　　　26 090.00
　　制造费用——基本生产车间　　　　　　　15 030.00
　　管理费用　　　　　　　　　　　　　　　22 210.00
　　在建工程　　　　　　　　　　　　　　　27 558.00
　　贷：应付职工薪酬——工资、奖金、津贴和补贴　232 560.00

五、社会保险费的核算

企业除支付职工工资、奖金、津贴和补贴外，还应当按照所在地区的规定，根据职工工资总额的一定比例计提并为职工缴纳医疗保险费、工伤保险费、生育保险费等社会保险费。

例 2-8 根据金西工厂的工资费用分配表及有关资料，编制该厂的社会保险费计提表，如表 2-78 所示。其中，医疗保险费、工伤保险费、生育保险费分别按工资总额的 5%、0.8%、0.5%的比例计提。

表 2-78　　社会保险费计提表

单位名称：金西工厂　　　　　　　2023 年 5 月　　　　　　　　　　　　元

应借账户		工资总额	医疗保险费（5%）	工伤保险费（0.8%）	生育保险费（0.5%）	合　计
基本生产成本	甲产品	72 600.00	3 630.00	580.80	363.00	4 573.80
	乙产品	45 400.00	2 270.00	363.20	227.00	2 860.20
	小　计	118 000.00	5 900.00	944.00	590.00	7 434.00
辅助生产成本	供电车间	23 672.00	1 183.60	189.38	118.36	1 491.34
	机修车间	26 090.00	1 304.50	208.72	130.45	1 643.67
	小　计	49 762.00	2 488.10	398.10	248.81	3 135.01
制造费用	基本生产车间	15 030.00	751.50	120.24	75.15	946.89
管理费用		22 210.00	1 110.50	177.68	111.05	1 399.23
在建工程		27 558.00	1 377.90	220.46	137.79	1 736.15
合　计		232 560.00	11 628.00	1 860.48	1 162.80	14 651.28

根据社会保险费计提表，编制会计分录如下：

借：基本生产成本——甲产品　　　　　　　　　　　　　　　4 573.80
　　基本生产成本——乙产品　　　　　　　　　　　　　　　2 860.20
　　辅助生产成本——供电车间　　　　　　　　　　　　　　1 491.34
　　辅助生产成本——机修车间　　　　　　　　　　　　　　1 643.67
　　制造费用——基本生产车间　　　　　　　　　　　　　　　946.89
　　管理费用　　　　　　　　　　　　　　　　　　　　　　1 399.23
　　在建工程　　　　　　　　　　　　　　　　　　　　　　1 736.15
　　贷：应付职工薪酬——社会保险费（医疗保险）　　　　　11 628.00
　　　　应付职工薪酬——社会保险费（工伤保险）　　　　　 1 860.48
　　　　应付职工薪酬——社会保险费（生育保险）　　　　　 1 162.80

六、住房公积金、工会经费和职工教育经费的核算

企业应当按照所在地区的规定，根据职工工资总额的一定比例计提并为职工缴纳住房公积金，计提工会经费和职工教育经费。

例 2-9 根据金西工厂的工资费用分配表及有关资料，编制该厂的住房公积金、工会经费和职工教育经费计提表，如表 2-79 所示。其中，住房公积金、工会经费、职工教育经费分别按工资总额的 12%、2%、2.5%的比例计提。

表 2-79 住房公积金、工会经费和职工教育经费计提表

单位名称：金西工厂　　　　　　　　2023 年 5 月　　　　　　　　　　　　　　　元

应借账户		工资总额	住房公积金（12%）	工会经费（2%）	职工教育经费（2.5%）	合　计
基本生产成本	甲产品	72 600.00	8 712.00	1 452.00	1 815.00	11 979.00
	乙产品	45 400.00	5 448.00	908.00	1 135.00	7 491.00
	小　计	118 000.00	14 160.00	2 360.00	2 950.00	19 470.00
辅助生产成本	供电车间	23 672.00	2 840.64	473.44	591.80	3 905.88
	机修车间	26 090.00	3 130.80	521.80	652.25	4 304.85
	小　计	49 762.00	5 971.44	995.24	1 244.05	8 210.73
制造费用	基本生产车间	15 030.00	1 803.60	300.60	375.75	2 479.95
管理费用		22 210.00	2 665.20	444.20	555.25	3 664.65
在建工程		27 558.00	3 306.96	551.16	688.95	4 547.07
合　计		232 560.00	27 907.20	4 651.20	5 814.00	38 372.40

根据住房公积金、工会经费和职工教育经费计提表，编制会计分录如下。

借：基本生产成本——甲产品　　　　　　　　　　　　　11 979.00
　　基本生产成本——乙产品　　　　　　　　　　　　　 7 491.00
　　辅助生产成本——供电车间　　　　　　　　　　　　 3 905.88
　　辅助生产成本——机修车间　　　　　　　　　　　　 4 304.85
　　制造费用——基本生产车间　　　　　　　　　　　　 2 479.95
　　管理费用　　　　　　　　　　　　　　　　　　　　 3 664.65
　　在建工程　　　　　　　　　　　　　　　　　　　　 4 547.07
　贷：应付职工薪酬——住房公积金　　　　　　　　　　27 907.20
　　　应付职工薪酬——工会经费　　　　　　　　　　　 4 651.20
　　　应付职工薪酬——职工教育经费　　　　　　　　　 5 814.00

七、离职后福利的核算

离职后福利是指企业为获得职工提供的服务而在职工退休或与企业解除劳动关系后提供的各种形式的报酬和福利。在企业中，离职后福利主要表现为按工资总额的一定比例计提的养老保险费和失业保险费。

养老保险费是指基本养老保险费和补充养老保险费，类似于国际准则养老金计划中的设定提存计划。根据国家规定的基准和比例计算，向社会保险经办机构缴纳的养老保险费为基本养老保险费；根据《企业年金办法》《企业年金基金管理办法》等相关规定，向有关单位缴纳的养老保险费为补充养老保险费。以商业保险形式提供给职工的各种保险待遇属于职工薪酬，企业应当按照《企业会计准则第 9 号——职工薪酬》进行确认、计量和列报。

例2-10　根据金西工厂的工资费用分配表及有关资料，按国家规定的 19% 比例计提企业

基本养老保险费，按 0.5% 计提失业保险费。编制该厂的基本养老保险费和失业保险费计提表，如表 2-80 所示。

表 2-80　基本养老保险费和失业保险费计提表

单位名称：金西工厂　　　　　　　　2023 年 5 月　　　　　　　　　　　　　　元

应借账户		工资总额	基本养老保险费（19%）	失业保险费（0.5%）	合　计
基本生产成本	甲产品	72 600.00	13 794.00	363.00	14 157.00
	乙产品	45 400.00	8 626.00	227.00	8 853.00
	小　计	118 000.00	22 420.00	590.00	23 010.00
辅助生产成本	供电车间	23 672.00	4 497.68	118.36	4 616.04
	机修车间	26 090.00	4 957.10	130.45	5 087.55
	小　计	49 762.00	9 454.78	248.81	9 703.59
制造费用	基本生产车间	15 030.00	2 855.70	75.15	2 930.85
管理费用		22 210.00	4 219.90	111.05	4 330.95
在建工程		27 558.00	5 236.02	137.79	5 373.81
合　计		232 560.00	44 186.40	1 162.80	45 349.20

根据基本养老保险费和失业保险费计提表，编制会计分录如下。

借：基本生产成本——甲产品　　　　　　　　　　　　　　　14 157.00
　　基本生产成本——乙产品　　　　　　　　　　　　　　　 8 853.00
　　辅助生产成本——供电车间　　　　　　　　　　　　　　 4 616.04
　　辅助生产成本——机修车间　　　　　　　　　　　　　　 5 087.55
　　制造费用——基本生产车间　　　　　　　　　　　　　　 2 930.85
　　管理费用　　　　　　　　　　　　　　　　　　　　　　 4 330.95
　　在建工程　　　　　　　　　　　　　　　　　　　　　　 5 373.81
　　贷：应付职工薪酬——设定提存计划（基本养老保险费）　44 186.40
　　　　应付职工薪酬——设定提存计划（失业保险费）　　　 1 162.80

八、职工福利费的核算

职工福利费是指企业向职工提供的生活困难补助、丧葬补助费、抚恤费、职工异地安家费、防暑降温费等职工福利支出。

根据相关规定，不再按工资总额的 14% 计提职工福利费。企业实际发生的职工福利费，在实际发生时根据实际发生额计入当期损益或相关资产成本，不超过工资薪金总额的 14% 的部分准予税前扣除。

例 2-11　根据金西工厂 2023 年 5 月发生的职工福利费用汇总填制职工福利费用汇总表，如表 2-81 所示。

单元二　要素费用发生的处理

表 2-81　职工福利费用汇总表

单位名称：金西工厂　　　　　　　2023 年 5 月　　　　　　　　　　　　元

发放对象		本月发生福利费支出
基本生产车间	生产工人	13 000.00
	管理人员	520.00
辅助生产车间	供电车间	520.00
	机修车间	630.00
管理部门		3 380.00
在建工程人员		2 340.00
合　计		20 390.00

根据表 2-81 编制该厂的职工福利费用分配表，如表 2-82 所示。

表 2-82　职工福利费用分配表

单位名称：金西工厂　　　　　　　2023 年 5 月

应借账户		分配标准/人	分配率/（元/人）	分配金额/元
基本生产成本	甲产品	28		7 280.00
	乙产品	22		5 720.00
	小　计	50	260	13 000.00
辅助生产成本	供电车间	6		520.00
	机修车间	8		630.00
	小　计	14		1 150.00
制造费用	基本生产车间	6		520.00
管理费用		13		3 380.00
在建工程		9		2 340.00
合　计		92		20 390.00

根据职工福利费用分配表，编制会计分录如下。

借：基本生产成本——甲产品　　　　　　　　　　　　　　　　　7 280.00
　　基本生产成本——乙产品　　　　　　　　　　　　　　　　　5 720.00
　　辅助生产成本——供电车间　　　　　　　　　　　　　　　　520.00
　　辅助生产成本——机修车间　　　　　　　　　　　　　　　　630.00
　　制造费用——基本生产车间　　　　　　　　　　　　　　　　520.00
　　管理费用　　　　　　　　　　　　　　　　　　　　　　　　3 380.00
　　在建工程　　　　　　　　　　　　　　　　　　　　　　　　2 340.00
　　贷：应付职工薪酬——应付福利费　　　　　　　　　　　　　20 390.00

案中学

人工费用控制管理

人是最活跃的生产要素，人工费用管理的好坏，不仅直接关系到企业产品生产成本的高低，还关系到企业员工创造力的激发和调动水平。职工工资是薪酬的主要构成内容，工资计算与薪酬管理制度对企

微课：人工费用管控

业具有重要影响。人工费用控制制度优化设计要充分考虑工资费用的黏性和刚性：黏性是指工资率不随劳动供求的变动而及时变动的特性；刚性则是指工资水平确定后很难下降的特性。

人工费用控制是企业降低产品成本的重要内容。降低人工费用的方式很多，要根据公司实际情况和发展阶段制定策略。

1. 降低人工费用可以考虑的因素

（1）精减员工

对员工的选择关系到企业的发展及实力，不仅对员工的招聘要严格把控，而且对现有的员工也应采取优胜劣汰的方式，并提升员工的工作积极性及专业能力。

（2）岗位设置

岗位设置既要满足公司当前发展的需要，也要及时取消一些没有必要的岗位，做到员工精减、岗位优化。

（3）工作效率

要提升员工的工作效率，就应制订详细的工作计划，并通过各种奖励机制激发员工的工作积极性，提高其工作效率。

（4）薪酬分配

应明确员工的薪资水平、员工福利等。

（5）员工培训

应对员工进行专业技能培训、职业素养培养，以提升员工的工作积极性和工作态度。这样不仅有利于员工的管理和公司的发展，而且会使生产效率、业务完成度得到提高。

（6）智能化

对于相关的岗位，生产线可以采用智能设备，通过高科技、机器生产来代替人工，从而达到降低人工费用的目的。

2. 人工费用控制案例

（1）计时工资制与计件工资制案例

HT箱包有限公司是一家以生产皮包为主的民营企业，多年来盈利能力较弱，近年来出现了亏损的情况。某会计师事务所受托为公司开展管理咨询服务，目的在于查明影响企业绩效的原因，以改进管理、扭亏为盈。调查人员在生产现场观察到一种现象：有一个车间在生产时间，有5名工作人员在调查人员与企业管理人员进入车间时不在自己的工位上，看到管理人员进来后才陆续回到自己的工位。经过了解，这个车间是该公司唯一实行计时工资制的生产部门。这样就不难理解在车间所看到的上述现象。

虽然这个车间实行计时工资制是因为某些人事方面的特殊原因，但对生产工人采用计时工资制显然是一种错误理念下的错误选择。生产工人计件工资制与标准成本制度的出现，从根本上解决了生产中"磨洋工"的问题，从而使社会劳动生产效率得以大幅度提高。在加工工艺复杂的生产企业，通过对所有的加工工艺过程测定标准工时，将复杂的产品计件问题转化为统一的标准工时，再制定各工种等级的工资率标准。加工工艺复杂度高的产品应由达到某一技术等级的工人进行加工，简单加工工艺则由能够胜任的低技术等级的工人进行加工；高技术等级的工人小时工资率较高，低技术等级的工人小时工资率较低。由此，建立起企业产品生产的标准成本系统。通过对每日生产完成的标准工时的统计，既实现了对生产计划进度完成情况的准确把握，又能精准控制生产成本。

（2）奖金的成本效益关系案例

KK公司是一家大型飞机制造企业。企业实行全面成本管理制度，为激发员工的创造性，设立了专项技术革新奖励制度，最高奖金额达600万元。企业生产车间一位技术工人提出了改换平行布局的生产线为环形布局，通过轨道使前后工序衔接变得顺畅，从而节约生产转换时间的建议。管理层经研究后决定采纳，从而使生产效率得以大幅提高，由原来的8架提高到12架同时在线生产。该员工因此获得了企业设立的专项技术革新最高奖金。而这项革新给企业带来了远超600万元奖金支出的巨大经济利益。

（3）人工成本与生命价值案例

YK公司是一家民营小型制造企业，工资的计算、发放、管理基本由老板说了算，且工资的发放时间不固定。企业有两位刚招来的工人在工作了一个月后决定离职，被告知当月工资次月发放。次月来领取工资时又被告知，老板说工作没有满一年的工人的工资，要到年底才能结清，于是两人到老板办公室讨薪。话不投机，讨薪者拿起老板桌上的水果刀捅伤了老板。老板经救治无效死亡，讨薪工人被抓，两败俱伤。这一案例反映出建立科学完善的薪酬制度的重要性。

要求：结合以上案例，搜集和学习有关成本管理理论，并结合理论谈谈自己的认识。

任务实现

① 按计件工资制计算钱嘉本月应付工资，工资费用应记入所生产产品"生产成本——机加车间——某产品"明细账户。

小时工资率=3 300.00÷176=18.75（元/小时）

应付工资=全月个人完成的标准工时总数×小时工资率=210×18.75=3 937.50（元）

② 按计时工资制计算孙正本月应付工资，工资费用应记入"制造费用——机加车间"账户。

日工资率=2 400.00÷21.75=110.34（元/天）

应付工资=出勤天数×日工资率+病假天数×日工资率×（1-病假扣款率）=19×110.34+2×110.34×(1-50%)=2 206.80（元）

③ 依据应付工资计算企业负担的社会保险费，如表2-83所示。每个人的费用记入的成本账户与应付工资记入的账户一致。

表2-83　企业负担的社会保险费计提表　　　　　　　　　　　　　　　　　　　　元

姓 名	应付工资	计提项目及标准					
		养老	医疗	失业	工伤	残保金	合计
		14.00%	5.50%	0.50%	0.20%	1.50%	21.70%
钱嘉	3 937.50	551.25	216.56	19.69	7.88	59.06	854.44
孙正	2 206.80	308.95	121.37	11.03	4.41	33.10	478.86
合 计	6 144.30	860.20	337.93	30.72	12.29	92.16	1 333.30

④ 计算个人应缴纳的社会保险费及实发工资数，填制工资结算表，如表2-84所示。

表 2-84 工资结算表   元

| 姓 名 | 应付工资 | 代扣代缴社会保险费 | | | | 实发工资 |
| | | 养老 | 医疗 | 失业 | 小 计 | |
		8.00%	2.00%	0.50%	10.50%	
钱嘉	3 937.50	315.00	78.75	19.69	413.44	3 524.06
孙正	2 206.80	176.54	44.14	11.03	231.71	1 975.09
合 计	6 144.30	491.54	122.89	30.72	645.15	5 499.15

任务总结

① 工资计算方法体系如图 2-2 所示。

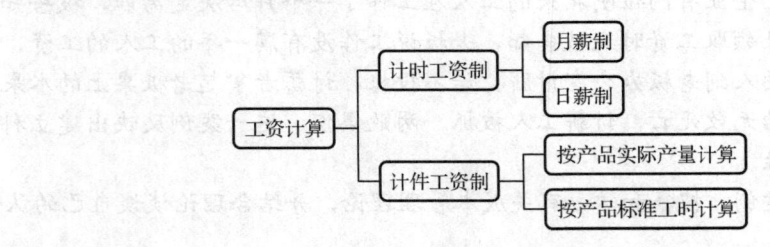

工资计算
├─ 计时工资制
│   ├─ 月薪制
│   └─ 日薪制
└─ 计件工资制
    ├─ 按产品实际产量计算
    └─ 按产品标准工时计算

图 2-2 工资计算方法体系

② 人工费用核算内容如图 2-3 所示。

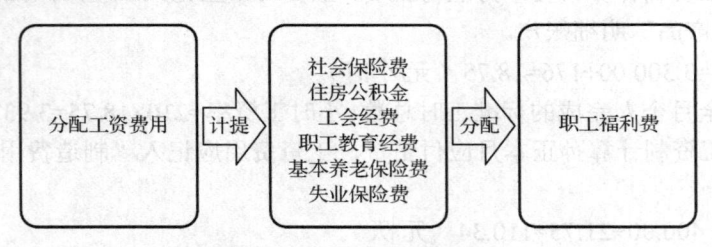

分配工资费用 →计提→ 社会保险费／住房公积金／工会经费／职工教育经费／基本养老保险费／失业保险费 →分配→ 职工福利费

图 2-3 人工费用核算内容

在线测试

任务测试

一、单项选择题

1. 下列人员工资中，应记入产品成本中"直接人工"项目的是（   ）。
   A．产品生产工人　　　　　　　　　B．车间管理人员
   C．厂部管理人员　　　　　　　　　D．专职销售人员

2. 某企业计提生产车间管理人员基本养老保险费 120 000 元。下列各项中，关于该事项的会计分录正确的是（   ）。
   A．借：管理费用　　　　　　　　　　　　　　　　　　　　　　　　120 000
        贷：应付职工薪酬——设定提存计划（基本养老保险费）　　　　120 000
   B．借：制造费用　　　　　　　　　　　　　　　　　　　　　　　　120 000
        贷：应付职工薪酬——设定提存计划（基本养老保险费）　　　　120 000

C. 借：制造费用　　　　　　　　　　　　　　　120 000
　　　贷：银行存款　　　　　　　　　　　　　　　　120 000
D. 借：制造费用　　　　　　　　　　　　　　　120 000
　　　贷：其他应付款　　　　　　　　　　　　　　　120 000
3. 根据工资费用分配表分配工资费用时，会计分录中不会出现的借方科目是（　　）。
A. 生产成本　　B. 制造费用　　C. 财务费用　　D. 管理费用

二、多项选择题

1. 集体计件工资是以班组为对象计算的计件工资。在集体成员之间进行工资分配，常用的分配标准有（　　）。
A. 计时工资　　B. 实际工作小时　　C. 机器工时　　D. 定额生产工时
2. 企业进行工资费用分配时，应记入的账户有（　　）等。
A. 基本生产成本　　B. 辅助生产成本　　C. 制造费用　　D. 管理费用
3. 月薪制下影响职工计时工资的因素有（　　）。
A. 月标准工资　　B. 缺勤天数量　　C. 生产工时　　D. 日工资率

三、判断题

1. 计算计件工资时，由于材料不合格造成的废品，应不付工资；由于加工人员的过失造成的废品，则照付工资。（　　）
2. 企业发放工资时，从应发工资中代扣的由职工个人负担的社会保险及住房公积金应作为其他应付款核算。（　　）

四、简答题

1. 职工薪酬包括哪些内容？
2. 对生产工人实行计件工资制有什么好处？

五、实训题

1. 某生产单位本月发生以下生产业务，编制会计分录。
① 本期计算应发工资：甲产品生产工人工资 300 000 元；乙产品生产工人工资 400 000 元；车间管理人员工资 20 000 元；企业管理人员工资 60 000 元。
② 续上题，按 30% 计算企业负担的相关人员的社会保险费。
2. 某单位实行计件工资制，请处理以下业务。
① 本月工人李刚生产加工甲零件 800 个，计件单价 0.90 元/个；加工乙零件 300 个，计件单价 0.15 元/个。经检验，甲零件料废品 3 个，工废品 10 个；乙零件工废品 4 个，其余均为合格品。计算李刚本月应得计件工资。
② 一车间为基本生产车间，请计算、填写车间工资费用分配表，如表 2-85 所示。

表 2-85　车间工资费用分配表

2022 年 12 月

人员类别	直接计入/元	分配计入		合计/元
		生产工时/小时	工资分配率/（元/小时）	分配额/元	
甲产品	38 098	20 750			
乙产品	17 432	10 000			
管理人员	3 990	—	—	—	
合　计	59 520			12 300	

③ 根据车间工资费用分配表编制会计分录（有必要的明细科目）。

3. 完成江海机床集团以下业务的账务处理。

江海机床集团设有 3 个基本生产车间：铸造车间、机加车间和装配车间。其中，铸造车间下设 3 个班组：铁铸件班、铝铸件班和清翻砂班。生产工人实行计件工资制，各车间生产工人的工资由工资核算员按车间编制工资结算单，再根据各车间的工资结算单编制工资结算汇总表，作为工资核算的原始依据。

① 铸造车间主任铸管一的月工资标准为 8 500 元。2023 年 5 月共 31 天，其中病假 2 天、事假 1 天、休假 11 天（含 1 天节日休假），共出勤 17 天。根据该职工的工龄，其病假工资按工资标准的 90% 计算。本月发放奖金 300 元，物价补贴 100 元。

要求：采用月薪制，按 21.75 天计算日工资率，按缺勤扣发工资的方法计算铸管一 5 月份的标准工资及应付工资。

② 铸造车间下设的铁铸件班共 6 人，共同完成铁铸件加工任务。2023 年 5 月铁铸件班产量记录、工资等级及工时记录如表 2-86 和表 2-87 所示。假定企业规定车间制造产品的废品率为 5%，废品超过生产数量的 5%，超出的每件扣发单位计件工资的 50%。

表 2-86 铁铸件班产量记录

产品名称	检验情况/个			合格品工资		
	交验数	合格数	工废数	计件单价/（元/个）	计件数量/个	合计/元
铁铸件	45	44	1	820	44	36 080.00

表 2-87 铁铸件班工资等级及工时记录

姓 名	小时工资率/（元/小时）	实际工作/小时
铁一	32	150
铁二	30	155
铁三	26	160
铁四	28	158
铁五	22	135
铁六	22	170
合 计	—	928

要求：编制铁铸件班集体计件工资分配表，如表 2-88 所示。

表 2-88 铁铸件班集体计件工资分配表

姓 名	小时工资率/（元/小时）	实际工作小时	计时工资/元	工资分配率/（元/小时）	应得计件工资/元
铁一	32	150			
铁二	30	155			
铁三	26	160			
铁四	28	158			
铁五	22	135			
铁六	22	170			
合 计		928			

③ 按照企业工资制度的规定，每人每月物价津贴100元。应付工资中扣除个人应负担的医疗保险费、养老保险费、失业保险费和住房公积金的比例为2%、8%、0.5%和10%。铸造车间生产工人的基础工资按计件工资计算，其中铁铸件班组工人的基础工资见表2-88。车间主任铸管一应得工资的计算参见业务①相关资料。

要求：编制铸造车间工资结算单，如表2-89所示。

表2-89　工资结算单

编制单位：铸造车间　　　　　　　　　2023年5月　　　　　　　　　　　　　　　　元

部门	姓名	基础工资	奖金	加班工资	津贴		应扣工资		应付工资	代扣款项					实发金额
					物价	夜班	病假	事假		医疗保险(2%)	养老保险(8%)	失业保险(0.5%)	住房公积金(10%)	小计	
铁铸件班	铁一														
	铁二														
	铁三														
	铁四														
	铁五														
	铁六														
铝铸件班	铝一	6 161.01			100.00				6 261.01	125.22	500.88	31.31	626.10	1 283.51	4 977.50
	铝二	8 056.71			100.00				8 156.71	163.13	652.54	40.78	815.67	1 672.12	6 484.59
	铝三	5 687.09			100.00				5 787.09	115.74	462.97	28.94	578.71	1 186.36	4 600.73
	铝四	7 772.34			100.00				7 872.34	157.45	629.79	39.36	787.23	1 613.83	6 258.51
	铝五	4 409.45			100.00				4 509.45	90.19	360.76	22.55	450.95	924.45	3 585.00
	铝六	4 275.83			100.00				4 375.83	87.52	350.07	21.88	437.58	897.05	3 478.78
清翻砂班	清一	4 377.91			100.00				4 477.91	89.56	358.23	22.39	447.79	917.97	3 559.94
	清二	4 246.96			100.00				4 346.96	86.94	347.76	21.73	434.70	891.13	3 455.83
车间管理人员	铸管一	8 500.00	300.00		100.00		78.16	390.80	8 431.04	168.62	674.48	42.16	843.10	1 728.36	6 702.68
	铸管二	6 671.00	320.00		100.00	160.00	12.28		7 238.72	144.77	579.10	36.19	723.87	1 483.93	5 754.79
	铸管三	6 654.00	310.00		100.00	80.00		244.05	6 899.95	138.00	552.00	34.50	690.00	1 414.59	5 485.45
合　计															

④ 编制全厂职工工资结算汇总表。

要求：编制工资结算汇总表（见表2-90），并编制企业通过银行代发工资的相关会计分录。

表2-90　工资结算汇总表

编制单位：江海机床集团　　　　　　　　2023年5月　　　　　　　　　　　　　　　元

部门人员		职工人数	基础工资	奖金	加班工资	津贴		应扣工资		应付工资	代扣款项					实发金额
						物价	中夜班	病假	事假		医疗保险(2%)	养老保险(8%)	失业保险(0.5%)	住房公积金(10%)	小计	
铸造车间	生产工人	14														
	管理人员	3														

（续表）

部门人员		职工人数	基础工资	奖金	加班工资	津贴		应扣工资		应付工资	代扣款项					实发金额
						物价	中夜班	病假	事假		医疗保险（2%）	养老保险（8%）	失业保险（0.5%）	住房公积金（10%）	小 计	
机加车间	生产工人	18	103 800	3 888		3 618	6 276	744	588	116 250	2 325.00	9 300.00	581.25	11 625.00	23 831.25	92 418.75
	管理人员	4	15 180	1 638		708	1 302			18 828	376.56	1 506.24	94.14	1 882.80	3 859.74	14 968.26
装配车间	生产工人	15	96 624	18 120		3 486	5 820	966	432	122 652	2 453.04	9 812.16	613.26	12 265.20	25 143.66	97 508.34
	管理人员	3	15 618	2 532		564	618			19 332	386.64	1 546.56	96.66	1 933.20	3 963.06	15 368.94
供电车间		6	31 080	4 764		1 542	1 206	108	54	38 430	768.60	3 074.40	192.15	3 843.00	7 878.15	30 551.85
机修车间		4	29 580	3 954	2520	1 272	1 080	120	96	38 190	763.80	3 055.20	190.95	3 819.00	7 828.95	30 361.05
行政管理人员		6	19 340	1 100		972				21 552	431.04	1 724.16	107.76	2 155.20	4 418.16	17 133.84
工程人员		7	24 320	1 360		1 200				26 880	537.60	2 150.40	134.40	2 688.00	5 510.40	21 369.60
合计		80														

⑤ 在企业的工资结算汇总表中，各基本生产车间生产工人的工资分为个别费用和共同费用两种，共同费用应按各车间生产的各产品所耗生产工时比例分配计入。其中，铸造车间清翻砂班工人的工资按铁铸件耗用 2 000 小时、铝铸件耗用 1 200 小时进行分配后计入铁铸件、铝铸件成本。

要求：填制工资费用分配表（见表2-91），并编制会计分录。

表 2-91　工资费用分配表

单位名称：江海机床集团　　　　　　　　　2023 年 5 月　　　　　　　　　元

应借账户			成本或费用项目	直接计入	分配计入			合 计
					生产工时/小时	分配率/（元/小时）	分配金额	
基本生产成本	铸造车间	铁铸件	直接人工					
		铝铸件	直接人工					
		小 计						
	机加车间	螺磨床身	直接人工		6 030			
		丝磨床身	直接人工		5 595			
		小 计						
	装配车间	螺纹磨床	直接人工		4 585			
		丝杠磨床	直接人工		5 636			
		小 计						
制造费用	铸造车间		工资					
	机加车间		工资					
	装配车间		工资					

（续表）

应借账户		成本或费用项目	直接计入	分配计入			合计
				生产工时/小时	分配率/（元/小时）	分配金额	
辅助生产成本	供电车间	直接人工					
	机修车间	直接人工					
	管理费用	工资					
	在建工程	工资					
	合　计						

⑥ 根据江海机床集团工资费用分配表及有关资料，编制该工厂社会保险费计提表，如表 2-92 所示。其中，医疗保险费、工伤保险费、生育保险费分别按工资总额 5%、0.8%、0.5% 的比例计提。

要求：填制社会保险费计提表，并编制会计分录。

表 2-92　社会保险费计提表

单位名称：江海机床集团　　　　　　2023 年 5 月　　　　　　　　　　　　　　　元

应借账户			应付工资	医疗保险（5%）	工伤保险（0.8%）	生育保险（0.5%）	合　计
基本生产成本	铸造车间	铁铸件					
		铝铸件					
		小　计					
	机加车间	螺磨床身					
		丝磨床身					
		小　计					
	装配车间	螺纹磨床					
		丝杠磨床					
		小　计					
制造费用	铸造车间						
	机加车间						
	装配车间						
辅助生产成本	供电车间						
	机修车间						
管理费用							
在建工程							
合　计							

⑦ 根据江海机床集团工资费用分配表及有关资料，编制住房公积金、工会经费和职工教育经费计提表，如表 2-93 所示。其中，住房公积金、工会经费、职工教育经费分别按工资总额 12%、2%、2.5% 的比例计提。

要求：填制住房公积金、工会经费和职工教育经费计提表，并编制会计分录。

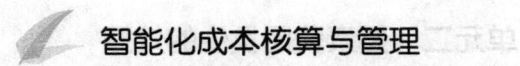

表 2-93　住房公积金、工会经费和职工教育经费计提表

单位名称：江海机床集团　　　　　　　　2023 年 5 月　　　　　　　　　　　　　　元

应借账户			应付工资	住房公积金（12%）	工会经费（2%）	职工教育经费（2.5%）	合　计
基本生产成本	铸造车间	铁铸件					
		铝铸件					
		小　计					
	机加车间	螺磨床身					
		丝磨床身					
		小　计					
	装配车间	螺纹磨床					
		丝杠磨床					
		小　计					
制造费用	铸造车间						
	机加车间						
	装配车间						
辅助生产成本	供电车间						
	机修车间						
管理费用							
在建工程							
合　计							

⑧ 根据江海机床集团工资费用分配表及有关资料，计提基本养老保险费和失业保险费，按国家规定的 19%比例计提企业基本养老保险费，按 0.5%计提失业保险费。

要求：填制基本养老保险费和失业保险费计提表（见表 2-94），并编制会计分录。

表 2-94　基本养老保险费和失业保险费计提表

单位名称：江海机床集团　　　　　　　　2023 年 5 月　　　　　　　　　　　　　　元

应借账户			应付工资	基本养老保险费（19%）	失业保险费（0.5%）	合　计
基本生产成本	铸造车间	铁铸件				
		铝铸件				
		小　计				
	机加车间	螺磨床身				
		丝磨床身				
		小　计				
	装配车间	螺纹磨床				
		丝杠磨床				
		小　计				
制造费用	铸造车间					
	机加车间					
	装配车间					

单元二 要素费用发生的处理

（续表）

应借账户		应付工资	基本养老保险费（19%）	失业保险费（0.5%）	合　计
辅助生产成本	供电车间				
	机修车间				
管理费用					
在建工程					
合　计					

⑨ 根据会计分录登记成本账簿。

任务三　其他要素费用的核算

任务情境

情境描述

江海机床集团本期发生以下其他要素费用业务。

① 机加车间厂房、设备折旧费 8 000 元。

② 当月支付水电费 14 000 元；当月供电车间统计集团实际用电 20 000 度，不含税单价 1 元/度。

③ 装配车间支付给某研究机构调试控制系统技术服务费 10 000 元。

任务要求

将上述业务应记入的成本账户及金额填入表中，如表 2-95 所示。

表 2-95　江海机床集团其他要素费用确认计量　　　　　　　　　　　元

业务摘要	应记账户	应记金额

微课：其他要素费用的核算与管理

任务分析

企业生产过程中除发生材料费用、人工费用外，还会发生其他多项构成产品成本的费用，主要包括生产厂房、设备（固定资产）折旧费，水电费，修理费，办公费等各项生产及生产部门组织管理生产的费用。这些费用基本属于间接生产费用。成本会计人员依据有关业务取得的外来原始凭证及自制原始凭证对这些费用进行账务处理。

固定资产折旧计算属于财务会计课程学习过的内容，本任务主要在于归集费用；水电费账务处理的重点在于理解通过"应付账款"账户过渡处理的原因，即由于每月实际支付水电费的时间与水电费入账的时间不一致，在企业各月度生产用电、用水不均衡的情况下，实际支付的水电费与应计入当期生产成本的水电费金额可能有较大差异，因此按权责发生制的要求，当期实际支付的水电费不能直接计入当期费用，而应以企业生产实际发生的水电费确认为当期费用；其他间接费用根据实际发生数进行归集。

相关知识

一、折旧费的核算

企业固定资产在长期使用中不断发生损耗，包括有形损耗和无形损耗。固定资产由于损耗而减少的价值称为固定资产折旧。固定资产折旧应作为折旧费计入产品成本和管理费用等。

固定资产折旧应根据固定资产明细核算所确定的折旧计算方法，按月计算折旧费。对于当月新增加的固定资产，当月不计提折旧，从下月起计提折旧；当月减少的固定资产，当月照提折旧，从下月起停止计提折旧。已提足折旧而逾期使用的固定资产不再计提折旧；提前报废的固定资产不得补提折旧。

固定资产折旧费的计算是通过编制固定资产折旧提取计算表进行的。实务中常常运用以下公式简化计算。

本月折旧费＝上月折旧费＋上月新增固定资产应计提的月折旧额－
上月减少的固定资产应停止计提的月折旧额

例 2-12 金西工厂 2023 年 5 月固定资产折旧提取计算表如表 2-96 所示。

表 2-96 固定资产折旧提取计算表

单位名称：金西工厂　　　　　　　　　　　2023 年 5 月　　　　　　　　　　　　　　元

使用部门	固定资产类别	原　值	月折旧率	本月应提折旧额
基本生产车间	房屋及建筑物	635 000.00	0.30%	1 905.00
	机器设备	1 280 000.00	0.50%	6 400.00
	小　计	1 915 000.00		8 305.00
供电车间	房屋及建筑物	241 800.00	0.30%	725.40
	机器设备	482 600.00	0.50%	2 413.00
	小　计	724 400.00		3 138.40
机修车间	房屋及建筑物	257 800.00	0.30%	773.40
	机器设备	267 580.00	0.50%	1 337.90
	小　计	525 380.00		2 111.30
厂部	房屋及建筑物	725 600.00	0.30%	2 176.80
	运输设备	450 000.00	2.00%	9 000.00
	管理设备	95 000.00	1.60%	1 520.00
	小　计	1 270 600.00		12 696.80
合　计		4 435 380.00		26 251.50

根据固定资产折旧提取计算表，编制会计分录如下。

借：辅助生产成本——供电车间　　　　　　　　　　　　　　　3 138.40
　　辅助生产成本——机修车间　　　　　　　　　　　　　　　2 111.30
　　制造费用——基本生产车间　　　　　　　　　　　　　　　8 305.00

管理费用　　　　　　　　　　　　　　　　　　　　　　　12 696.80
　　　贷：累计折旧　　　　　　　　　　　　　　　　　　　　　　26 251.50

二、水电费的核算

　　水电费是企业向水、电供应单位购买电力、水等支付的费用。水电费的核算包括两个方面：一是水电费支出的核算，二是水电费分配的核算。

（一）水电费支出的核算

　　水电费一般由供电、供水单位固定在每月某日进行抄表，并通过托收无承付方式向企业收取款项。由于付款日与会计结账日时间不同，实际支付的款项与当期实际应计入成本费用的水电费金额不同，因此要通过"应付账款"账户过渡核算。支付时应借记"应付账款"账户，贷记"银行存款"账户；月末根据当月实际用水、用电费用（企业内部抄表数）分配费用，借记有关成本费用账户，贷记"应付账款"账户。如果每月支付水电费的日期与会计周期基本一致，而且每月付款日到月末的应付水电费相差不多，则可以不通过"应付账款"账户核算，直接将当月支付的水电费计入当月产品成本和有关费用当中。

　　例 2-13　金西工厂 2023 年 5 月 5 日根据银行转来的供电局托收无承付结算单，以银行存款支付供电局收取的电费 48 500 元。编制的会计分录如下。

　　借：应付账款——供电局　　　　　　　　　　　　　　　　　48 500.00
　　　贷：银行存款　　　　　　　　　　　　　　　　　　　　　　48 500.00

　　例 2-14　金西工厂 2023 年 5 月 5 日根据自来水公司的托收单，以银行存款支付自来水公司收取的水费 20 240 元。编制的会计分录如下。

　　借：应付账款——自来水公司　　　　　　　　　　　　　　　　20 240.00
　　　贷：银行存款　　　　　　　　　　　　　　　　　　　　　　20 240.00

（二）水电费分配的核算

　　外购水、电等动力费用分配时，直接用于产品生产的水电费，能分清是哪种产品耗用的，属于个别费用。所用水构成产品主要实体的，记入该产品成本明细账的"直接材料"成本项目，电费记入该产品成本明细账的"燃料及动力"成本项目。未专门设置"燃料及动力"成本项目的，可以将其并入"直接材料"成本项目。直接用于产品生产的水电费，不能分清是哪种产品耗用的，属于共同费用，应按照各产品耗用的生产工时、机器工时等比例在各种产品之间进行分配，记入各产品生产成本的相应成本项目中。照明、取暖、管理用水电等，分别记入"制造费用"和"管理费用"等账户。

　　例 2-15　金西工厂 2023 年 5 月用电 133 000 度，每度电费 1.00 元。该厂各部门均安装有电表，各部门用电情况为：基本生产车间生产产品用电 100 000 度，照明用电 6 000 度；辅助生产的供电车间用电 12 000 度；机修车间用电 5 000 度；企业管理部门用电 10 000 度。基本生产车间生产甲产品、乙产品两种产品：本月甲产品的生产工时为 25 000 小时；乙产品的生产工时为 12 000 小时。企业采用生产工时比例法分配动力费用。

产品生产耗用的电量分配如下。

电量分配率=2.702 7（元/小时）

甲产品应分配的金额=25 000×2.702 7=67 567.50（元）

乙产品应分配的金额=100 000−67 567.50=32 432.50（元）

根据上述资料，编制金西工厂2023年5月的电费分配表，如表2-97所示。

表2-97　电费分配表

编制单位：金西工厂　　　　　　　　　　2023年5月　　　　　　　　　　　　　　元

应借科目		成本或费用项目	动力费用			电费分配			合计
			生产工时/小时	分配率/(元/小时)	金额	用电度数/度	单价/(元/度)	金额	
基本生产成本	甲产品	直接材料	25 000		67 567.50				67 567.50
	乙产品	直接材料	12 000		32 432.50				32 432.50
	小计		37 000	2.702 7	100 000.00				100 000.00
辅助生产成本	供电车间	直接材料				12 000		12 000.00	12 000.00
	机修车间	直接材料				5 000		5 000.00	5 000.00
	小计					17 000		17 000.00	17 000.00
制造费用		水电费				6 000		6 000.00	6 000.00
管理费用		水电费				10 000		10 000.00	10 000.00
合计					100 000.00	33 000	1.00	33 000.00	133 000.00

根据电费分配表，编制会计分录如下。

借：基本生产成本——甲产品　　　　　　　　　　　　　　67 567.50
　　基本生产成本——乙产品　　　　　　　　　　　　　　32 432.50
　　辅助生产成本——供电车间　　　　　　　　　　　　　12 000.00
　　辅助生产成本——机修车间　　　　　　　　　　　　　 5 000.00
　　制造费用——基本生产车间　　　　　　　　　　　　　 6 000.00
　　管理费用　　　　　　　　　　　　　　　　　　　　　10 000.00
　　贷：应付账款——市供电局　　　　　　　　　　　　　133 000.00

例2-16　金西工厂2023年5月用水12 000吨，每吨水价为2.00元。该厂各部门均安装有水表，各部门用水情况为：基本生产车间用水5 000吨；辅助生产的供电车间用水3 000吨；机修车间用水2 000吨；企业管理部门用水2 000吨。编制金西工厂2023年5月的水费分配表，如表2-98所示。

表2-98　水费分配表

编制单位：金西工厂　　　　　　　　　　2023年5月　　　　　　　　　　　　　　元

应借科目		成本或费用项目	用水量/吨	单价/(元/吨)	金额
辅助生产成本	供电车间	直接材料	3 000		6 000.00
	机修车间	直接材料	2 000		4 000.00
	小计		5 000		10 000.00

(续表)

应借科目	成本或费用项目	用水量/吨	单价/（元/吨）	金　额
制造费用	水电费	5 000		10 000.00
管理费用	水电费	2 000		4 000.00
合　计		12 000	2.00	24 000.00

根据水费分配表，编制会计分录如下。

借：辅助生产成本——供电车间　　　　　　　　　　　6 000.00
　　辅助生产成本——机修车间　　　　　　　　　　　4 000.00
　　制造费用——基本生产车间　　　　　　　　　　　10 000.00
　　管理费用　　　　　　　　　　　　　　　　　　　4 000.00
　　贷：应付账款——自来水公司　　　　　　　　　　24 000.00

三、其他费用的核算

在制造企业要素费用中，除上述费用外，还会发生租赁费、报刊费、排污费、劳保费、办公费等其他要素费用。这些费用按照发生的车间、部门，分别借记"辅助生产成本""制造费用""管理费用""在建工程"等账户，贷记"银行存款"或"库存现金"等账户。

案中学　　　　　　　　　　　间接费用控制管理

间接费用是产品生产成本的重要构成内容。随着生产机械化、自动化程度的加深，间接费用在产品成本结构中的占比也不断上升，主要表现为机器设备折旧费及相关使用维护费等费用。此外，间接费用还包含其他诸多要素费用。在不同的企业，这些要素费用开支的大小及其发生的动因各不相同。企业需要通过开展成本精细化管理，对生产计划管理、生产设备管理、生产技术与工艺管理、产品质量管理、作业管理、物料使用管理等涉及间接费用开支的事项逐一进行研究，实施有效控制。

一、分析消除不必要生产作业案例

HT公司是一家民营箱包生产企业。在开展成本精细化管理的过程中，经过分析发现，车间布局不合理导致产品在A、B两幢楼之间往返重复运输，造成运输成本增加。通过对生产布局进行调整，消除了产品在两幢楼之间往返运输的问题，平均为每个产品节约了0.2元的生产过程运输费用。当年节约费用总额达数万元。

二、生产物料现场管理案例

HT公司在开展成本精细化管理的过程中，发现车间对皮包内衬纸张的存放不合理，导致刮风时四处散落，下雨时部分被雨淋湿无法继续使用而做垃圾处理。这种纸张尽管价值较低，但管理不善也会给企业增加成本。经过与车间管理主任沟通，明确了该物料的管理责任人和管理规范，杜绝了再次出现这种浪费的现象。

间接费用管理是一项细致的工作，要求管理人员结合生产实际，及时发现成本控制漏洞，制定有效的对策。

任务实现

根据江海机床集团本期发生的其他要素费用业务，进行费用确认计量，如表 2-99 所示。

表 2-99　江海机床集团其他要素费用确认计量　　　　　　　　　　　　　　　元

业务摘要	应记账户	应记金额
① 计提车间折旧费	制造费用——机加车间	8 000.00
② 应付水电费	辅助生产成本——供电车间	20 000.00
③ 某研究机构技术服务费	制造费用——装配车间	10 000.00

任务总结

根据权责发生制的要求，实际支付与应确认费用不一致时，通过"应付账款"账户进行账务过渡处理，如图 2-4 所示。

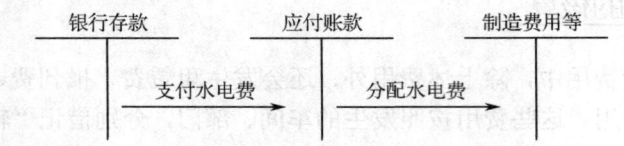

银行存款　　→支付水电费→　　应付账款　　→分配水电费→　　制造费用等

图 2-4　通过"应付账款"账户过渡处理水电费

任务测试

一、单项选择题

1. 支付外购动力费用，抄表时间与会计周期不一致时，应借记（　　　）账户。
   A．银行存款　　　B．其他应付款　　　C．应付账款　　　D．基本生产成本
2. 下列应作为本月计算折旧费固定资产的是（　　　）。
   A．本月新增的固定资产　　　　　　B．上月减少的固定资产
   C．本月减少的固定资产　　　　　　D．超过使用期一个月的固定资产

二、多项选择题

1. 产品生产过程中发生的间接生产费用，可能直接记入的账户有（　　　）。
   A．辅助生产成本　　　　　　　　　B．制造费用
   C．管理费用　　　　　　　　　　　D．在建工程
2. 企业支付、分配水电费通过"应付账款"账户过渡核算，是因为（　　　）。
   A．拖欠水电费　　　　　　　　　　B．每月底支付水电费
   C．水电费支付与分配的时间范围不一致　　D．权责发生制要求

三、判断题

1. 通过"应付账款"账户核算企业支付和分配水电费，期末该"应付账款"的明细账户出现借方余额是正常现象。　　　　　　　　　　　　　　　　　　　　（　　）
2. 产品生产过程中发生的间接费用，有可能直接记入生产成本明细账的"制造费用"成本项目。　　　　　　　　　　　　　　　　　　　　　　　　　　　（　　）

四、实训题

1. 某生产单位本月发生以下生产业务。

① 以银行存款支付电费 10 000 元，通过"应付账款"账户过渡处理。

② 本期各部门实际用电抄表计算的费用：生产车间 8 000 元；管理部门 2 000 元。

③ 计提本期固定资产折旧：车间 50 000 元；厂部 20 000 元。

要求：编制会计分录。

2. 江海机床集团 2023 年 5 月固定资产折旧提取计算表如表 2-100 所示。

表 2-100　固定资产折旧提取计算表

编制单位：江海机床集团　　　　　　　2023 年 5 月　　　　　　　　　　　　　　元

使用部门	固定资产类别	原　值	月折旧率	本月应提折旧额
铸造车间	厂房	2 890 000	0.40%	
	生产设备	2 360 000	0.80%	
	小　计	5 250 000		
机加车间	厂房	2 650 000	0.40%	
	生产设备	1 095 000	0.80%	
	小　计	3 745 000		
装配车间	厂房	1 050 000	0.40%	
	生产设备	450 000	0.80%	
	小　计	1 500 000		
供电车间	厂房	880 000	0.40%	
	生产设备	360 000	0.80%	
	小　计	1 240 000		
机修车间	厂房	655 000	0.40%	
	生产设备	280 000	0.80%	
	小　计	935 000		
管理部门	房屋	5 990 000	0.40%	
	运输设备	450 000	2.00%	
	管理设备	95 000	1.60%	
	小　计	6 535 000		
合　计		19 205 000		

要求：填制固定资产折旧提取计算表，并编制会计分录。

3. 江海机床集团 2023 年 5 月用水 655 吨，每吨水价为 4.20 元；应付水费 2 751.00 元，增值税税率 9%，税额为 247.59 元；价税款转账支付给自来水公司。

要求：编制相应的会计分录。

4. 江海机床集团 2023 年 5 月的水费分配表如表 2-101 所示。

表 2-101　水费分配表

单位名称：江海机床集团　　　　　　　　2023 年 5 月　　　　　　　　　　　　　元

应借科目		成本或费用项目	用水量/吨	分配率/（元/吨）	金　额
辅助生产成本	供电车间	水电费	36		
	机修车间	水电费	40		
制造费用	铸造车间	水电费	288		
	机加车间	水电费	156		
	装配车间	水电费	65		
管理费用		水电费	70		
合　计			655		

要求：填制水费分配表，并编制相应的会计分录。

5. 江海机床集团 2023 年 5 月用电 53 900 度，每度电价为 0.80 元；应付电费 43 120.00 元，增值税税率 13%，税额为 5 606.60 元；价税款转账支付给供电局。

要求：编制相应的会计分录。

6. 江海机床集团 2023 年 5 月的劳务供应如表 2-102、表 2-103 所示，电费分配表如表 2-104 所示。

表 2-102　劳务供应通知单（动力用电）

编制单位：江海机床集团　　　　　　　　2023 年 5 月

费用额/元	机加车间/小时		装配车间/小时		工时合计/小时
	螺磨床身	丝磨床身	螺纹磨床	丝杠磨床	
22 868.80	6 030	5 595	4 585	5 636	21 846

表 2-103　劳务供应通知单（照明用电）

编制单位：江海机床集团　　　　　　　　2023 年 5 月

费用额/元	各受益对象耗用量/度						
	供电车间	机修车间	铸造车间	机加车间	装配车间	行政部门	合　计
20 251.20	7 500	5 040	2 920	2 560	2 440	4 854	25 314

表 2-104　电费分配表

编制单位：江海机床集团　　　　　　　　2023 年 5 月　　　　　　　　　　　　　元

应借科目		成本或费用项目	动力费用			电费分配			合　计
			生产工时/小时	分配率/（元/小时）	金额	用电度数/度	单价/（元/度）	金额	
基本生产成本	机加车间	螺磨床身	直接材料	6 030					
		丝磨床身	直接材料	5 595					
		小　计		11 625					
	装配车间	螺纹磨床	直接材料	4 585					
		丝杠磨床	直接材料	5 636					
		小　计		10 221					
合　计				21 846					

(续表)

应借科目		成本或费用项目	动力费用			电费分配			合 计
			生产工时/小时	分配率/（元/小时）	金额	用电度数/度	单价/（元/度）	金额	
辅助生产成本	供电车间	直接材料							
	机修车间	直接材料							
	小 计								
制造费用	铸造车间	水电费							
	机加车间	水电费							
	装配车间	水电费							
	小 计								
管理费用		水电费							
合 计									

要求：填制电费分配表，并编制相应的会计分录。

7．江海机床集团 2023 年 5 月由厂部购买一批办公用品，计 900.00 元。全厂统一进行分配。

要求：填制办公用品费用分配表（见表 2-105），并据以编制会计分录。

表 2-105　办公用品费用分配表

编制单位：江海机床集团　　　　　　2023 年 5 月　　　　　　　　　　　　　　元

部　门	用品名称	办公用品费	领取人
铸造车间	笔记本、笔、纸张		
机加车间	笔记本、笔、纸张		
装配车间	笔记本、笔、纸张		
供电车间	笔记本、笔、纸张		
机修车间	笔记本、笔、纸张		
管理部门	笔记本、笔、纸张		
合　计			

单元三

账面费用分配结转

民营企业内控失效
案例分析及启示

↘ 思政目标

1. 强化财经法律意识，遵守会计职业道德，遵守财经法规。
2. 树立正确的世界观、价值观、人生观。
3. 培养爱岗敬业、诚实守信、坚持准则、依法纳税、强化服务等职业道德。
4. 增强责任感，培养勇于担当的精神。准确计算成本，及时提供成本信息，满足管理决策的需要，提高企业绩效。

↘ 知识目标

1. 掌握辅助生产成本分配方法（直接分配法、交互分配法、代数分配法、顺序分配法、计划成本分配法）的内容、应用条件和特点。
2. 掌握制造费用常用的各种分配标准（人工工时、人工工资、机器工时、标准机器工时、年度计划分配率）的应用条件。
3. 明了废品损失、停工损失的构成，理解生产损失性费用单独核算的意义。
4. 掌握完工产品与在产品成本分配方法的内容、适用范围和典型企业。

↘ 技能目标

1. 能够正确选择分配方法，分配辅助生产成本各明细账当期账面费用，计算、填写辅助生产成本分配表，并编制会计分录。
2. 能够正确选择适当的分配标准，分配当期制造费用的账面费用，计算、填写制造费用分配表，并编制会计分录。
3. 能够设置"废品损失""停工损失"账户，归集生产损失性费用，并结转净损失，编制有关的会计分录。
4. 能够运用约当产量比例法分配生产成本明细账的账面费用，填制产品成本计算单，编制结转完工产品成本的会计分录。
5. 能够计算不同投料方式下的在产品投料率和不同生产条件下的在产品完工率。

单元三 账面费用分配结转

任务一　分配结转辅助生产成本

任务情境

情境描述

江海机床集团本期辅助生产部门供电车间和机修车间的生产成本情况见辅助生产成本明细账，如表3-1和表3-2所示；两个车间供应的劳务情况见供应劳务量统计表，如表3-3所示。

表3-1　辅助生产成本——明细科目：供电车间　　　　　　　　　　　　　　　元

年		凭证字号	摘　要	材料费	人工费	折旧费	转　出	余　额
月	日							
（略）	（略）	（略）	分配材料费	10 000.00				
			分配工资		11 000.00			
			计提折旧			1 100.00		
			本期合计	10 000.00	11 000.00	1 100.00		22 100.00

表3-2　辅助生产成本——明细科目：机修车间　　　　　　　　　　　　　　　元

年		凭证字号	摘　要	材料费	人工费	折旧费	转　出	余　额
月	日							
（略）	（略）	（略）	分配材料费	19 000.00				
			分配工资		15 000.00			
			计提折旧			4 143.00		
			本期合计	19 000.00	15 000.00	4 143.00		38 143.00

表3-3　供电、机修车间5月供应劳务量统计表

受益对象		供电数量/度	机修工时/小时
辅助生产车间	供电车间		249
	机修车间	10 500	
基本生产一车间	甲产品	30 000	
	一般耗用	8 000	2 500
基本生产二车间	乙产品	40 000	
	一般耗用	6 000	1 900
管理部门		16 000	800
合　计		110 500	5 449

任务要求

① 运用交互分配法计算和分配辅助生产成本，填制辅助生产成本分配表，如表3-4所示。

表 3-4　辅助生产成本分配表（交互分配法）

2023 年 5 月　　　　　　　　　　　　　　　　　　　　　　　　　　　元

成本项目			供电车间	机修车间	小　计
交互分配	待分配费用				
	供应劳务量				
	费用分配率				
	供电车间	用量			
		金额			
	机修车间	用量			
		金额			
	小　计				
对外分配	待对外分配费用				
	对外供应劳务量				
	费用分配率				
	甲产品	用量			
		金额			
	乙产品	用量			
		金额			
	一车间一般耗用	用量			
		金额			
	二车间一般耗用	用量			
		金额			
	管理部门	用量			
		金额			
	金额合计				

② 根据辅助生产成本分配表编制会计分录（有必要的明细账户）。

任务分析

日常要素费用处理通过制单、审核、记账等核算程序，形成各成本明细账的账面费用。期末，按照成本核算账务处理流程依次对各成本账户归集的账面费用按受益原则进行分配结转，完整归集产品生产的全部费用，计算产品成本。一般首先分配结转的是辅助生产成本。

分配辅助生产成本可大致分为 3 个环节：首先，根据辅助生产成本明细账确定待分配费用金额；其次，根据劳务及产品特点确定分配方法，计算费用分配率并分配费用；最后，根据辅助生产成本分配表编制结转辅助生产成本的会计分录。

相关知识

分配结转辅助生产成本前，要先确认本期日常所发生的辅助生产成本已全部登记入账，包括当期应记入辅助生产成本明细账的所有直接费用和间接费用，确保辅助生产成本明细账账面费用数据已归集完整。

对于辅助产品及劳务单一的辅助生产部门，如果没有设置"制造费用——该辅助生产部门"明细账户，则辅助生产发生的所有费用全部直接记入"辅助生产成本——某辅助生产部门"明细账户。如果企业某一辅助生产部门有两种以上辅助产品或劳务，则需要设置该辅助生产部门的"制造费用"账户的明细账户。期末，需要先将该辅助生产部门"制造费用"账户的明细账户所归集的间接费用分配结转到"辅助生产成本——该辅助生产部门"明细账户，完成辅助生产成本当期费用的归集入账后，再进行"辅助生产成本"账户各明细账户当期费用的分配。

期末，将"辅助生产成本"账户的明细账户数据与总账数据核对一致，或者可检查记账凭证库中是否有涉及辅助生产成本的未记账凭证，如果有未记账凭证，则要完成记账。然后，对"辅助生产成本"账户各明细账户的账面费用做汇总，结计本月发生额合计、本月费用合计，确定"辅助生产成本"账户各明细账户待分配费用总额，核对无误后进行分配结转。分配结转后，"辅助生产成本"账户一般无余额。如果有余额，则其账户余额为辅助生产部门的在产品成本。

辅助生产成本分配应根据各受益对象接受辅助劳务及产品的多少，按照"谁受益，谁负担；多受益，多负担"的原则分配。其分配方法是：分别计算费用分配率；填制辅助生产成本分配表；依据辅助生产成本分配表编制会计分录，填制记账凭证，按费用的承担者分别借记"基本生产成本""制造费用""管理费用""在建工程""其他业务支出"等账户，贷记"辅助生产成本"账户。

辅助生产成本分配的方法有直接分配法、交互分配法、代数分配法、计划成本分配法和顺序分配法等。不同方法适用的条件有所不同。其中，直接分配法在辅助生产部门之间不分配费用，适用于辅助生产部门之间不提供或较少提供劳务及产品的情况；其他 4 种方法在辅助生产部门之间相互分配费用，适用于辅助生产部门之间提供辅助劳务及产品较多的情况。企业应根据自身的实际情况选用适当的分配方法，尽可能提高费用分配的准确性。

一、直接分配法

直接分配法是指将辅助生产成本直接分配给辅助生产部门以外的各受益对象，辅助生产部门之间不分配费用。因此，直接分配法一般适用于辅助生产部门之间不提供或较少提供辅助劳务及产品的企业。

微课：直接分配法

直接分配法的特点在于辅助生产部门之间不分配费用，计算较简便。企业在一个会计年度内一般不会临时改变费用分配方法，即使辅助生产部门之间偶然出现少量辅助产品或劳务供应，直接分配虽不符合受益原则，但对成本的客观性影响不大。如果辅助生产部门之间不分配费用会对费用分配的准确性产生较大影响，就需要改用其他适合的分配方法。

例 3-1 某装备制造企业设有两个辅助生产车间，本月"辅助生产成本——供电车间""辅助生产成本——机修车间"两个明细账户归集的账面待分配费用总额（本期费用合计）分别为供电车间 88 000.00 元、机修车间 25 000.00 元。辅助生产部门劳务供应量如表 3-5 所示。

表 3-5　供电、机修车间 5 月劳务供应量统计表

受益对象		用电数量/度	机修工时/小时
辅助生产车间	供电车间		100
	机修车间	10 000	
基本生产一车间	A 产品	30 000	2 500
	B 产品	8 000	1 900
	一般耗用	40 000	
工程施工		16 000	
管理部门		6 000	
合　计		110 000	4 500

机修车间用电较少，供电车间本期系偶然接受机修车间劳务。企业采用直接分配法进行费用分配，编制辅助生产成本分配表，如表 3-6 所示。

表 3-6　辅助生产成本分配表（直接分配法）

2023 年 5 月　　　　　　　　　　　　　　　　　　　　　　　　　　　元

序　号	成本项目			供电车间	机修车间	小　计
1	待分配费用			88 000.00	25 000.00	113 000.00
2	供应劳务量			100 000 度	4 400 小时	
3	费用分配率			0.88 元/度	5.681 8 元/小时	
4	基本生产一车间	A 产品	数量	30 000 度	2 500 小时	
5			金额	26 400.00	14 204.50	40 604.50
6		B 产品	数量	8 000 度	1 900 小时	
7			金额	7 040.00	10 795.50	17 835.50
8		一般耗用	数量	40 000 度		
9			金额	35 200.00		35 200.00
10	工程施工		数量	16 000 度		
11			金额	14 080.00		14 080.00
12	管理部门		数量	6 000 度		
13			金额	5 280.00		5 280.00
14	金额合计			88 000.00	25 000.00	113 000.00

具体计算、填表分配程序如下。

① 根据辅助生产成本明细账本月发生额合计或本月费用合计，填写"待分配费用"项目金额（表 3-6 第 1 行）。

② 根据辅助生产部门劳务供应量统计表，将各辅助生产部门劳务供应量合计数扣除提供给其他辅助生产部门的劳务数量，填入表 3-6 第 2 行"供应劳务量"项目。同时填写辅助生产部门以外各受益单位或受益对象所接受的劳务数量（表 3-6 第 4、6、8、10、12 各行），其合计数应等于第 2 行供应劳务量。

③ 计算填写费用分配率。其计算公式为：

$$辅助生产费用分配率 = \frac{某辅助生产成本明细账待分配费用总额}{该辅助生产车间对外提供劳务数量之和}$$

辅助生产成本分配表中填写的费用分配率除不尽时，根据数据精度的实际需要，一般保留4位小数。

④ 计算填写各受益对象应分配的费用。其计算公式为：

某受益对象应分配的辅助生产费用=该受益对象耗用的劳务数量×辅助生产费用分配率

分配的费用金额应一律保留到分位，即2位小数。费用分配率有四舍五入时，可能出现分配尾差，分配尾差计入最后一个受益对象的分配金额，以使分配费用合计与待分配费用总额相等。其计算公式为：

最后一个分配对象分配的费用=待分配费用总额-其他各受益对象已分配费用合计

辅助生产成本分配表填制完成后，应及时据以编制分配结转辅助生产成本的会计分录，并填制记账凭证。依据表3-6编制分配结转辅助生产成本的会计分录如下。

借：基本生产成本——一车间——A产品　　　　　　　　　40 604.50
　　基本生产成本——一车间——B产品　　　　　　　　　17 835.50
　　制造费用——一车间　　　　　　　　　　　　　　　　35 200.00
　　在建工程　　　　　　　　　　　　　　　　　　　　　14 080.00
　　管理费用　　　　　　　　　　　　　　　　　　　　　 5 280.00
　　贷：辅助生产成本——供电车间　　　　　　　　　　　88 000.00
　　　　辅助生产成本——机修车间　　　　　　　　　　　25 000.00

二、交互分配法

交互分配法是指辅助生产部门之间要根据相互提供的劳务及产品分配辅助生产费用。交互分配法适用于企业辅助部门之间经常性提供辅助劳务及产品，且数量较多的企业。由于辅助生产部门之间提供辅助生产劳务及产品较多，因此如果辅助生产部门之间不按所耗劳务及产品分配费用，就会对分配费用的客观性产生较大影响。

微课：交互分配法和代数分配法

交互分配法分两个步骤计算：第一步，根据辅助生产部门提供的劳务总量对辅助生产成本账面待分配费用进行分配，即将费用分配给含辅助生产部门在内的所有受益对象，辅助生产部门之间就完成了一次费用交互分配；第二步，对第一步交互分配后各辅助生产部门分得的费用应用直接分配法分配，即不再分配给其他辅助生产部门。

填表时为减少计算次数，在第一步分配时，不计算分配给辅助生产部门以外各部门的费用，而是计算交互分配后所形成的新的待对外分配费用（原账面待分配金额-分给其他辅助生产部门的费用+分得其他辅助生产部门的费用），再直接分配给辅助生产部门以外的受益对象。

例 3-2 某制造企业设有两个辅助生产车间，本月"辅助生产成本——供汽车间""辅助生产成本——机修车间"两个账户归集的待分配费用总额分别为供汽车间120 000.00元、机修车间240 000.00元。辅助生产部门劳务供应量统计表如表3-7所示。

表 3-7 辅助生产部门劳务供应量统计表

受益对象	供汽数量/立方米	机修工时/小时
供汽车间		4 000
机修车间	9 000	
一车间	30 000	10 000
二车间	10 000	6 000
管理部门	6 000	
合计	55 000	20 000

机修车间与供汽车间相互经常发生较多的劳务和产品供应。采用交互分配法进行费用分配，编制辅助生产成本分配表，如表 3-8 所示。具体计算、填表、分配程序如下。

表 3-8 辅助生产成本分配表（交互分配法） 元

序号	成本项目		交互分配		对外分配		小计
			供汽车间	机修车间	供汽车间	机修车间	
1	待分配费用		120 000.00	240 000.00	148 363.80	211 636.20	
2	供应劳务量		55 000 立方米	20 000 小时	46 000 立方米	16 000 小时	
3	费用分配率		2.181 8 元/立方米	12.000 0 元/小时	3.225 3 元/立方米	13.227 3 元/小时	
4	供汽车间	用量		4 000 小时			
5		金额		48 000.00			48 000.00
6	机修车间	用量	9 000 立方米				
7		金额	19 636.20				19 636.20
8	一车间	用量			30 000 立方米	10 000 小时	
9		金额			96 759.00	132 273.00	229 032.00
10	二车间	用量			10 000 立方米	6 000 小时	
11		金额			32 253.00	79 363.20	111 616.20
12	管理部门	用量			6 000 立方米		
13		金额			19 351.80		19 351.80
14	金额合计		19 636.20	48 000.00	148 363.80	211 636.20	427 636.20

① 根据辅助生产成本明细账本月发生额合计填写表 3-8 第 1 行"待分配费用"项目相应栏次：供汽车间 120 000.00 元；机修车间 240 000.00 元。

② 根据辅助生产部门劳务供应量统计表，将各辅助生产部门劳务供应量总数填入表 3-8 第 2 行"供应劳务量"项目的相应栏次：供汽车间 55 000 立方米；机修车间 20 000 小时。

③ 计算、填写辅助生产部门交互分配的费用分配率。其计算公式为：

$$费用分配率 = \frac{待分配费用}{供应劳务量合计}$$

④ 计算、填写各辅助生产部门相互应负担的费用。其计算公式为：

某辅助生产部门应负担的费用 = 该辅助生产部门耗用的劳务数量 × 费用分配率

⑤ 计算、填写辅助生产部门对外分配的待分配费用。其计算公式为：
  待分配费用=原账面费用合计-交互分配分出的费用+交互分配分得的费用
⑥ 按直接分配法分配待分配费用，填写金额合计，并核对无误。

依据表 3-8 编制分配结转辅助生产成本的会计分录——既可分别编制交互分配、对外分配的会计分录，也可编制一笔会计分录。

借：辅助生产成本——供汽车间　　　　　　　　　　　　　　48 000.00
　　辅助生产成本——机修车间　　　　　　　　　　　　　　19 636.20
　　制造费用——一车间　　　　　　　　　　　　　　　　　229 032.00
　　制造费用——二车间　　　　　　　　　　　　　　　　　111 616.20
　　管理费用　　　　　　　　　　　　　　　　　　　　　　 19 351.80
　贷：辅助生产成本——供汽车间　　　　　　　　　　　　　168 000.00
　　　辅助生产成本——机修车间　　　　　　　　　　　　　259 636.20

交互分配法的特点是当辅助生产部门之间有劳务或产品供应时，交互分配法比直接分配法更符合受益原则，从而提高了分配结果的客观性。各辅助生产部门费用经过交互分配后，账户上的原账面费用全部分配完毕，但由于在这个过程中又分得其他辅助生产部门的费用，因此这部分费用需要继续分配。如果继续按交互分配法分配，则这个分配过程是一个交互次数趋于无穷大、待分配费用趋于 0 的极限问题，计算过程会很复杂。为简化计算，在一次交互分配后，按直接分配法分配。

三、代数分配法

代数分配法是通过建立多元一次方程组，计算辅助生产部门提供的劳务或产品的单位成本，再按照各受益对象劳务或产品耗用量分配辅助生产成本的方法。

建立方程组时，按照辅助生产部门之间也要根据受益情况来负担费用的原则，以"某辅助生产部门原账面待分配费用+从其他辅助生产部门分配转入的费用=该辅助生产部门分配转出的全部费用"为等量关系。

例 3-3 采用例 3-2 的资料，运用代数分配法分配辅助生产成本。

设供汽车间单位成本为 x 元/立方米，机修车间单位成本为 y 元/小时。建立方程组：
$$120\,000+4\,000y=55\,000x \quad (1)$$
$$240\,000+9\,000x=20\,000y \quad (2)$$

将式（1）移项：
$$4\,000y=55\,000x-120\,000$$
$$y=(55\,000x-120\,000)\div 4\,000$$

将 y 代入式（2）：
$$240\,000+9\,000x=20\,000\times(55\,000x-120\,000)\div 4\,000$$

解得：$x=3.157\,9$（元/立方米）

将 x 值代入（1）式：
$$120\,000+4\,000y=55\,000\times 3.157\,9$$

解得：$y=13.421\,1$（元/小时）

根据计算得出的辅助生产劳务及产品单位成本，填制辅助生产成本分配表，如表 3-9 所示。

表 3-9 辅助生产成本分配表（代数分配法） 元

成本项目		辅助生产部门		小 计
		供汽车间	机修车间	
待分配费用		120 000.00	240 000.00	
供应劳务量		55 000 立方米	4 000 小时	
计算的单位成本		3.157 9 元/立方米	13.421 1 元/小时	
供汽车间	用量		4 000 小时	
	金额		53 684.40	53 684.40
机修车间	用量	9 000 立方米		
	金额	28 421.10		28 421.10
一车间	用量	30 000 立方米	10 000 小时	
	金额	94 737.00	134 211.00	228 948.00
二车间	用量	10 000 立方米	6 000 小时	
	金额	31 579.00	80 526.60	112 105.60
管理部门	用量	6 000 立方米		
	金额	18 947.40		18 947.40
金额合计		173 684.50	268 422.00	442 106.50

依据表 3-9 编制分配辅助生产成本的会计分录如下。

借：辅助生产成本——供汽车间　　　　　　　　　　　53 684.40
　　辅助生产成本——机修车间　　　　　　　　　　　28 421.10
　　制造费用——一车间　　　　　　　　　　　　　 228 948.00
　　制造费用——二车间　　　　　　　　　　　　　 112 105.60
　　管理费用　　　　　　　　　　　　　　　　　　　18 947.40
　贷：辅助生产成本——供汽车间　　　　　　　　　 173 684.50
　　　辅助生产成本——机修车间　　　　　　　　　 268 422.00

代数分配法的优点是分配的费用最为客观、准确；缺点在于如果企业辅助生产部门较多，则在建立方程组时求解未知数会较多，从而使计算较为复杂。因此，该方法适用于实现了会计信息化的企业——通过对会计软件系统做二次开发，由系统自动计算和分配并生成分配表，就可扬长避短。

四、顺序分配法

微课：顺序分配法和计划成本分配法

顺序分配法是根据辅助生产部门之间受益多少排序，将受益少的部门排在前面，先分配费用，将受益多的部门排在后面，后分配费用。排在前面的辅助生产部门将费用依次序分配给排在后面的辅助生产部门及其他受益部门，即排在前面的辅助生产部门不分得排在后面的辅助生产部门分配的费用。排在最后的辅助生产部门只将费用分配给辅助生产部门以外的受益对象。

例 3-4 采用例 3-1 的资料，运用顺序分配法分配辅助生产成本。

根据辅助部门之间提供的劳务情况分析，供电车间接受机修车间劳务较少，因此将供电车间排在前面，机修车间排在后面，按顺序分配法分配填写辅助生产成本分配表，如表 3-10 所示。

表 3-10 辅助生产成本分配表（顺序分配法） 元

成本项目		供电车间	机修车间	小 计
待分配费用		88 000.00	33 000.00	121 000.00
供应劳务量		110 000 度	4 400 小时	
费用分配率		0.8 元/度	7.5 元/小时	
辅助生产机修车间	数量	10 000 度		
	金额	8 000.00		8 000.00
基本生产一车间	A 产品 数量	30 000 度	2 500 小时	
	A 产品 金额	24 000.00	18 750.00	42 750.00
	B 产品 数量	8 000 度	1 900 小时	
	B 产品 金额	6 400.00	14 250.00	20 650.00
	一般耗用 数量	40 000 度		
	一般耗用 金额	32 000.00		32 000.00
工程施工	数量	16 000 度		
	金额	12 800.00		12 800.00
管理部门	数量	6 000 度		
	金额	4 800.00		4 800.00
金额合计		88 000.00	33 000.00	121 000.00

由于供电车间接受修理劳务一般较少，因此排序在前首先分配，就需要将费用分配给机修车间；而机修车间后分配时，不再分配费用给排序在前且已经完成费用分配的供电车间。

根据分配结果，编制分配辅助生产成本的会计分录如下。

借：辅助生产成本——机修车间　　　　　　　　　　8 000.00
　　基本生产成本——一车间——A 产品　　　　　　42 750.00
　　基本生产成本——一车间——B 产品　　　　　　20 650.00
　　制造费用——一车间　　　　　　　　　　　　　32 000.00
　　在建工程　　　　　　　　　　　　　　　　　　12 800.00
　　管理费用　　　　　　　　　　　　　　　　　　4 800.00
　　贷：辅助生产成本——供电车间　　　　　　　　88 000.00
　　　　辅助生产成本——机修车间　　　　　　　　33 000.00

顺序分配法的特点是简化了分配程序，各辅助生产部门的生产成本只计算分配一次。如果先分配费用的辅助生产部门接受了后分配的部门辅助劳务及产品时，则由于不会分得相应的费用，会使分配结果的客观性受到一定影响。

五、计划成本分配法

计划成本分配法（内部结算价格法）是根据企业确定的辅助产品及劳务的计划单位成本和各车间、部门实际耗用的数量，计算各受益对象应分配的辅助生产成本，将分配后形成的辅助生产成本账面差异直接计入管理费用的一种分配方法。该方法适用于企业辅助生产相对稳定、计划单位成本较为准确的企业。

例 3-5 采用例 3-2 的资料，运用计划成本分配法分配辅助生产成本。假定企业制定的"辅助生产成本——供汽车间""辅助生产成本——机修车间"计划单位成本为：供汽 3 元/立方米；机修 14 元/小时。

① 运用计划成本分配法填写辅助生产成本分配表，如表 3-11 所示。

表 3-11 辅助生产成本分配表（计划成本分配法） 元

成本项目		供汽车间	机修车间	小 计
账面待分配费用		120 000.00	240 000.00	
供应劳务量		55 000 立方米	20 000 小时	
计划单位成本		3 元/立方米	14 元/小时	
辅助生产供汽车间	用量		4 000 小时	
	金额		56 000.00	56 000.00
辅助生产机修车间	用量	9 000 立方米		
	金额	27 000.00		27 000.00
基本生产一车间	用量	30 000 立方米	10 000 小时	
	金额	90 000.00	140 000.00	230 000.00
基本生产二车间	用量	10 000 立方米	6 000 小时	
	金额	30 000.00	84 000.00	114 000.00
管理部门	用量	6 000 立方米		
	金额	18 000.00		18 000.00
金额合计		165 000.00	280 000.00	445 000.00
分配后形成的账面差异		11 000.00	-13 000.00	-2 000.00

② 根据表 3-11，编制分配辅助生产费用的会计分录如下。

借：辅助生产成本——供汽车间　　　　　　　　　　　　　　　　56 000.00
　　辅助生产成本——机修车间　　　　　　　　　　　　　　　　27 000.00
　　制造费用——一车间　　　　　　　　　　　　　　　　　　　230 000.00
　　制造费用——二车间　　　　　　　　　　　　　　　　　　　114 000.00
　　管理费用　　　　　　　　　　　　　　　　　　　　　　　　18 000.00
　　贷：辅助生产成本——供汽车间　　　　　　　　　　　　　　165 000.00
　　　　辅助生产成本——机修车间　　　　　　　　　　　　　　280 000.00

③ 计算分配后各辅助生产成本的账面差异如下。

单元三 账面费用分配结转

分配后形成的账面差异=分配前账面待分配费用+从其他辅助部门分得的费用-
本部门按计划成本分配金额合计

供汽车间成本差异=120 000.00+56 000.00-165 000.00=11 000.00（元）
机修车间成本差异=240 000.00+27 000.00-280 000.00=-13 000.00（元）

④ 编制结转分配差异的会计分录如下。

借：管理费用　　　　　　　　　　　　　　　　　　2 000.00（红字）
　　贷：辅助生产成本——供汽车间　　　　　　　　11 000.00
　　　　辅助生产成本——机修车间　　　　　　　　13 000.00（红字）

实务中也可将以上两笔分录合并编制为一笔会计分录。

计划成本分配法的优点是辅助劳务及产品计划单位成本事先确定，无须计算费用分配率，从而简化了分配计算工作；分配差异能反映出计划的执行情况，从而有利于内部经济责任制考核。其缺点是如果计划成本测算不准确，与实际成本脱离较大，就会导致分配费用失真。

任务实现

① 填制辅助生产成本分配表，如表 3-12 所示。

表 3-12　辅助生产成本分配表（交互分配法）

2023 年 5 月　　　　　　　　　　　　　　　　　　　　　　　　元

	成本项目		供电车间	机修车间	小　计
	待分配费用		22 100.00	38 143.00	60 243.00
	供应劳务量		110 500 度	5 449 小时	
	费用分配率		0.200 0 元/度	7.000 0 元/小时	
交互分配	供电车间	用量		249 小时	
		金额		1 743.00	1 743.00
	机修车间	用量	10 500 度		
		金额	2 100.00		2 100.00
	金额合计		2 100.00	1 743.00	3 843.00
	待对外分配费用		21 743.00	38 500.00	60 243.00
	对外供应劳务量		100 000 度	5 200 小时	
	费用分配率		0.217 4 元/度	7.403 8 元/小时	
对外分配	甲产品	用量	30 000 度		
		金额	6 522.00		6 522.00
	乙产品	用量	40 000 度		
		金额	8 696.00		8 696.00
	一车间一般耗用	用量	8 000 度	2 500 小时	
		金额	1 739.20	18 509.50	20 248.70
	二车间一般耗用	用量	6 000 度	1 900 小时	
		金额	1 304.40	14 067.22	15 371.62

(续表)

	成本项目		供电车间	机修车间	小　计
对外分配	管理部门	用量	16 000 度	800 小时	
		金额	3 481.40	5 923.28	9 404.68
	金额合计		21 743.00	38 500.00	60 243.00

② 编制分配辅助生产费用的会计分录如下。

借：辅助生产成本——供电车间　　　　　　　　　　　　　　1 743.00
　　辅助生产成本——机修车间　　　　　　　　　　　　　　2 100.00
　　基本生产成本——一车间——甲产品　　　　　　　　　　6 522.00
　　基本生产成本——二车间——乙产品　　　　　　　　　　8 696.00
　　制造费用——一车间　　　　　　　　　　　　　　　　　20 248.70
　　制造费用——二车间　　　　　　　　　　　　　　　　　15 371.62
　　管理费用　　　　　　　　　　　　　　　　　　　　　　9 404.68
　贷：辅助生产成本——供电车间　　　　　　　　　　　　　23 843.00
　　　辅助生产成本——机修车间　　　　　　　　　　　　　40 243.00

任务总结

辅助生产成本分配的 5 种方法特点不同，适用于企业辅助生产的不同情况，如表 3-13 所示。

表 3-13　辅助生产成本分配方法的特点及应用范围

分配方法	特　点	适用范围
直接分配法	计算简便，不完全符合受益原则	辅助生产部门之间不（或较少）发生劳务供应
交互分配法	费用较客观、准确，计算复杂	辅助生产部门之间较多发生劳务供应
代数分配法	最为准确，计算复杂	实现了会计信息化的企业
顺序分配法	简化了分配过程，不完全符合受益原则	辅助生产劳务供应不均衡，存在明显顺序
计划成本分配法	简化了分配计算，可能导致费用失真	计划单位成本计算准确的企业

任务测试

一、单项选择题

1. 辅助生产成本分配最为客观、准确的方法是（　　）。
　A．直接分配法　　　B．交互分配法　　　C．代数分配法　　　D．顺序分配法
2. 辅助生产部门之间较少发生劳务供应的企业分配辅助生产成本一般采用（　　）。
　A．直接分配法　　　　　　　　　　　　　B．交互分配法
　C．代数分配法　　　　　　　　　　　　　D．计划成本分配法

二、多项选择题

1. 辅助生产成本会在辅助生产部门之间分配的方法有（　　）。
　A．交互分配法　　　　　　　　　　　　　B．代数分配法
　C．顺序分配法　　　　　　　　　　　　　D．计划成本分配法

2．下列辅助生产成本分配方法不完全符合受益原则的是（　　）。
　　A．直接分配法　　B．交互分配法　　C．代数分配法　　D．顺序分配法
3．分配结转辅助生产成本的会计分录，借方账户可能有（　　）。
　　A．基本生产成本　B．辅助生产成本　C．制造费用　　　D．管理费用

三、判断题

1．辅助生产成本期末按所提供劳务分配后，账面一般无余额。　　　　　　（　）
2．"辅助生产成本"账户期末有余额时，余额为辅助生产在产品成本。　　（　）
3．辅助生产成本分配可能将一部分生产费用转入非生产费用相关账户。　（　）
4．当设置了"制造费用——某辅助生产部门"明细账户时，期末可以先对"辅助生产成本"账户的明细账户费用进行分配，后分配"制造费用——某辅助生产部门"明细账户的账面费用。　　　　　　　　　　　　　　　　　　　　　　　　　　　　（　）

四、实训题

1．根据辅助生产成本分配表中的已知资料进行以下账务处理。
要求：① 运用直接分配法计算和分配辅助生产成本，填写辅助生产成本分配表，如表 3-14 所示。

表 3-14　辅助生产成本分配表（直接分配法）　　　　　　　　　　　　　元

成本项目			供电车间	修理车间	小　计
待分配费用			21 743	38 500	60 243
供应劳务量			100 000 度	5 200 小时	—
费用分配率					
一车间	甲产品	数量	30 000 度	—	
		金额		—	
	一般耗用	数量	8 000 度	2 500 小时	
		金额			
二车间	乙产品	数量	40 000 度	—	
		金额		—	
	一般耗用	数量	6 000 度	1 900 小时	
		金额			
管理部门		数量	16 000 度	800 小时	—
		金额			
金额合计					60 243

② 根据辅助生产成本分配表编制会计分录（有必要的明细科目）。

2．某企业有供电、修理两个辅助生产车间。12月供电车间发生费用 22 100 元、修理车间发生费用 38 143 元，两个车间提供劳务量统计表如表 3-15 所示。

表 3-15　供电、修理车间 12 月提供劳务量统计表

受益对象		供电数量/度	机修工时/小时
辅助生产车间	供电车间		249
	修理车间	10 500	

(续表)

受益对象		供电数量/度	机修工时/小时
基本生产一车间	甲产品	30 000	
	一般耗用	8 000	2 500
基本生产二车间	乙产品	40 000	
	一般耗用	6 000	1 900
管理部门		16 000	800
合 计		110 500	5 449

要求：① 运用交互分配法计算和分配辅助生产成本，填制辅助生产成本分配表（交互分配法），如表3-16所示。

表3-16 辅助生产成本分配表（交互分配法）

2023年12月 元

成本项目			供电车间	修理车间	小 计
待分配费用			22 100	38 143	60 243
供应劳务量					—
费用分配率					—
辅助生产车间耗用	供电车间	数量	—		—
		金额	—		—
	修理车间	数量		—	—
		金额		—	—
	金额合计				—
待对外分配的费用					60 243

② 根据辅助生产成本分配表编制会计分录（有必要的明细科目）。

3. 江海机床集团本期辅助生产劳务供应量统计表如表3-17所示。

表3-17 江海机床集团本期辅助生产劳务供应量统计表

受益对象	用电度数/度	机修工时/小时
供电车间		
机修车间	10 000	
铸造车间	30 000	500
机加车间	50 000	6 000
装配车间	20 000	1 000
管理部门	8 000	
合 计	118 000	7 500

要求：根据江海机床集团日常要素费用处理所形成的账面成本，进行以下账务处理。

① 根据江海机床集团辅助生产劳务供应的特点，选择一种方法对辅助生产成本的账面成本进行分配，并说明选择适用方法的理由。

② 填制辅助生产成本分配表，根据分配方法选择相应的辅助生产成本分配表。

③ 依据辅助生产成本分配表编制会计分录。
④ 根据会计分录登记有关成本账簿。

任务二　分配结转制造费用

任务情境

情境描述

微课：制造费用分配结转

江海机床集团铸造车间制造费用年度计划分配率为 0.45 元/小时，全年制造费用实际发生额 116 604.00 元；1 至 11 月累计分配制造费用铁铸件 50 400.00 元、铝铸件 68 175.00 元；12 月份生产工时铁铸件 10 000 小时、铝铸件 15 000 小时。

任务要求

按步骤完成制造费用分配处理，如表 3-18 所示。

表 3-18　制造费用分配处理表（年度计划分配率分配法）

（1）计算 12 月份制造费用分配额
铁铸件应分配的费用=
铝铸件应分配的费用=
（2）编制分配制造费用的会计分录
借：
贷：
（3）计算差异额
差异额=
（4）计算差异分配率
差异分配率=
（5）计算各产品应负担的差异额
铁铸件分担差异额=
铝铸件分担差异额=
（6）编制年末分配结转制造费用差异额的会计分录
借：
贷：

任务分析

制造费用处理通过制单、审核、记账等核算程序，形成各成本明细账的账面费用，期末要按照成本核算账务处理流程依次对各成本账户归集的账面费用按受益原则进行分配结转。

智能化成本核算与管理

企业生产部门生产两种及以上产品时，生产过程发生的各项间接费用要通过制造费用设置部门明细账进行归集，期末在当期所有应记入"制造费用"账户的间接费用全部入账后，选择适当的分配标准（人工工时、人工工资、机器工时、标准机器工时、年度计划分配率等）将制造费用分配给本车间生产的各种产品，从而将"制造费用"账面费用结转到生产成本各明细账户。

本任务的重点在于把握常用分配标准的应用条件：人工工时比例分配法和人工工资比例分配法适用于手工生产为主的生产车间制造费用的分配；机器工时比例分配法和标准机器工时比例分配法适用于机械化生产为主的生产车间制造费用的分配；年度计划分配率分配法适用于企业制造费用计划管理工作比较准确的生产企业。难点是标准机器工时比例分配法折算系数的确定。

相关知识

制造费用是指企业的生产单位为组织和管理生产而发生的各项间接费用，包括折旧费、维修费、车间管理人员工资及福利费、办公费、水电费、运输费、机物料费、低值易耗品摊销、劳动保护费及其他费用等项目。

当一个部门（车间或分厂）生产两种以上产品时，企业生产过程中的间接费用通过"制造费用"账户的明细账户进行归集，期末采用适当的分配方法（或标准）将制造费用分配转入各产品成本。分配方法（或标准）要根据制造费用主要构成项目的金额与产品生产的联系特征（或动因）进行选择，以使不同的产品合理承担相应的间接费用。常用的分配方法有人工工时比例分配法、人工工资比例分配法、机器工时比例分配法、标准机器工时比例分配法、年度计划分配率分配法等。期末费用分配后，"制造费用"账户一般无余额。

一、人工工时比例分配法

人工工时比例分配法是以各种产品的生产工人生产工时为分配标准计算分配制造费用的方法。其计算公式为：

$$制造费用分配率 = \frac{某生产部门制造费用总额}{该生产部门各产品生产工时总数}$$

$$某产品应负担的制造费用 = 该产品生产工时数 \times 制造费用分配率$$

以人工工时为分配标准分配制造费用，适用于以手工生产为主且生产工艺技术等级差别不大、间接费用的发生与人工工时较为密切的生产条件下的制造费用分配。人工工时分配标准将劳动生产率与产品负担的间接费用水平相联系，有助于进行间接成本的分析和管控。

二、人工工资比例分配法

人工工资比例分配法是以计入各种产品成本的生产工人工资为分配标准计算分配制造费用的方法。其计算公式为：

$$制造费用分配率 = \frac{某生产部门制造费用总额}{该生产部门各产品生产工人工资总额}$$

某产品应负担的制造费用＝该产品生产工人工资总额×制造费用分配率

人工工资比例分配法与人工工时比例分配法的区别在于前者考虑了工资率的差异，主要适用于同一生产部门不同的产品技术复杂度有显著差异，且对间接费用水平有较大影响的生产条件下的制造费用分配。在相同工时情况下，由于技术复杂度高的产品生产会导致间接费用水平有所提高，因此高等级技术生产工人生产的产品应承担的制造费用高于低等级技术生产工人生产的产品。由于高等级技术生产工人的小时工资率高于低等级技术生产工人的，因此运用人工工资分配标准比人工工时更为客观和合理。例如，手工生产为主的套色版画，高等级技术生产工人套色可达 10 种以上颜色，而低等级技术生产工人最多只能达到两种颜色。两者对生产模具、工具及辅料等耗费的程度明显不同，所以采用人工工资分配制造费用比采用人工工时更为合理。

三、机器工时比例分配法

机器工时比例分配法是以各种产品生产所使用的机器设备运转时间为分配标准计算分配制造费用的方法。其计算公式为：

$$制造费用分配率 = \frac{某生产部门制造费用总额}{该生产部门机器工时总数}$$

某产品应负担的制造费用＝该产品机器工时数×制造费用分配率

这种分配方法适用于产品生产的机械化程度高的生产条件下的制造费用分配。因为生产部门的制造费用主要由机器设备折旧、调整及养护等使用费用构成，所以这部分费用与机器工时联系密切。运用机器工时比例分配法时，要求生产单位的机器产能与使用费水平相同或相近、各类机器单位工时所发生的间接费用水平没有太大的差别。

四、标准机器工时比例分配法

标准机器工时比例分配法是对不同类型的机器设备的机器工时以一定的折算系数折算为标准机器工时，按折算的标准机器工时比例分配制造费用。

在制造费用主要由机器设备折旧、调整及养护等使用费用构成，且不同类型的设备折旧费及设备生产率存在显著差异的情况下，直接以机器工时为标准分配制造费用会造成分配上的不合理。例如，全自动生产设备与半自动生产设备两类设备相比，前者的折旧费用总额较高，那么单位机器工时应分担的费用也相应地要多。因此，如果将半自动生产线机器工作 1 小时的折算系数定为 1，则全自动生产线机器工时的折算系数应大于 1。折算系数应根据设备使用费水平的差异进行测算确定，然后将各类机器工时折算为标准机器工时，再分配费用。

例 3-6 某企业生产部门期末制造费用总额 41 600 元，主要由机器设备折旧费构成，设备分类及工时等数据如表 3-19 所示。本月 A 产品使用柔性生产设备生产 100 小时，使用全自动生产设备生产 1 500 小时；B 产品使用全自动生产设备生产 500 小时，使用半自动生产设备生产800小时。采用标准机器工时比例分配法分配。

表3-19 标准机器工时折算表

设备分类	机器工时/小时	系 数	标准机器工时/小时
柔性生产设备	100	2.4	240
全自动生产设备	2 000	1.8	3 600
半自动生产设备	800	1	800
合 计	2 900		4 640

① 折算机器标准工时，计算制造费用分配率（见表3-19）。
制造费用分配率=41 600÷4 640=8.965 5（元/小时）
② 分配制造费用（见表3-20）。

表3-20 制造费用分配表（标准机器工时比例分配法）

产品	柔性生产设备/小时	系 数	全自动生产设备/小时	系 数	半自动生产设备/小时	系 数	标准机器工时/小时	费用分配率/（元/小时）	费用分配额/元
A	100	2.4	1 500	1.8			2 940		26 358.57
B			500	1.8	800	1	1 700		15 241.43
合 计	100	2.4	2 000	1.8	800	1	4 640	8.965 5	41 600.00

③ 根据表3-20编制分配结转制造费用的会计分录如下。
  借：基本生产成本——某车间——A产品 26 358.57
    基本生产成本——某车间——B产品 15 241.43
    贷：制造费用——某车间 41 600.00

五、年度计划分配率分配法

年度计划分配率分配法是各月按预先制定的年度制造费用计划分配率分配各月制造费用，年末调整实际费用和分配的计划费用之间差异额的分配方法。它主要适用于季节性生产的企业，以使企业淡季与旺季的制造费用较为均衡地计入产品生产成本。这种方法要求所制定的计划成本应尽可能地接近实际成本，当发现计划成本与实际成本差距较大时应及时调整；否则，将影响成本计算的准确性。

（一）年度计划分配率的计算

年度计划分配率可按照产品定额工时、产量、机器工时等有关指标计算和确定。假定以定额工时作为分配标准，其计算公式为：

$$年度计划分配率 = \frac{某生产部门年度制造费用计划总额}{该生产部门各种产品计划产量下定额工时总数}$$

（二）各月制造费用的分配

采用这种方法，各月不论实际发生多少制造费用，均按年度计划分配率计算实际产量下应分配的制造费用。其计算公式为：

单元三 账面费用分配结转

某产品应负担的制造费用＝该产品实际产量下定额工时数×年度计划分配率

（三）年末分配制造费用实际发生数和分配的计划费用之间的差异额

"制造费用"账户按年度计划分配率分配转出的贷方数与借方实际发生额不相等，账户余额为制造费用差异额。在 12 月份按年度计划分配率分配制造费用后，要以各产品按年度计划分配率所分配的制造费用比例分配差异额。

1. 确定差异额

制造费用差异额＝全年制造费用实际发生额－按年度计划分配率分配的制造费用

2. 计算差异分配率

$$差异分配率 = \frac{制造费用差额}{各月按年度计划分配率分配的制造费用合计}$$

3. 计算各产品应负担的差异额

某产品应负担的差异额＝该产品按年度计划分配率分配的制造费用×差异分配率

任务实现

按年度计划分配率分配法分配江海机床集团铸造车间的制造费用，如表 3-21 所示。

表 3-21　制造费用分配处理表（年度计划分配率分配法）

（1）计算 12 月份制造费用分配额	
铁铸件应分配的费用＝10 000×0.45＝4 500.00（元）	
铝铸件应分配的费用＝15 000×0.45＝6 750.00（元）	
（2）编制分配制造费用的会计分录	
借：基本生产成本——铸造车间——铁铸件	4 500.00
基本生产成本——铸造车间——铝铸件	6 750.00
贷：制造费用——铸造车间	11 250.00
（3）计算差异额	
差异额＝116 604.00－50 400.00－68 175.00－4 500.00－6 750.00＝－13 221.00（元）	
（4）计算差异分配率	
差异分配率＝－13 221.00÷(50 400.00＋68 175.00＋4 500.00＋6 750.00)＝－0.101 837（元）（保留 6 位小数）	
（5）计算各产品应负担的差异额	
铁铸件分担差异额＝(50 400.00＋4 500.00)×(－0.101 837)＝－5 590.85（元）	
铝铸件分担差异额＝－13 221.00－(－5 590.85)＝－7 630.15（元）	
（6）编制年末分配结转制造费用差异额的会计分录	
借：基本生产成本——铸造车间——铁铸件	5 590.85（红字）
基本生产成本——铸造车间——铝铸件	7 630.15（红字）
贷：制造费用——铸造车间	13 221.00（红字）

任务总结

概括制造费用各种常用分配方法的应用范围和具体应用条件，如表 3-22 所示。

表 3-22 制造费用各种常用分配方法的应用范围和具体应用条件

分配（标准）方法	应用范围	具体应用条件
人工工时比例分配法	手工生产为主的生产部门	产品技术简单，对生产工人的技术等级要求不高
人工工资比例分配法		产品技术复杂度有显著差异，对生产工人的技术等级有不同要求，且间接费用水平受技术影响大的生产部门
机器工时比例分配法	机械化程度高的生产部门	机器单位工时使用成本相同或接近
标准机器工时比例分配法		机器单位工时使用成本有较大差异
年度计划分配率分配法	季节性生产的生产部门	计划成本制定较为准确的企业

任务测试

一、单项选择题

1. 适用于季节性生产企业的制造费用分配方法是（　　）。
   A. 人工工时比例分配法　　　　B. 机器工时比例分配法
   C. 标准机器工时比例分配法　　D. 年度计划分配率分配法

2. 下列关于应用标准机器工时比例分配法的说法错误的是（　　）。
   A. 制造费用主要由机器折旧费等构成
   B. 折旧费高的机器折算系数高
   C. 折旧费高的机器单位工作时间费用分配额高
   D. 同一产品使用折旧费高的机器生产，其单位成本中含的制造费用高

3. 对于季节性生产停工期间的制造费用，正确的账务处理是（　　）。
   A. 全部计入当期产品成本　　　　B. 计入当期损益
   C. 合理分摊计入开工期间产品成本　D. 计入营业外支出

二、多项选择题

1. 机械化程度高的生产企业分配制造费用常用的分配方法有（　　）。
   A. 人工工资比例分配法　　　　B. 人工工时比例分配法
   C. 机器工时比例分配法　　　　D. 标准机器工时比例分配法

2. 下列关于制造费用分配，说法正确的是（　　）。
   A. 人工工时比例分配法与人工工资比例分配法适用的条件完全相同
   B. 标准机器工时比例分配法比机器工时比例分配法分配的费用更准确
   C. 不同的分配方法适用于不同的生产条件
   D. 企业应选择适当的方法分配制造费用

三、判断题

1. 制造费用分配有可能将费用分配计入管理费用。（　　）
2. 制造费用的分配顺序一定是在辅助生产成本分配之后。（　　）

四、实训题

1. 某企业基本生产车间生产甲、乙、丙 3 种产品。本月已归集在"制造费用——基本生产"账户借方的制造费用合计为 21 670 元；甲产品生产工时为 3 260 小时；乙产品生产工时为 2 750 小时；丙产品生产工时为 2 658 小时。

要求：以人工工时比例分配法分配制造费用，并编制相关会计分录。

2. 完成江海机床集团以下账务处理。

① 根据要素费用处理、辅助生产成本分配等实训的账务处理内容，归集 3 个车间（铸造、机加、装配）的制造费用，按人工工时分配铸造车间制造费用，按人工工资分配机加、装配车间制造费用，并分别编制分配表。

② 依据制造费用分配表，分别编制会计分录。

③ 依据会计分录，登记相关成本明细账。

任务三　单独核算生产损失

任务情境

情境描述

江海机床集团本期发生以下业务。

① 机加车间产品检验发现可修复不合格品 10 件，进行修复加工共发生人工费用 200 元。

② 铸造车间因生产技术原因发生不可修复废品 3 件，每件废品的生产成本为：材料费用 300 元、人工费用 100 元、应分担的制造费用 80 元。废品残料入库共作价 450 元。

任务要求

① 确认机加车间本期可修复废品的净损失是多少。

② 确认铸造车间本期不可修复废品的净损失是多少。

任务分析

生产损失是制造企业在生产过程中，因产品报废、生产或产品盘亏、毁损而造成的各种人力、物力、财力上的损失。生产过程中偶然发生的金额较小的损失不需要进行单独核算，有关费用按照要素费用发生的处理方法进行账务处理；对于经常性及金额较大的生产损失，根据重要性原则的要求，需要专门设立相关损失账户进行单独核算，以准确掌握损失数据，及时向管理层提供完整、详细的损失信息。

单独核算生产损失要按损失内容设置"废品损失""停工损失"等账户，将发生的所有损失记入相应损失账户，将造成损失的责任人的赔偿及有关残料价值也记入相应损失账户，并填制生产损失计算表，计算、结转净损失。

废品损失核算的重点在于如何设置生产损失账户和各账户的核算内容。由于不同类型废品的损失构成的内容不同，因此有关损失性费用的确认和归集是个难点。

相关知识

一、废品损失

废品是指因质量不符合规定的标准或技术条件，不能按原定用途使用的产成品或半成品。废品从形成的原因上分为料废品和工废品：生产过程中因材料质量问题产生的废品称为料废品，其责任在原材料采购、验收环节，生产人员无过错；因生产加工时操作不当产生的废品称为工废品，当工废品数量超过合理废品率时，要由生产责任人员赔偿。废品从生产处理上分为可修复废品和不可修复废品：可修复废品是指技术上可以修复，且经济上合算的废品；不可修复废品是指技术上不可修复，或者经济上不合算的废品。

废品损失是指由于产生废品而发生的损失，包括可修复废品的修复费用和不可修复废品的净损失。其中，修复费用包括修复废品时发生的材料费用、人工费用及其他相关费用。不可修复废品的净损失构成为：

$$\text{不可修复废品的净损失} = \text{不可修复废品的生产成本} - \text{不可修复废品的残值} - \text{应收过失人赔款}$$

（一）设置"废品损失"账户

设置"废品损失"账户是为了详细反映废品损失的内容，分析废品损失形成的原因，为改进生产管理指明方向。它既可以作为"生产成本"账户的二级账户，也可以直接作为一级账户。

该账户按生产部门及品种开设多栏式明细账，按成本项目划分栏次。其借方登记内容包括可修复废品的修复费用、不可修复废品的生产成本，贷方登记内容包括废品残值、责任人赔款、转出的废品净损失；期末结转废品净损失后该账户无余额。

（二）归集废品损失

① 发生可修复废品，根据修复过程的领料单、工时单、其他费用单据，计算废品修复费用，借记"废品损失——某生产部门——某产品"账户的料、工、费相应成本项目，贷记"原材料""应付工资""银行存款"等对应账户。

② 发生不可修复废品，根据废品通知单，按实际生产成本或定额成本，计算废品应负担的料、工、费成本，结转废品生产成本，借记"废品损失——某生产部门——某产品"账户的相应成本项目，贷记"生产成本——某部门——某产品"账户的有关成本项目。

③ 根据废品损失赔偿通知单，借记"其他应收款——某责任人"账户，贷记"废品损失——某生产部门——某产品"账户的"直接人工"成本项目。

④ 根据废品残料入库单，借记"原材料"账户，贷记"废品损失——某生产部门——某产品"账户的"直接材料"成本项目。

（三）结转废品净损失

废品损失归集完成之后，根据账簿数据填写废品损失计算表（见表3-23），计算结转废品净损失。

表3-23 废品损失计算表

元

项　目	数　量	直接材料	直接人工	制造费用	合　计
废品修复费用					
废品生产成本					
减：赔款					
残值					
废品净损失					

编制结转废品净损失的会计分录，借记"生产成本——某部门——某产品"账户的有关成本项目，贷记"废品损失——某生产部门——某产品"账户的有关成本项目。

例 3-7 某企业本月发生 A 产品的修复费用分别为：可修复 A 产品 10 件，修复过程领用材料 3 000 元，发生修复人工费 2 000 元，制造费用 500 元；不可修复 A 产品 5 件，每件直接材料 300 元，工时定额 200 小时，人工费用定额 8 元/小时，制造费用 6 元/小时。责任人应赔偿 1 000 元，残料入库 600 元。其账务处理如下。

① 发生可修复废品修复费用。

借：废品损失——车间——A产品（直接材料）	3 000.00
废品损失——车间——A产品（直接人工）	2 000.00
贷：原材料	3 000.00
应付职工薪酬——工资	2 000.00

② 结转不可修复废品生产成本（按定额成本计算）。

借：废品损失——车间——A产品（直接材料）	1 500.00
废品损失——车间——A产品（直接人工）	1 600.00
废品损失——车间——A产品（制造费用）	1 200.00
贷：基本生产成本——车间——A产品（直接材料）	1 500.00
基本生产成本——车间——A产品（直接人工）	1 600.00
基本生产成本——车间——A产品（制造费用）	1 200.00

③ 过失人赔偿。

借：其他应收款——某责任人	1 000.00
贷：废品损失——车间——A产品（直接人工）	1 000.00

④ 残料入库。

借：原材料——废品仓库	600.00
贷：废品损失——车间——A产品（直接材料）	600.00

⑤ 填制废品损失计算表（见表 3-24），据以结转废品净损失。

表 3-24　废品损失计算表　　　　　　　　　　　　　　　元

项　目	数　量	直接材料	直接人工	制造费用	合　计
废品修复费用		3 000.00	2 000.00	500.00	5 500.00
废品生产成本	5 件	1 500.00	1 600.00	1 200.00	4 300.00
减：赔款			1 000.00		1 000.00
残值		600.00			600.00
废品净损失		3 900.00	2 600.00	1 700.00	8 200.00

借：基本生产成本——车间——A产品（直接材料）	3 900.00
基本生产成本——车间——A产品（直接人工）	2 600.00
基本生产成本——车间——A产品（制造费用）	1 700.00
贷：废品损失——车间——A产品（直接材料）	3 900.00
废品损失——车间——A产品（直接人工）	2 600.00
废品损失——车间——A产品（制造费用）	1 700.00

智能化成本核算与管理

> **疑中学**　　　　企业专设废品部的业务核算和管理
>
> 大型制造企业设置废品部，集中回收车间生产的边角料、不可修复废品等，按废品处理收入，抵减税、费后冲减成本费用。如何进行核算和管理，以促进企业生产费用的节约？

二、停工损失

停工损失是指企业生产部门在停工期间发生的各项生产费用，包括停工期间发生的原材料、人工费用和制造费用等损失。企业停工可分为正常停工和非正常停工：正常停工包括季节性停工、正常生产周期内的修理停工、计划内减产停工等，正常停工费用属产品成本核算范围，应计入产品成本；非正常停工包括原材料或工具短缺停工、设备故障停工、电力中断停工、自然灾害停工等。

企业停工损失较大时，设置"停工损失"账户，将停工期间所造成的人、财、物等各项损失进行归集，为向责任人索赔提供核算依据。根据停工报告单及所发生各项费用等有关凭证，借记"停工损失"账户，贷记"生产成本"等账户；损失应由过失人或保险公司赔偿的，根据所确定应收赔偿款，借记"其他应收款"等账户，贷记"停工损失"账户；转出停工净损失时，非正常停工损失转入"营业外支出"账户，正常停工应由产品负担的部分，转入"生产成本"账户。

例 3-8　某企业因外部施工单位误操作，挖断输电线路，造成生产线上正在生产的产品全部报废。生产成本账面费用为直接材料 300 000 元、直接人工 100 000 元、制造费用 100 000 元，停工期间应付生产工人工资 20 000 元。由于企业投了生产过程财产损失险，因此协商施工单位赔偿 40 万元，其余损失由保险公司全额赔偿。其账务处理如下。

① 归集停工损失。

```
借：停工损失——生产车间                        520 000.00
    贷：生产成本——生产车间——某产品             400 000.00
        制造费用——生产部门                    100 000.00
        应付职工薪酬                           20 000.00
```

② 结转应由责任单位赔偿款。

```
借：其他应收款——施工单位                      400 000.00
    其他应收款——保险公司                      120 000.00
    贷：停工损失——生产车间                    520 000.00
```

> **任务实现**
>
> ① 机加车间本期可修复废品的净损失是 200 元。
> ② 铸造车间本期不可修复废品的净损失是 990 元。

> **任务总结**
>
> 企业单独核算废品损失的账务处理流程如图 3-1 所示。

单元三 账面费用分配结转

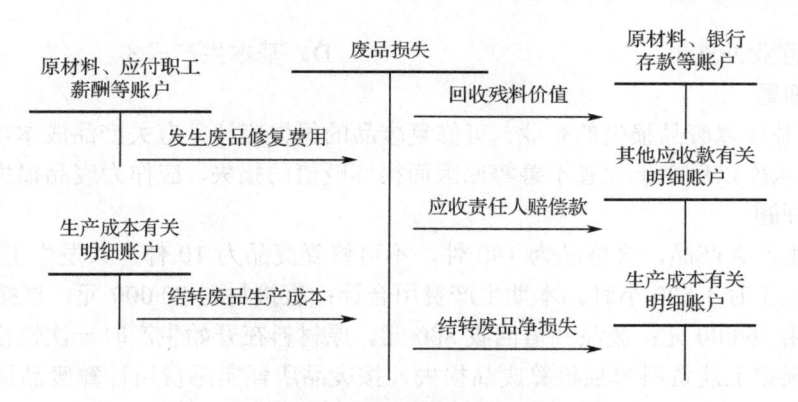

图 3-1 单独核算废品损失的账务处理流程

任务测试

一、单项选择题

1. 损失性费用单独核算的目的是（　　）。
   A. 损失经常发生　　　　　　　　B. 损失金额较大
   C. 重要性原则要求　　　　　　　D. 提供完整、详细的损失信息

2. 下列属于废品损失的是（　　）。
   A. 因材料不合格或加工失误造成的不合格产品
   B. 无须返修、可降价销售的不合格品
   C. 入库后保管不善损坏的产品
   D. 售后"三包"损失

3. 对于季节性生产停工期间的制造费用，正确的账务处理是（　　）。
   A. 全部计入当期产品成本　　　　B. 计入当期损益
   C. 合理分摊计入开工期间产品成本　D. 计算营业外支出

4. 废品损失不需要单独核算时，企业不用开设的账户是（　　）。
   A. 基本生产成本　B. 辅助生产成本　C. 制造费用　　D. 废品损失

5. 可修复废品修复前发生的费用登记在（　　）。
   A. "废品损失"账户借方　　　　B. "基本生产成本"账户贷方
   C. "原材料"账户借方　　　　　D. "基本生产成本"账户借方

二、多项选择题

1. 下列对于不单独核算的生产损失性费用，表述正确的是（　　）。
   A. 偶然发生且金额较小　　　　　B. 会导致成本上升
   C. 净损失未直接反映在账户上　　D. 责任人赔偿款冲减生产成本

2. 下列属于计算废品净损失的项目有（　　）。
   A. 可修复废品修复费用　　　　　B. 不可修复废品生产成本
   C. 废品残料价值　　　　　　　　D. 责任人赔偿款

3. "停工损失"账户贷方的对应账户可能有（　　）。
   A. 制造费用　　　　　　　　　　B. 其他应收款

115

C. 营业外支出　　　　　　　　　　D. 基本生产成本

三、判断题

1. 不单独核算废品损失的企业，可修复废品的损失应计入有关产品成本项目。（　）
2. 产品入库以后由于保管不善等原因而损坏贬值的损失，应作为废品损失处理。（　）

四、实训题

某企业生产 A 产品，合格品为 190 件，不可修复废品为 10 件。共发生工时 20 000 小时，其中废品工时 1 500 小时。本期生产费用合计：直接材料 80 000 元；直接人工 44 000 元；制造费用 76 000 元；废品残值回收 800 元。原材料在开始生产时一次性投入。

要求：根据上述资料单独核算废品损失，按废品所耗实际费用计算废品损失，填写不可修复废品损失计算表（见表 3-25），并编制有关业务的会计分录。

表 3-25　不可修复废品损失计算表　　　　　　　　　　　　　　　　　元

项　目	产　量	直接材料	生产工时/小时	直接人工	制造费用	合　计
费用总额						
费用分配率	—		—			—
废品成本						
废品残值						
废品净损失	—					

任务四　分配结转产品生产成本

任务情境

情境描述

江海机床集团下属全资子公司转向器厂生产的转向器需要经过 3 道生产工序。2023 年 5 月，有关产品生产及成本业务如下：

① 月初无在产品，本月发生的生产费用为：直接材料 555 000 元；燃料及动力 43 680 元；直接人工 154 700 元；制造费用 54 600 元。

② 转向器在 3 道工序的投料定额为：第一道工序 50 套；第二道工序 30 套；第三道工序 20 套。投料方式为：第一道工序在生产开始时一次性投入；第二、三道工序在生产过程中均衡投料。

③ 转向器定额工时为 50 小时。其中，第一道工序 30 小时，第二道工序 12 小时，第三道工序 8 小时。各工序在产品在所在工序的完工率均为 50%。

④ 本月完工产品 800 件，月末在产品 200 件。其中，第一道工序在产品 100 件，第二道工序在产品 60 件，第三道工序在产品 40 件。

任务要求

计算月末在产品的约当产量，填写表 3-26 和表 3-27；分配各项成本，填写转向器产品成本计算单，如表 3-28 所示；编制结转完工产品成本的会计分录。

表 3-26　月末在产品约当产量计算表（按投料率计算）

2023 年 5 月

工　序	投料定额/套	在产品投料率	月末在产品数量/件	在产品约当产量/件
1				
2				
3				
合　计				

表 3-27　月末在产品约当产量计算表（按完工率计算）

2023 年 5 月

工　序	工时定额/小时	在产品完工率	月末在产品数量/件	在产品约当产量/件
1				
2				
3				
合　计				

单位产品直接材料成本＝

单位产品燃料及动力成本＝

单位产品直接人工成本＝

单位产品制造费用＝

完工产品直接材料成本＝

在产品直接材料成本＝

完工产品燃料及动力成本＝

在产品燃料及动力成本＝

完工产品直接人工成本＝

在产品直接人工成本＝

完工产品制造费用＝

在产品制造费用＝

表 3-28　产品成本计算单

产品：转向器　　　　2023 年 5 月　　　完工产量：800 件　　　　　　元

成本项目	直接材料	燃料及动力	直接人工	制造费用	合　计
月初在产品成本					
本月发生生产成本					
本月生产成本合计					
完工产品单位成本					
完工产品成本					
月末在产品成本					

任务分析

在辅助生产成本、制造费用及生产损失等账户账面成本分配和结转后，应计入产品成本的直接费用和间接费用都已分别归集到"基本生产成本"账户各明细账户的"直接材料""直接人工""制造费用"等成本项目，形成了本期生产产品的全部成本。其关系式为：

月初在产品成本+本月发生生产成本=本月完工产品成本+月末在产品成本

根据账务处理流程，账面成本费用分配结转的最后一项任务是将"基本生产成本"账户的账面成本分配给完工产品和在产品。将完工产品成本结转到"库存商品"账户，在产品成本即为本期期末账面余额。

在成本分配前，首先检查和确定应记入"基本生产成本"账户各明细账的记账凭证已全部登记入账，然后计算本月发生的生产成本，对"基本生产成本"账户各明细账结计"本月发生额合计"，再将月初在产品成本与本月发生生产成本合计，结计本月生产成本合计。数据核对无误后，采用适当的方法在完工产品和在产品之间分配成本，计算结转完工产品成本。

分配结转完工产品常用的分配方法有不计算在产品成本法、在产品成本按年初固定数计算法、在产品按所耗直接材料成本计价法、约当产量比例法、在产品按定额成本计价法、定额比例法、在产品按完工产品成本计价法等。

计算完工产品成本应填制产品成本计算单，作为结转完工产品成本账务处理的原始凭证。产品成本计算单的主要构成要素包括成本计算对象、计算期、当期费用合计、完工产品产量、在产品产量、生产成本分配方法、完工产品单位成本、完工产品总成本及在产品成本等。

7种分配方法分别适用于不同生产特点和管理要求的企业。应用最为广泛的是约当产量比例法，这也是学习重点，难点是折算在产品约当产量的投料率、完工率的计算。

相关知识

一、不计算在产品成本法

不计算在产品成本法是指当月发生的生产成本全部由当月完工产品负担，在产品成本为0。采用这种方法计算出的本月完工产品的总成本等于该产品生产成本明细账中归集的全部生产成本。其计算公式为：

本月完工产品成本=本月生产成本合计

这种方法一般适用于生产周期较短、单步骤生产的企业——期末没有在产品，或者偶然有在产品但数量很少，在产品成本的计算与否对完工产品的成本影响很小，可以不计算在产品成本。例如，发电厂、自来水公司、煤矿等企业。

例 3-9 某企业2023年5月大量生产甲产品。甲产品生产周期较短，月末在产品数量很少，计算产品成本时采用不计算在产品成本法。本月甲产品投入直接材料50 000元、直接人工10 000元、制造费用2 000元。月末，甲产品完工入库200件，完工产品成本的计算如表3-29所示。

表3-29 产品成本计算单

产品：甲产品　　　　　　　　　　2023年5月　　　　完工产量：200件　　　　　　　　　元

成本项目	直接材料	直接人工	制造费用	合　计
月初在产品成本				

（续表）

成本项目	直接材料	直接人工	制造费用	合　计
本月发生生产成本	50 000.00	10 000.00	2 000.00	62 000.00
本月生产成本合计	50 000.00	10 000.00	2 000.00	62 000.00
完工产品单位成本/（元/件）	250.00	50.00	10.00	310.00
完工产品成本	50 000.00	10 000.00	2 000.00	62 000.00
月末在产品成本				

根据产品成本计算单编制完工产品入库的会计分录如下。

借：库存商品——甲产品　　　　　　　　　　　　　　　62 000.00
　　贷：基本生产成本——甲产品　　　　　　　　　　　　　62 000.00

二、在产品成本按年初固定数计算法

在产品成本按年初固定数计算法是指每个年度的1至11月的月末在产品成本都按年初在产品成本计算，固定不变。每月发生的生产成本合计就是该月完工产品的总成本；12月对在产品进行盘点确定年末在产品成本，倒挤12月完工产品成本。

1至11月各月完工产品成本=当月生产成本发生额合计

12月完工产品成本=月初在产品成本（年初固定数）+本月发生生产成本-
月末在产品成本（实际盘点数）

这种方法适用于月末在产品数量较多且稳定，各月在产品成本变化不大的企业。例如，持续稳定生产的水泥、化工生产等企业。

例 3-10　某企业2023年5月生产的乙产品月末在产品数量比较稳定，按年初固定数计算乙产品在产品成本为20 000元。其中，直接材料12 000元，直接人工5 000元，制造费用3 000元。本月生产乙产品投入直接材料60 000元、直接人工18 000元、制造费用12 000元。月末，乙产品完工入库500件，完工产品成本的计算如表3-30所示。

表3-30　产品成本计算单

产品：乙产品　　　　　　　　2023年5月　　　　完工产量：500件　　　　　　元

成本项目	直接材料	直接人工	制造费用	合　计
月初在产品成本	12 000.00	5 000.00	3 000.00	20 000.00
本月发生生产成本	60 000.00	18 000.00	12 000.00	90 000.00
本月生产成本合计	72 000.00	23 000.00	15 000.00	110 000.00
完工产品单位成本/（元/件）	120.00	36.00	24.00	180.00
完工产品成本	60 000.00	18 000.00	12 000.00	90 000.00
月末在产品成本	12 000.00	5 000.00	3 000.00	20 000.00

根据产品成本计算单编制完工产品入库的会计分录如下。

借：库存商品——乙产品　　　　　　　　　　　　　　　90 000.00
　　贷：基本生产成本——乙产品　　　　　　　　　　　　　90 000.00

三、在产品按所耗直接材料成本计价法

在产品按所耗直接材料成本计价法是指月末在产品成本只计算其所耗用的直接材料成本，不计算直接人工和制造费用。当期产品生产的加工费用全部计入完工产品成本。其计算公式为：

$$月末在产品成本 = 月末在产品耗用的直接材料成本$$

$$本月完工产品成本 = 月初在产品材料成本 + 本月发生生产成本 - 月末在产品材料成本$$

这种方法适用于直接材料成本在生产成本中所占的比重较大，且生产较为均衡、稳定的企业，在产品不负担加工成本不会引起各期产品成本水平出现较大差异。

例 3-11 某企业生产丙产品，月末在产品只计算直接材料成本。其月初在产品直接材料成本为 11 000 元，本月生产丙产品投入直接材料 44 000 元、直接人工 4 500 元、制造费用 4 050 元。本月，丙产品完工入库 450 件，月末在产品 50 件。原材料费用按完工产品和月末在产品数量比例分配。其分配计算如下。

$$直接材料分配率 = \frac{11\,000 + 44\,000}{450 + 50} = 110（元/件）$$

完工产品应分配直接材料 = 450 × 110 = 49 500（元）

月末在产品应分配直接材料 = 50 × 110 = 5 500（元）

根据上述结果，编制产品成本计算单，如表 3-31 所示。

表 3-31 产品成本计算单

产品：丙产品　　　　2023 年 5 月　　　　完工产量：450 件　　　　元

成本项目	直接材料	直接人工	制造费用	合　计
月初在产品成本	11 000.00			11 000.00
本月发生生产成本	44 000.00	4 500.00	4 050.00	52 550.00
本月生产成本合计	55 000.00	4 500.00	4 050.00	63 550.00
完工产品单位成本/（元/件）	110.00	10.00	9.00	129.00
完工产品成本	49 500.00	4 500.00	4 050.00	58 050.00
月末在产品成本	5 500.00			5 500.00

根据产品成本计算单编制完工产品入库的会计分录如下。

借：库存商品——丙产品　　　　　　　　　　　　　58 050.00
　　贷：基本生产成本——丙产品　　　　　　　　　　58 050.00

四、约当产量比例法

约当产量比例法是指将月末在产品数量按其完工程度折算为相当于完工产品的数量，即约当产量，然后按完工产品产量与在产品约当产量的比例计算和分配完工产品成本和月末在产品成本。

微课：约当产量比例法

（一）产品成本分配计算过程

1. 计算在产品约当产量

$$在产品约当产量 = 月末在产品数量 \times 在产品投料率或完工率$$

按投料率（投料程度）折算的在产品约当产量，用于分配"直接材料"成本项目当期费用；按完工率（完工程度）折算的在产品约当产量，用于分配"直接人工""制造费用"等加工费用各成本项目的当期费用。

2. 按成本项目分别计算单位产品成本（产品成本分配率）

$$单位产品（某成本项目）成本 = \frac{本月（该成本项目）成本合计}{完工产品数量 + 在产品约当产量}$$

企业生产成本明细账划分为几个成本项目，分别计算几个成本项目的单位产品成本。分配"直接材料"成本项目，公式中的"在产品约当产量"采用投料率折算；分配其他加工费用成本项目，采用"完工率"折算在产品约当产量。单位产品成本精确到分位（保留2位小数）。

3. 按成本项目分别计算和分配完工产品成本和在产品成本

$$完工产品（某成本项目）成本 = 完工产品产量 \times （该成本项目）单位成本$$
$$在产品（某成本项目）成本 = 在产品约当产量 \times （该成本项目）单位成本$$

当单位成本有四舍五入时，尾差应计给在产品成本。在产品成本的计算公式为：

$$在产品（某成本项目）成本 = 本月（某成本项目）成本合计 - 完工产品（某成本项目）成本$$

4. 计算完工产品总成本和单位成本

$$完工产品总成本 = \sum 完工产品各成本项目成本$$
$$完工产品单位成本 = \sum 各成本项目单位成本$$

这种方法适用于产品数量较多、各月在产品数量变化较大，且生产成本中直接材料成本占比不是特别大的企业。计算在产品约当产量需要准确确定在产品的投料率和完工率。

（二）在产品投料率的确定

月末在产品应负担的材料费用与投料方式相关。在产品的投料率是指在产品已投材料占完工产品应投材料的百分比。在实际工作中，材料投入的形式有：一次性投料和陆续投料。一次性投料分为在生产开始时一次性投料和在每道工序开始时一次性投料两种方式；陆续投料分为在生产过程中随加工进度陆续投料和在每道工序生产中陆续投料两种方式。

微课：投料率的确定（一）

1. 原材料在生产开始时一次性投入

当原材料在生产开始时一次性投入时，在产品投料程度与完工产品投料程度相同，投料率均为100%。不论在产品加工程度如何，单位在产品耗用的材料费用与单位完工产品耗用的材料费用是相等的。因此，用以分配材料费用的在产品约当产量即为在产品的实际数量。

例 3-12 某产品本月完工 200 件、月末在产品 50 件，原材料在生产开始时一次性投入。月初和本月发生的直接材料成本 28 000 元，计算完工产品和月末在产品的直接材料成本。

月末在产品的约当产量=50×100%=50（件）

单位产品直接材料成本=$\dfrac{28\,000}{200+50}$=112（元/件）

完工产品直接材料成本=200×112=22 400.00（元）

在产品直接材料成本=28 000.00−22 400.00=5 600.00（元）

2. 原材料在每道工序开始时一次性投入

在产品生产的每道生产工序开始时投入本工序所需的全部材料，则每道工序的月末在产品应负担的材料费用为截至该工序的累计投料定额。月末在产品的投料率为：

$$\text{某工序月末在产品的投料率}=\dfrac{\text{截至该工序的累计投料定额}}{\text{完工产品投料定额}}\times 100\%$$

例 3-13 某产品本月完工 200 件，在产品 150 件。生产需要经过 3 道工序，每道工序所需要的材料均在各工序开始时一次性投入。各工序材料消耗定额为：第一道工序 50 千克；第二道工序 30 千克；第三道工序 20 千克。各工序月末在产品数量为：第一道工序 80 件；第二道工序 50 件；第三道工序 20 件。月初和本月发生的直接材料成本为 219 105 元。填写月末在产品约当产量计算表（见表 3-32），并分配直接材料成本。

表 3-32　月末在产品约当产量计算表

2023 年 5 月

工序	投料定额/千克	在产品投料率	月末在产品数量/件	在产品约当产量/件
1	50	$\dfrac{50}{100}\times 100\%=50\%$	80	80×50%=40
2	30	$\dfrac{50+30}{100}\times 100\%=80\%$	50	50×80%=40
3	20	$\dfrac{50+30+20}{100}\times 100\%=100\%$	20	20×100%=20
合计	100		150	100

单位产品直接材料成本=$\dfrac{219\,105}{200+100}$=730.35（元/件）

完工产品直接材料成本=200×730.35=146 070.00（元）

在产品直接材料成本=219 105.00−146 070.00=73 035.00（元）

微课：投料率的确定（二）

3. 在生产过程中随加工进度陆续投料

当原材料在生产过程中随着加工进度陆续投入时，在产品投料率与完工率相同。此时，分配材料费用及加工费用等各成本项目均按完工程度折算在产品约当产量。

当企业持续生产，在产品均衡分布于生产线上时，所有在产品的平均完工程度为 50%，因此这种生产条件下所有在产品的平均投料率就是 50%。

4. 原材料在每道工序生产中陆续投料

多步骤生产的产品在生产过程中陆续投料，由于每道工序的材料消耗量不同，以及在产品数量不均衡，因此各工序的在产品需要分别计算投料率。其计算公式为：

$$\text{某工序在产品投料率}=\dfrac{\text{前面工序累计投料定额}+\text{本工序投料定额}\times 50\%}{\text{完工产品投料定额}}\times 100\%$$

例 3-14 按例 3-13 的资料，假定产品所耗材料是在每道工序陆续投入的，计算月末在产品的约当产量，如表 3-33 所示。

表 3-33　月末在产品约当产量计算表

2023 年 5 月

工　序	投料定额/千克	在产品投料率	月末在产品数量/件	在产品约当产量/件
1	50	$\dfrac{50\times 50\%}{100}\times 100\%=25\%$	80	80×25%=20
2	30	$\dfrac{50+30\times 50\%}{100}\times 100\%=65\%$	50	50×65%=32.50
3	20	$\dfrac{50+30+20\times 50\%}{100}\times 100\%=90\%$	20	20×90%=18
合　计	100		150	70.50

单位产品直接材料成本=$\dfrac{219\,105}{200+70.50}$=810.00（元/件）

完工产品直接材料成本=200×810=162 000.00（元）

在产品直接材料成本=219 105.00-162 000.00=57 105.00（元）

（三）在产品完工率的确定

月末在产品应负担的加工费用（包括人工费用、制造费用、燃料及动力费用等）与产品的完工程度相关。产品的完工率是指某产品已消耗工时占生产该产品所需全部工时的比例。完工率的确定通常有以下两种形式。

1. 按平均完工程度 50%计算

当企业生产进度比较均衡，各道工序在产品数量和加工量都相差不大时，前后各工序的在产品加工程度相互弥补，全部在产品的平均完工程度均为 50%。

微课：完工率的确定

例 3-15 某产品本月完工 400 件，月末在产品 160 件。原材料随着加工进度陆续投入，月末在产品完工率测定为 50%。月初和本月发生的直接材料为 31 200 元、直接人工为 17 280 元、制造费用为 13 440 元。产品的各项成本分配如下。

月末在产品约当产量=160×50%=80（件）

单位产品直接材料成本=$\dfrac{31\,200}{400+80}$=65.00（元/件）

单位产品直接人工成本=$\dfrac{17\,280}{400+80}$=36.00（元/件）

单位产品制造费用=$\dfrac{13\,440}{400+80}$=28.00（元/件）

完工产品直接材料成本=400×65.00=26 000.00（元）

在产品直接材料成本=31 200.00-26 000.00=5 200.00（元）

完工产品直接人工成本=400×36.00=14 400.00（元）

在产品直接人工成本=17 280-14 400.00=2 880.00（元）

完工产品制造费用=400×28=11 200.00（元）

在产品制造费用=13 440−11 200=2 240.00（元）
根据该产品完工产品成本编制完工产品入库的会计分录如下。
  借：库存商品——某产品   51 600.00
    贷：基本生产成本——某产品   51 600.00

2. 按各工序的累计工时定额占完工产品工时定额的比例计算

当企业各工序在产品数量和加工工时差别较大时，需要按工序分别计算在产品的完工率。其计算公式为：

$$某工序在产品完工率=\frac{前面各工序工时定额之和+本工序工时定额\times 50\%}{完工产品工时定额}\times 100\%$$

例 3-16 按例 3-13 的资料，某产品由 3 道工序制成，产品的工时定额为 50 小时，每道工序的工时定额分别为 25 小时、15 小时和 10 小时。月初和本月发生的直接人工为 157 500 元、制造费用为 56 250 元。计算月末在产品约当产量（见表 3-34），并进行费用分配。

表 3-34　月末在产品约当产量计算表
2023 年 5 月

工序	工时定额/小时	在产品完工率	月末在产品数量/件	在产品约当产量/件
1	25	$\frac{25\times 50\%}{50}\times 100\%=25\%$	80	80×25%=20
2	15	$\frac{25+15\times 50\%}{50}\times 100\%=65\%$	50	50×65%=32.50
3	10	$\frac{25+15+10\times 50\%}{50}\times 100\%=90\%$	20	20×90%=18
合　计	50		150	70.50

单位产品直接人工成本=$\frac{157\ 500}{200+70.5}$=582.26（元/件）

单位产品制造费用=$\frac{56\ 250}{200+70.5}$=207.95（元/件）

完工产品直接人工成本=200×582.26=116 452.00（元）
在产品直接人工成本=157 500−116 452.00=41 048.00（元）
完工产品制造费用=200×207.95=41 590.00（元）
在产品制造费用=56 250−41 590=14 660.00（元）

五、在产品按定额成本计价法

在产品按定额成本计价法是指月末在产品成本按定额成本计算，再以当期账面费用合计减去按定额成本计算的月末在产品成本，余额作为完工产品成本。每月生产成本脱离定额的节约差异或超支差异全部计入当月完工产品成本。

月末在产品成本=月末在产品数量×在产品单位定额成本
完工产品成本=月初在产品成本+本月发生生产成本−月末在产品成本

这种方法适用于各项消耗定额或成本定额比较准确、稳定，而且生产均衡，各月月末

微课：完工产品与在产品成本分配（二）

在产品数量变化不是很大的产品。这种方法是事先经过调查研究、技术测定或按定额资料，对各个加工阶段的在产品直接确定一个单位定额成本的方法。

例 3-17 按例 3-15 的资料，某产品本月完工 400 件、月末在产品 160 件。在产品单位定额成本为：直接材料 40 元/件；直接人工 20 元/件；制造费用 15 元/件。该产品月初和本月发生的直接材料为 31 220 元、直接人工为 17 280 元、制造费用为 13 440 元。按定额成本计算在产品及完工产品成本。计算结果如表 3-35 所示。

表 3-35 在产品及完工产品成本计算表   元

成本项目	在产品成本	完工产品成本
直接材料	40×160=6 400.00	31 220-6 400=24 820.00
直接人工	20×160=3 200.00	17 280-3 200=14 080.00
制造费用	15×160=2 400.00	13 440-2 400=11 040.00
合　计	12 000.00	49 940.00

根据该产品完工产品总成本编制完工产品验收入库的会计分录如下。

借：库存商品——某产品　　　　　　　　　　　　　　　　49 940.00
　　贷：基本生产成本——某产品　　　　　　　　　　　　　　49 940.00

六、定额比例法

定额比例法是指产品的生产成本在完工产品和月末在产品之间按照两者的定额消耗量或定额成本比例分配。分配直接材料成本时，按直接材料的定额消耗量或定额成本比例分配；分配直接人工、制造费用等加工成本时，按定额工时或定额成本比例分配。

这种方法适用于各项消耗定额或成本定额资料完备且比较准确，各月在产品数量变动较大的产品。

其计算分配过程如下。

① 计算成本分配率。

$$成本分配率=\frac{月初在产品成本+本月发生生产成本}{完工产品定额材料成本或定额工时+月末在产品定额材料成本或定额工时}$$

② 计算完工产品成本。

完工产品直接材料成本=完工产品定额材料成本×直接材料成本分配率
完工产品直接人工成本=完工产品定额工时×直接人工成本分配率
完工产品制造费用=完工产品定额工时×制造费用分配率

③ 按成本项目计算月末在产品成本。

月末在产品成本=月初在产品成本+本月发生生产成本-本月完工产品成本

例 3-18 某产品本月完工产品产量 300 件，在产品数量 40 件。单位产品消耗定额为：直接材料 200 千克。直接人工 100 小时。单位在产品材料定额 200 千克，工时定额 50 小时。有关成本资料如表 3-36 所示。要求按定额比例法计算在产品成本及完工产品成本。

表 3-36　月初在产品成本和本期发生生产成本汇总表　　　　　　　　　　　　　　　　　元

成本项目	直接材料	直接人工	制造费用	合　计
月初在产品成本	400 000.00	40 000.00	56 000.00	496 000.00
本期发生生产成本	960 000.00	440 000.00	520 000.00	1 920 000.00
合　计	1 360 000.00	480 000.00	576 000.00	2 416 000.00

① 计算成本分配率。

直接材料成本分配率 = $\dfrac{1\,360\,000}{200\times 300+200\times 40}$ = 20.00（元/千克）

直接人工成本分配率 = $\dfrac{480\,000}{100\times 300+50\times 40}$ = 15.00（元/小时）

制造费用分配率 = $\dfrac{576\,000}{100\times 300+50\times 40}$ = 18.00（元/小时）

② 计算完工产品成本。
直接材料成本 = 200×300×20 = 1 200 000.00（元）
直接人工成本 = 100×300×15 = 450 000.00（元）
制造费用 = 100×300×18 = 540 000.00（元）

③ 计算在产品成本。
直接材料成本 = 1 360 000 − 1 200 000 = 160 000.00（元）
直接人工成本 = 480 000 − 450 000 = 30 000.00（元）
制造费用 = 576 000 − 540 000 = 36 000.00（元）

④ 编制会计分录。
借：库存商品——某产品　　　　　　　　　　　　　　　　2 190 000.00
　　贷：基本生产成本——某产品　　　　　　　　　　　　　　2 190 000.00

七、在产品按完工产品成本计价法

在产品按完工产品成本计价法是将月末在产品视同完工产品分配生产费用的方法。其特点是一件在产品与一件完工产品承担相同的生产成本，月末可按完工产品与月末在产品的数量比例直接分配生产费用。该方法适用于月末在产品已接近完工，或者产品已经加工完毕但尚未验收或包装入库的产品。

任务实现

江海机床集团转向器厂本期产品生产成本的账务处理如下。
① 按投料率计算月末在产品约当产量，如表 3-37 所示。

表 3-37　月末在产品约当产量计算表（按投料率计算）

2023 年 5 月

工序	投料定额/套	在产品投料率	月末在产品数量/件	在产品约当产量/件
1	50	$\dfrac{50\times 100\%}{100}\times 100\% = 50\%$	100	100×50% = 50
2	30	$\dfrac{50+30\times 50\%}{100}\times 100\% = 65\%$	60	60×65% = 39

（续表）

工 序	投料定额/套	在产品投料率	月末在产品数量/件	在产品约当产量/件
3	20	$\frac{50+30+20\times50\%}{100}\times100\%=90\%$	40	40×90%=36
合 计	100		200	125

② 按完工率计算月末在产品约当产量，如表 3-38 所示。

表 3-38　月末在产品约当产量计算表（按完工率计算）

2023 年 5 月

工 序	工时定额/小时	在产品完工率	月末在产品数量/件	在产品约当产量/件
1	30	$\frac{30\times50\%}{50}\times100\%=30\%$	100	100×30%=30
2	12	$\frac{30+12\times50\%}{50}\times100\%=72\%$	60	60×72%=43.2
3	8	$\frac{30+12+8\times50\%}{50}\times100\%=92\%$	40	40×92%=36.8
合 计	50		200	110

③ 计算产品各成本项目单位成本。

单位产品直接材料成本=$\frac{555\,000}{800+125}$=600（元/件）

单位产品燃料及动力成本=$\frac{43\,680}{800+110}$=48（元/件）

单位产品直接人工成本=$\frac{154\,700}{800+110}$=170（元/件）

单位产品制造费用=$\frac{54\,600}{800+110}$=60（元/件）

④ 计算各成本项目完工产品成本与在产品成本。

完工产品直接材料成本=800×600=480 000.00（元）
在产品直接材料成本=555 000-480 000=75 000.00（元）
完工产品燃料及动力成本=800×48=38 400.00（元）
在产品燃料及动力成本=43 680-38 400=5 280.00（元）
完工产品直接人工成本=800×170=136 000.00（元）
在产品直接人工成本=154 700-136 000=18 700.00（元）
完工产品制造费用=800×60=48 000.00（元）
在产品制造费用=54 600-48 000=6 600.00（元）

⑤ 填制产品成本计算单，如表 3-39 所示。

表 3-39　产品成本计算单

产品：转向器　　　　　　2023 年 5 月　　　完工产量：800 件　　　　　　元

成本项目	直接材料	燃料及动力	直接人工	制造费用	合 计
月初在产品成本	0	0	0	0	0
本月发生生产成本	555 000.00	43 680.00	154 700.00	54 600.00	807 980.00

（续表）

成本项目	直接材料	燃料及动力	直接人工	制造费用	合　计
本月生产成本合计	555 000.00	43 680.00	154 700.00	54 600.00	807 980.00
完工产品单位成本／（元/件）	600.00	48.00	170.00	60.00	878.00
完工产品成本	480 000.00	38 400.00	136 000.00	48 000.00	702 400.00
月末在产品成本	75 000.00	5 280.00	18 700.00	6 600.00	105 580.00

⑥ 依据表 3-39 编制结转完工产品成本的会计分录如下。

借：库存商品——转向器　　　　　　　　　　　　　　　702 400.00
　　贷：基本生产成本——转向器　　　　　　　　　　　　702 400.00

任务总结

① 分配完工产品成本的 7 种方法及适用范围，如图 3-2 所示。

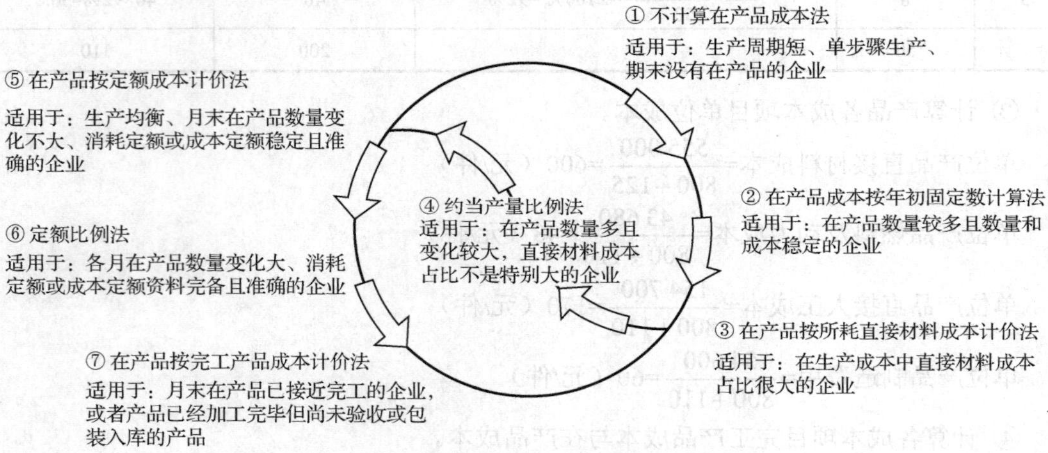

① 不计算在产品成本法
适用于：生产周期短、单步骤生产、期末没有在产品的企业

② 在产品成本按年初固定数计算法
适用于：在产品数量较多且数量和成本稳定的企业

③ 在产品按所耗直接材料成本计价法
适用于：在生产成本中直接材料成本占比很大的企业

④ 约当产量比例法
适用于：在产品数量多且变化较大，直接材料成本占比不是特别大的企业

⑤ 在产品按定额成本计价法
适用于：生产均衡、月末在产品数量变化不大、消耗定额或成本定额稳定且准确的企业

⑥ 定额比例法
适用于：各月在产品数量变化大、消耗定额或成本定额资料完备且准确的企业

⑦ 在产品按完工产品成本计价法
适用于：月末在产品已接近完工的企业，或者产品已经加工完毕但尚未验收或包装入库的产品

图 3-2　完工产品成本计算方法及适用范围

② 约当产量比例法的计算程序如图 3-3 所示。

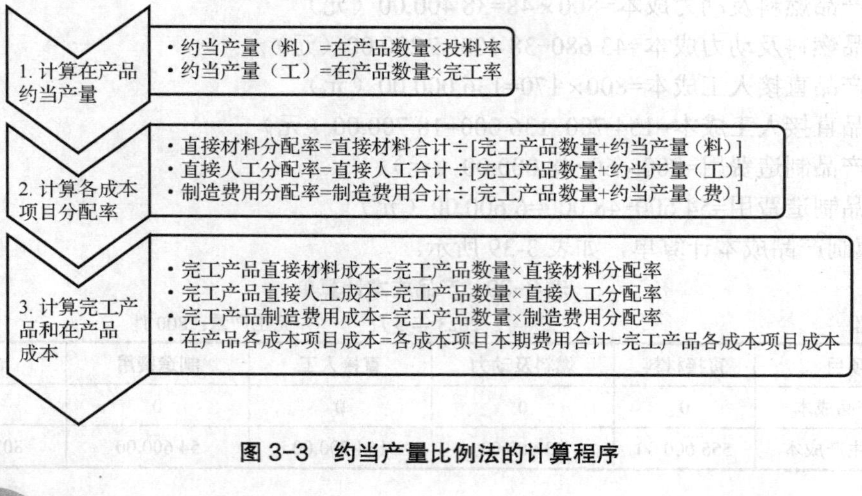

1. 计算在产品约当产量
- 约当产量（料）=在产品数量×投料率
- 约当产量（工）=在产品数量×完工率

2. 计算各成本项目分配率
- 直接材料分配率=直接材料合计÷[完工产品数量+约当产量（料）]
- 直接人工分配率=直接人工合计÷[完工产品数量+约当产量（工）]
- 制造费用分配率=制造费用合计÷[完工产品数量+约当产量（费）]

3. 计算完工产品和在产品成本
- 完工产品直接材料成本=完工产品数量×直接材料分配率
- 完工产品直接人工成本=完工产品数量×直接人工分配率
- 完工产品制造费用成本=完工产品数量×制造费用分配率
- 在产品各成本项目成本=各成本项目本期费用合计-完工产品各成本项目成本

图 3-3　约当产量比例法的计算程序

③ 投料方式与投料率计算如图 3-4 所示。

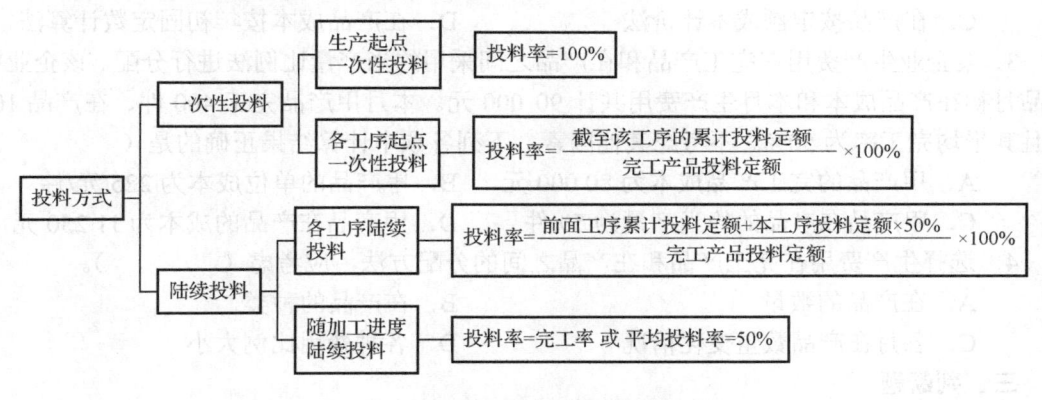

图 3-4 投料方式与投料率计算

投料方式：
- 一次性投料
  - 生产起点一次性投料：投料率=100%
  - 各工序起点一次性投料：投料率= $\dfrac{\text{截至该工序的累计投料定额}}{\text{完工产品投料定额}} \times 100\%$
- 陆续投料
  - 各工序陆续投料：投料率= $\dfrac{\text{前面工序累计投料定额}+\text{本工序投料定额}\times 50\%}{\text{完工产品投料定额}} \times 100\%$
  - 随加工进度陆续投料：投料率=完工率 或 平均投料率=50%

④ 在产品特点与完工率计算如图 3-5 所示。

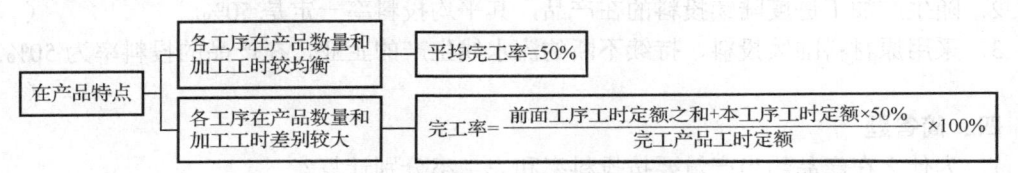

图 3-5 在产品特点与完工率计算

在产品特点：
- 各工序在产品数量和加工工时较均衡：平均完工率=50%
- 各工序在产品数量和加工工时差别较大：完工率= $\dfrac{\text{前面工序工时定额之和}+\text{本工序工时定额}\times 50\%}{\text{完工产品工时定额}} \times 100\%$

任务测试

一、单项选择题

1. 企业月末在产品数量较多，各月在产品数量变化不大时，最适宜将产品生产费用在完工产品和月末在产品之间分配的方法是（　　）。
　　A．定额比例法　　　　　　　　B．不计算在产品成本法
　　C．约当产量比例法　　　　　　D．在产品成本按年初固定数计算法

2. A 产品要经 3 道工序加工完成，各工序的材料消耗比例分别为 50%、35%和 15%。材料在每道工序开始时一次性投入，则第二道工序在产品的投料率为（　　）。
　　A．100%　　　B．50%　　　C．85%　　　D．35%

3. B 产品要经 3 道工序加工完成，各工序月末在产品的数量分别为 100 件、120 件和 150 件，各工序在产品的完工率分别为 30%、60%和 80%，则月末在产品的约当产量为（　　）件。
　　A．370　　　B．185　　　C．200　　　D．222

二、多项选择题

1. 采用约当产量比例法计算在产品成本时，需要按完工率确定在产品的约当产量进行分配的生产费用是（　　）。
　　A．直接材料　　B．直接人工　　C．燃料及动力　　D．制造费用

2. 下列各项中，属于生产费用在完工产品和在产品之间进行分配的方法有（　　）。

A. 顺序分配法 B. 约当产量比例法
C. 在产品按定额成本计价法 D. 在产品成本按年初固定数计算法

3. 某企业生产费用在完工产品和在产品之间采用约当产量比例法进行分配。该企业甲产品月初在产品成本和本月生产费用共计 90 000 元。本月甲产品完工 400 件、在产品 100 件且其平均完工率为 50%。不考虑其他因素，下列各项中计算结果正确的是（　　）。

A. 甲产品的完工产品成本为 80 000 元 B. 甲产品的单位成本为 225 元/件
C. 甲产品在产品的约当产量为 50 件 D. 甲产品在产品的成本为 11 250 元

4. 选择生产费用在完工产品和在产品之间的分配方法，应考虑（　　）。

A. 在产品的数量 B. 在产品的种类
C. 各月在产品数量变化情况 D. 各种费用比例大小

三、判断题

1. 月初在产品定额费用加本月定额费用等于月末产品定额费用加月末在产品定额费用。（　）
2. 随生产加工进度陆续投料的在产品，其平均投料率一定是 50%。（　）
3. 采用原材料陆续投料、持续不断的流水线生产的企业，在产品的投料率为 50%。（　）

四、简答题

1. 为什么在产品约当产量要按投料率和完工率分别计算？
2. 生产成本在完工产品和在产品之间分配的方法分别适用的条件是什么？

五、实训题

1. 在产品成本按年初固定数计算法训练。

某企业生产 A 产品，月末在产品数量比较稳定。2023 年 5 月，按年初固定数计算 A 产品在产品的成本为 40 000 元。其中，直接材料 20 000 元，直接人工 12 000 元，制造费用 8 000 元。本月生产 A 产品投入直接材料 66 000 元、直接人工 20 000 元、制造费用 18 000 元。月末，A 产品完工入库 500 件。

要求：进行完工产品成本的计算（见表 3-40），并编制相关会计分录。

表 3-40　产品成本计算单

产品：A 产品　　　　　　　　　　2023 年 5 月　　　　完工产量：500 件　　　　　　　　元

成本项目	直接材料	直接人工	制造费用	合　计
月初在产品成本				
本月发生生产成本				
本月生产成本合计				
完工产品单位成本/（元/件）				
完工产品成本				
月末在产品成本				

2. 在产品按所耗直接材料成本计价法训练。

某企业生产 B 产品，月末在产品只计算直接材料成本。其月初在产品直接材料成本为 5 600 元，本月生产 B 产品投入直接材料 10 330 元、直接人工 9 000 元、制造费用 8 000 元。月末 B 产品完工入库 760 件、在产品 420 件。原材料在生产开始时一次性投入。

要求：① 计算直接材料分配率。
② 计算完工产品应分配直接材料。
③ 计算月末在产品应分配直接材料。
④ 依据上述结果，编制产品成本计算单，如表 3-41 所示。

表 3-41 产品成本计算单

产品：B 产品　　　　　　　　　　　2023 年 5 月　　　完工产量：760 件　　　　　　　　　　　　　元

成本项目	直接材料	直接人工	制造费用	合　计
月初在产品成本				
本月发生生产成本				
本月生产成本合计				
完工产品单位成本/（元/件）				
完工产品成本				
月末在产品成本				

⑤ 编制相关会计分录。

3．约当产量比例法训练。

某公司生产 C 产品，经过 3 道工序制成，各工序在生产开始时一次性投入本工序所需材料。本月完工产量 1 800 件。各工序定额及生产情况如表 3-42 至表 3-45 所示。

表 3-42 C 产品工时定额　　　　　　　　　　　　　　　　　　　　　　　　　　小时

工　序	1	2	3	合　计
工时定额	50	30	20	100

表 3-43 C 产品直接材料消耗定额　　　　　　　　　　　　　　　　　　　　　千克

工　序	1	2	3	合　计
直接材料消耗定额	400	160	240	800

表 3-44 C 产品月末在产品数量　　　　　　　　　　　　　　　　　　　　　件

工　序	1	2	3	合　计
在产品数量	120	40	40	200

表 3-45 C 产品生产费用情况　　　　　　　　　　　　　　　　　　　　　　　元

成本项目	直接材料	直接人工	制造费用	合　计
月初在产品成本	5 600.00	4 200.00	3 800.00	13 600.00
本月生产费用	420 000.00	120 000.00	128 000.00	668 000.00
合　计	425 600.00	124 200.00	131 800.00	681 600.00

要求：① 填制在产品完工率和约当产量计算表，如表 3-46 所示。

表 3-46 在产品完工率和约当产量计算表
2023 年 5 月

工　序	工时定额/小时	在产品完工率	月末在产品数量/件	在产品约当产量/件
1				

工　序	工时定额/小时	在产品完工率	月末在产品数量/件	在产品约当产量/件
2				
3				
合　计				

② 填制在产品投料率和约当产量计算表，如表 3-47 所示。

表 3-47　在产品投料率和约当产量计算表

2023 年 5 月

工　序	投料定额/千克	在产品投料率	月末在产品数量/件	在产品约当产量/件
1				
2				
3				
合　计				

③ 计算单位产品各成本项目的成本。

④ 计算完工产品成本，并填制 C 产品成本计算单，如表 3-48 所示。

表 3-48　产品成本计算单

产品：C 产品　　　　　　　　2023 年 5 月　　　　　完工产量：1 800 件　　　　　　　元

成本项目	直接材料	直接人工	制造费用	合　计
月初在产品成本				
本月发生生产成本				
本月生产成本合计				
完工产品单位成本/（元/件）				
完工产品成本				
月末在产品成本				

⑤ 编制相关会计分录。

4. 某厂甲产品经 3 道工序加工制成，材料于生产开始时一次性投入。每道工序加工程度均匀分布，工时定额 80 小时。各工序工时定额及本月月末在产品数量分布如表 3-49 所示。

表 3-49　生产资料统计表

工　序	工时定额/小时	月末在产品数量/件
1	20	100
2	40	36
3	20	60
合　计	80	196

要求：① 以定额工时计算各工序在产品完工率。

② 计算月末在产品约当产量。

5. 某企业 200812 批号甲产品本月份投产 10 台，完工 6 台，未完工 4 台。期末各成本项目合计数为：直接材料 12 860 元；直接人工 11 990 元；制造费用 6 620 元。原材料在生产开始时一次性投入，采用约当产量比例法分配完工产品和在产品成本。在产品完工率 60%。

要求：① 按成本项目逐项计算分配完工产品成本。

② 根据计算结果编制结转完工产品成本的会计分录。

6. 某企业生产甲产品，月初在产品数量为 18 件，本月投产 12 件，本月完工 20 件。直接材料在生产开始时一次性投入，按约当产量比例法分配生产成本。

要求：根据上述资料，采用约当产量比例法计算完工产品和在产品成本。按完工率计算在产品约当产量，如表 3-50 所示；填写产品成本计算单，如表 3-51 所示。

表 3-50　在产品约当产量计算表

工　序	在产品完工率	月末在产品数量/件	在产品约当产量/件
1	15%	2	
2	30%	3	
3	60%	4	
4	80%	1	
合　计	—	10	

表 3-51　产品成本计算单

产品：甲产品　　　　　　　　　2023 年 5 月　　　　完工产量：20 件　　　　　　　　元

成本项目	直接材料	燃料及动力	直接工资	制造费用	合　计
本月生产成本合计	25 680	3 660	5 856	7 808	43 004
完工产品单位成本/（元/件）					
完工产品成本					
月末在产品成本					

7. 某产品需要经过 3 道工序制成，产品的原材料消耗定额为 1 000 千克，每道工序中原材料陆续投入。其中，第一道工序原材料消耗定额为 320 千克，第二道工序原材料消耗定额为 480 千克，第三道工序原材料消耗定额为 200 千克。月末在产品数量为第一道工序 100 件、第二道工序 300 件、第三道工序 200 件。当月完工产品为 636 件。月初在产品的原材料成本为 2 400 元，本月发生的原材料成本为 30 000 元。要求：计算分配月末在产品和完工产品的原材料成本。

8. 南方工厂生产的乙产品直接材料成本在产品成本总额中所占比重较大，在产品只计算直接材料成本。乙产品月初在产品成本（在产品直接材料成本）为 25 250 元。本月发生生产成本 96 350 元。其中，直接材料 74 750 元，直接人工 14 400 元，制造费用 7 200 元。乙产品本月完工 9 000 千克，月末在产品 1 000 千克，产品的原材料成本在生产开始时一次性投入。直接材料成本可以按完工产品和月末在产品的数量比例进行分配。要求：根据上述资料计算乙产品的成本，并编制会计分录。

9. 某企业生产乙产品。月初在产品成本为：直接材料 1 400 元；直接人工 600 元；制造费用 200 元。当月发生成本为：直接材料 8 200 元；直接人工 3 000 元；制造费用 1 000 元。完工产品 400 件，单件直接材料成本定额 20 元，单件工时定额 1.25 小时。月末在产

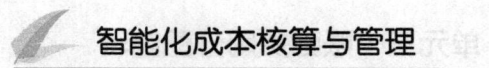

品 100 件，单件原材料定额 20 元，工时定额 1 小时。

要求：采用定额比例法分配计算完工产品和月末在产品成本，记入产品成本明细账，如表 3-52 所示。

表 3-52 产品成本明细账　　　　　　　　　　　　　　　　　　　　　　　　　　　元

成本项目	月初在产品成本	本月发生生产成本	本月生产成本合计	成本分配率	完工产品成本		月末在产品成本	
					定额	实际	定额	实际
直接材料								
直接人工								
制造费用								
合　计								

单元四

产品成本计算方法应用

论会计立场选择与
虚假会计信息防范

▶ 思政目标

1. 强化财经法律意识，遵守会计职业道德，遵守财经法规。
2. 树立正确的世界观、价值观、人生观。
3. 培养爱岗敬业、诚实守信、坚持准则、依法纳税、强化服务等职业道德。
4. 增强责任感，培养精益求精的意识。深刻认识准确计算产品成本对加强企业管理的重要意义，通过成本数据及时发现企业生产和管理中的问题，并提出有效的解决办法。

▶ 知识目标

1. 了解各种成本计算方法应用的典型企业。
2. 熟悉各种成本计算方法的应用范围。
3. 掌握各种成本计算方法的特点。
4. 掌握各种成本计算方法的核算程序及要点。
5. 掌握不同成本计算方法下成本项目设置的变化。
6. 掌握广义、狭义完工产品和在产品的含义。

▶ 技能目标

1. 能够根据生产特点及管理要求选择适当的成本计算方法。
2. 能够运用品种法进行产品成本核算。
3. 能够对生产批次繁多的企业简化制造费用分配，计算完工批次产品成本。
4. 能够对连续式多步骤生产企业运用分项结转分步法计算产品成本。
5. 能够对综合结转分步法下的完工产品成本项目进行成本还原，并填写成本还原计算表。
6. 能够准确计算广义在产品的数量和根据投入产出比计算各生产步骤在产品约当产量，计算结转装配式生产企业的产品成本。
7. 能够运用分类法对一类产品内的各产品设置标准系数并分配完工产品成本。
8. 能够运用定额法分析成本差异并运用定额成本计算产品成本。

任务一 应用品种法

任务情境

情境描述

江海机床集团下属全资子公司转向器厂生产 A、B 两种型号的转向器。生产分为 3 个工艺过程，生产线均布局在转向器厂同一厂房内，没有中间产品。产品生产情况见单元三任务四的情境描述。

微课：品种法（一）

任务要求

① 分析概括转向器厂产品生产的组织、工艺特点。
② 确定转向器生产应采用的成本计算方法。
③ 开设成本明细账。
④ 划分成本项目。
⑤ 设计转向器生产成本核算流程。

任务分析

产品成本计算方法是指成本会计确定成本计算对象、归集生产发生的各项生产费用、分配结转账面费用、计算完工产品总成本与单位成本的方法体系。产品成本计算方法主要受成本计算对象、成本计算期、完工产品成本计算要求 3 个因素的影响。这些因素的不同特征构成不同的成本计算方法，如表 4-1 所示。成本计算方法的关键是根据企业生产特点和管理要求对成本计算对象的确定。

表 4-1 产品成本计算的基本方法

方法名称	成本计算对象	生产组织特点	生产工艺特点	成本管理要求
品种法	产品品种	大量大批生产	单步骤生产	
			多步骤生产	不要求计算分步成本
分批法	生产批次	单件小批生产	单步骤生产	
			多步骤生产	不要求计算分步成本
分步法	生产步骤	大量大批生产	多步骤生产	要求计算分步成本

除上述产品成本计算基本方法外，对于产品品种、规格繁多的制造企业，为简化成本计算，可采用分类法；对于定额管理工作基础较好的企业，为配合和加强生产费用和产品成本的定额管理，可以采用定额法；对于实施作业成本管理的企业，可以采用作业成本法。这些方法是产品成本计算的辅助方法。

品种法是以产品品种作为成本核算对象，归集和分配生产成本，计算产品成本的一种方法，是应用最为广泛的产品成本计算基本方法。它主要适用于大量大批单步骤生产的企业，如发电、采掘、供水等企业，以及管理上不要求计算半成品成本的大量大批多步骤生产的企业，如小型化肥厂、造纸厂、水泥厂等。

单元四 产品成本计算方法应用

这类企业可划分为两种类型：一种是只生产单一产品的企业；一种是生产两种及以上产品的企业。两类企业的成本核算程序、成本账户及成本项目设置略有不同。前者可不设置"制造费用"账户，也就不存在分配结转制造费用核算环节，但为了满足成本管理的需要，应对"生产成本"账户各产品明细账的成本项目按重要性进行详细设置；后者需要设置"制造费用"账户反映间接费用发生情况，因此"生产成本"账户各产品明细账的成本项目主要按"直接材料""直接人工""制造费用"等进行设置。

相关知识

一、品种法的应用范围

品种法应用于大量大批组织生产的单步骤生产企业，或者虽然多步骤但管理上不要求计算各步骤半成品成本的企业。这类企业又可分为只生产一种产品和生产两种及以上产品两种情形。

（一）只生产一种产品的企业

这种类型的企业较典型的如发电、采掘等企业，其生产过程不能从技术上划分步骤，只能大量生产一种产品。大型制造企业的供水、供电、供汽等辅助生产部门的辅助产品成本计算也采用品种法。

（二）生产两种及以上产品的企业

这种类型的企业很多，如化肥、水泥等生产企业，其生产过程可以分为几个步骤，各步骤工艺变化可以生产出几种不同的产品。但因生产周期短，或者生产流水线较紧密，或者各步骤成本较低等原因，所以不需要分步骤计算半成品成本，因而可以把整个生产过程看作一个步骤，应用品种法。

二、品种法的主要特点

（一）以产品品种为成本计算对象，开设"生产成本"账户的明细账

当企业只生产一种产品时，全部生产成本都可直接记入该产品"生产成本"账户的明细账，成本项目可按直接材料、直接人工及间接费用的主要构成项目设置，如折旧费、维修费等；当生产多种产品时，间接成本需要先通过"制造费用"账户归集，再分配转入各种产品"生产成本"账户的明细账。因此，"生产成本"账户的明细账设置"制造费用"成本项目登记转入的间接费用。

（二）按月计算产品成本

品种法以月度为成本计算期，通过日常要素费用处理，对生产发生的各项生产费用进行归集；月末根据各成本账户所归集的成本，按受益原则分配结转，归集计算产品的生产成本。

（三）完工产品成本计算较为简单

由于单步骤生产生产周期较短，因此一般月末没有在产品，当期发生的生产费用总和就是完工产品的总成本。在视同单步骤核算的情况下，期末有在产品且数量较少或较为稳定，因此完工产品与在产品成本的分配也较为简单。

三、品种法的核算程序

① 按产品品种开设产品成本明细账。

② 根据日常业务发生费用的有关原始凭证进行账务处理，填制记账凭证，登记基本生产成本、辅助生产成本、制造费用等有关明细账。

③ 月末根据辅助生产成本明细账编制辅助生产成本分配表，分配辅助生产成本并填制记账凭证（无辅助生产部门的企业，无此项）。

④ 根据制造费用明细账编制制造费用分配表，在各产品之间分配制造费用并填制记账凭证（只生产一种产品的企业，无此项）。

⑤ 根据基本生产成本明细账及完工单编制产品成本计算单，计算完工产品成本。

⑥ 根据产品成本计算单或完工产品成本汇总表，填制结转完工产品成本记账凭证。

例 4-1 某运动器械厂大量生产 P1、P2、P3 三种产品，运用品种法进行产品成本核算如下。

（1）确定成本计算对象

设置成本核算账户："生产成本——P1""生产成本——P2""生产成本——P3" 3 个明细账户（成本项目为直接材料、直接人工、制造费用）；"制造费用"账户。

（2）日常要素费用发生的核算

P1、P2、P3产品生产分别领用主要材料（计划成本）1 296 000元、1 583 000元、1 543 000元。各产品生产领用低值易耗品（计划成本）51 000元、23 000元、19 000元。生产车间领用机物料8 000元。材料综合成本差异率2%。

<1> 分配材料费用

借：生产成本——P1（直接材料）	1 347 000.00
生产成本——P2（直接材料）	1 606 000.00
生产成本——P3（直接材料）	1 562 000.00
制造费用	8 000.00
贷：原材料——主要材料	4 422 000.00
原材料——其他材料	8 000.00
周转材料——低值易耗品——摊销	93 000.00

<2> 分摊材料成本差异

借：生产成本——P1（直接材料）	26 940.00
生产成本——P2（直接材料）	32 120.00
生产成本——P3（直接材料）	31 240.00
制造费用	160.00
贷：材料成本差异	90 460.00

P1、P2、P3生产工人应付工资分别为226 000元、138 000元、113 000元,车间管理人员工资8 800元。企业承担的社会保险费等费用计提比例:医疗保险10%;生育保险0.5%;工伤保险0.8%;住房公积金12%;工会经费2%;职工教育经费2.5%;养老保险20%;失业保险0.5%。

<1> 分配工资费用

借:生产成本——P1(直接人工)	226 000.00
生产成本——P2(直接人工)	138 000.00
生产成本——P3(直接人工)	113 000.00
制造费用	8 800.00
贷:应付职工薪酬——工资	485 800.00

<2> 计提企业承担社会保险费等费用

借:生产成本——P1(直接人工)	109 158.00
生产成本——P2(直接人工)	66 654.00
生产成本——P3(直接人工)	54 579.00
制造费用	4 250.40
贷:应付职工薪酬——社会保险费——医疗保险(10.00%)	48 580.00
应付职工薪酬——社会保险费——工伤保险(0.80%)	3 886.40
应付职工薪酬——社会保险费——生育保险(0.50%)	2 429.00
应付职工薪酬——住房公积金(12.00%)	58 296.00
应付职工薪酬——职工教育经费(2.50%)	12 145.00
应付职工薪酬——工会经费(2.00%)	9 716.00
应付职工薪酬——设定提存计划——基本养老保险费(20.00%)	97 160.00
应付职工薪酬——社会保险费——失业保险费(0.50%)	2 429.00

P1、P2、P3产品生产专用设备折旧费分别为22 000元、16 000元、13 000元,车间厂房折旧费12 000元,水电费10 000元(实际交费金额);用于生产产品的无形资产摊销费3 000元。

<1> 计提折旧费

借:生产成本——P1(制造费用)	22 000.00
生产成本——P2(制造费用)	16 000.00
生产成本——P3(制造费用)	13 000.00
制造费用	12 000.00
贷:累计折旧	63 000.00

<2> 支付水电费

借:制造费用	10 000.00
贷:银行存款	10 000.00

<3> 摊销无形资产

借:制造费用	3 000.00
贷:累计摊销	3 000.00

(3) 期末账面费用的分配结转

所有产品生产材料均在第一道工序起点一次性投料，各工序在产品完工程度均为50%。期末P1、P2、P3均完工36 500件，按实际产量定额工时分配制造费用，用约当产量比例法分配产品成本。各工序在产品数量如表4-2所示；期初在产品成本数据见各产品成本计算单。

表4-2　在产品统计表

产品	工序	定额工时（工时/件）	在产品数量/件
P1	1	4	1 000
	2	4	2 000
	3	2	500
合　计		10	3 500
P2	1	3	4 000
	2	2	1 250
合　计		5	5 250
P3	1	3	3 100
	2	2	1 100
合　计		5	4 200

① 根据日常业务处理记账所归集的账面费用分配制造费用，如表4-3所示。

表4-3　制造费用分配表

产品	工时/小时	分配率/（元/小时）	分配额/元
P1	383 500		23 048.35
P2	193 500		11 629.35
P3	191 550		11 532.70
合　计	768 550	0.060 1	46 210.40

借：生产成本——P1（制造费用）　　　　　　　　　　　23 048.35
　　　生产成本——P2（制造费用）　　　　　　　　　　　11 629.35
　　　生产成本——P3（制造费用）　　　　　　　　　　　11 532.70
　　贷：制造费用　　　　　　　　　　　　　　　　　　　46 210.40

② 根据生产成本明细账所归集的成本填制产品成本计算单，如表4-4、表4-5和表4-6所示。

表4-4　产品成本计算单

产品：P1　　　　　　　　　　　　　　　完工产量：36 500件　　　　　　　　　　　元

成本项目	直接材料	直接人工	制造费用	合　计
期初在产品成本	148 900.00	36 300.00	18 500.00	203 700.00
本期发生生产成本	1 373 940.00	335 158.00	45 048.35	1 754 146.35
本期生产成本合计	1 522 840.00	371 458.00	63 548.35	1 957 846.35
完工产品数量/件	36 500	36 500	36 500	—
在产品约当产量/件	3 500	1 850	1 850	—

(续表)

成本项目	直接材料	直接人工	制造费用	合 计
约当总产量/件	40 000	38 350	38 350	—
完工产品单位成本/(元/件)	38.07	9.69	1.66	49.42
完工产品成本	1 389 555.00	353 685.00	60 590.00	1 803 830.00
期末在产品成本	133 285.00	17 773.00	2 958.35	154 016.35

表 4-5　产品成本计算单

产品：P2　　　　　　　　　　　　　　　　　　　　　完工产量：36 500 件　　　　　　　　　　元

成本项目	直接材料	直接人工	制造费用	合 计
期初在产品成本	180 000.00	16 500.00	9 000.00	205 500.00
本期发生生产成本	1 638 120.00	204 654.00	27 629.35	1 870 403.35
本期生产成本合计	1 818 120.00	221 154.00	36 629.35	2 075 903.35
完工产品数量/件	36 500	36 500	36 500	—
在产品约当产量/件	5 250	2 200	2 200	—
约当总产量/件	41 750	38 700	38 700	—
完工产品单位成本/(元/件)	43.55	5.71	0.95	50.21
完工产品成本	1 589 575.00	208 415.00	34 675.00	1 832 665.00
期末在产品成本	228 545.00	12 739.00	1 954.35	243 238.35

表 4-6　产品成本计算单

产品：P3　　　　　　　　　　　　　　　　　　　　　完工产量：36 500 件　　　　　　　　　　元

成本项目	直接材料	直接人工	制造费用	合 计
期初在产品成本	175 800.00	13 200.00	7 300.00	196 300.00
本期发生生产成本	1 593 240.00	167 579.00	24 532.70	1 785 351.70
本期生产成本合计	1 769 040.00	180 779.00	31 832.70	1 981 651.70
完工产品数量/件	36 500	36 500	36 500	—
在产品约当产量/件	4 200	1 810	1 810	—
约当总产量/件	40 700	38 310	38 310	—
完工产品单位成本/(元/件)	43.47	4.72	0.83	49.02
完工产品成本	1 586 655.00	172 280.00	30 295.00	1 789 230.00
期末在产品成本	182 385.00	8 499.00	1 537.70	192 421.70

借：库存商品——P1　　　　　　　　　　　　　　　1 803 830.00
　　库存商品——P2　　　　　　　　　　　　　　　1 832 665.00
　　库存商品——P3　　　　　　　　　　　　　　　1 789 230.00
　　贷：生产成本——P1　　　　　　　　　　　　　1 803 830.00
　　　　生产成本——P2　　　　　　　　　　　　　1 832 665.00
　　　　生产成本——P3　　　　　　　　　　　　　1 789 230.00

③ 根据日常及期末业务处理的会计分录登记账簿，如表 4-7 至表 4-10 所示。

表 4-7　生产成本明细账——P1　　　　　　　　　　　　　　　　元

年		凭证字号	摘　要	直接材料	直接人工	制造费用	合　计
月	日						
3	（略）	（略）	期初余额	148 900.00	36 300.00	18 500.00	203 700.00
			领用材料	1 347 000.00			
			材料成本差异	26 940.00			
			分配工资费用		226 000.00		
			社保费		109 158.00		
			折旧费			22 000.00	
			分配制造费用			23 048.35	
			本期发生额合计	1 373 940.00	335 158.00	45 048.35	1 754 146.35
			结转完工产品成本	1 389 555.00（红字）	353 685.00（红字）	60 590.00（红字）	1 803 830.00（红字）
			期末余额	133 285.00	17 773.00	2 958.35	154 016.35

表 4-8　生产成本明细账——P2　　　　　　　　　　　　　　　　元

年		凭证字号	摘　要	直接材料	直接人工	制造费用	合　计
月	日						
3	（略）	（略）	期初余额	180 000.00	16 500.00	9 000.00	205 500.00
			领用材料	1 606 000.00			
			材料成本差异	32 120.00			
			分配工资费用		138 000.00		
			社保费		66 654.00		
			折旧费			16 000.00	
			分配制造费用			11 629.35	
			本期发生额合计	1 638 120.00	204 654.00	27 629.35	1 870 403.35
			结转完工产品成本	1 589 575.00（红字）	208 415.00（红字）	34 675.00（红字）	1 832 665.00（红字）
			期末余额	228 545.00	12 739.00	1 954.35	243 238.35

表 4-9　生产成本明细账——P3　　　　　　　　　　　　　　　　元

年		凭证字号	摘　要	直接材料	直接人工	制造费用	合　计
月	日						
3	（略）	（略）	期初余额	175 800.00	13 200.00	7 300.00	196 300.00
			领用材料	1 562 000.00			
			材料成本差异	31 240.00			
			分配工资费用		113 000.00		
			社保费		54 579.00		
			折旧费			13 000.00	

（续表）

年		凭证字号	摘 要	直接材料	直接人工	制造费用	合 计
月	日						
			分配制造费用			11 532.70	
			本期发生额合计	1 593 240.00	167 579.00	24 532.70	1 785 351.70
			结转完工产品成本	1 586 655.00（红字）	172 280.00（红字）	30 295.00（红字）	1 789 230.00（红字）
			期末余额	182 385.00	8 499.00	1 537.70	192 421.70

表 4-10 制造费用明细账　　　　　　　　　　　　　　　　　　　　　元

年		凭证字号	摘 要	材料费	人工费	其他费用	合 计
月	日						
3	（略）	（略）	分配材料费	8 000.00			
			材料成本差异	160.00			
			分配工资费用		8 800.00		
			社保费		4 250.40		
			折旧费			12 000.00	
			水电费			10 000.00	
			摊销无形资产			3 000.00	
			本期发生额合计	8 160.00	13 050.40	25 000.00	46 210.40
			分配制造费用	8 160.00（红字）	13 050.40（红字）	25 000.00（红字）	46 210.40（红字）

任务实现

① 转向器厂产品生产的组织特点为大量生产，工艺特点为单步骤生产。

② 转向器厂的产品成本计算方法适用品种法。

③ 开设产品成本明细账：基本生产成本——转向器 A、基本生产成本——转向器 B、制造费用——转向器厂。

④ 划分成本项目："生产成本"账户的明细账设置直接材料、直接人工、制造费用 3 个成本项目；"制造费用"账户按费用主要构成设置材料费、人工费、折旧费、水电费、其他费用等项目。

⑤ 转向器的生产成本核算流程如下。

第一，日常要素费用处理。

第二，期末分配辅助生产成本。

第三，分配转向器厂制造费用。

第四，计算结转转向器厂完工产品成本。

任务总结

概括品种法的应用范围、特点和应用区别，如图 4-1 所示。

```
                    ┌── 单步骤生产
          ┌─ 应用范围 ┤                              ┌── 大量生产一种或
          │         └── 多步骤生产不要求计算中间产品成本 ┤    几种产品的企业
          │
          │         ┌── 以产品品种为成本计算对象
   品种法 ─┼─ 特点 ──┼── 按月计算成本
          │         └── 完工产品成本计算较简单
          │
          │         ┌── 生产单一产品 ── 不设"制造费用"账户 ── "生产成本"账户的明细账
          └─ 应用区别┤                                       的成本项目要细化
                    └── 生产两种及以上产品 ── 设"制造费用"账户
```

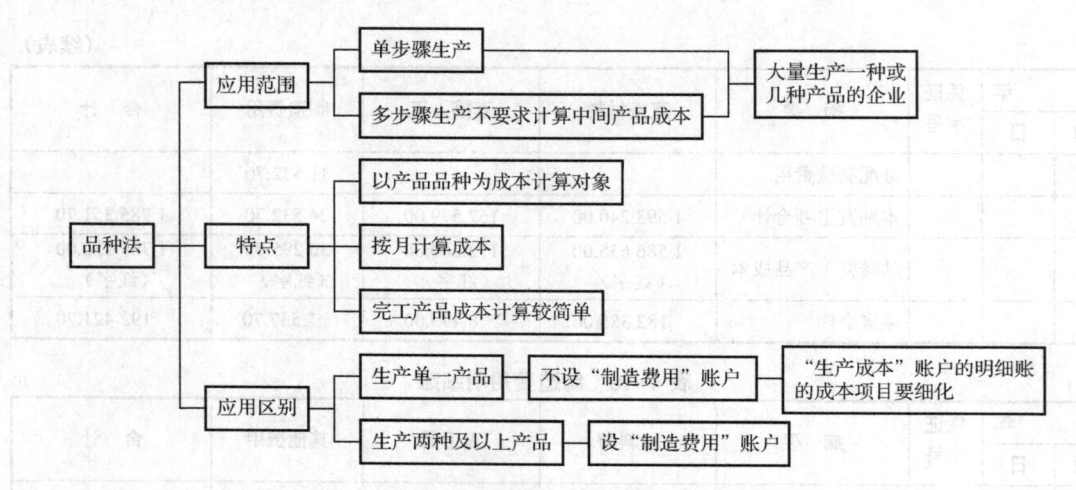

图 4-1　品种法应用要点

任务测试

一、单项选择题

1. 下列适合用品种法进行成本核算的企业是（　　）。
   A．造船厂　　　B．汽车生产厂　　　C．发电厂　　　D．服装厂
2. 品种法的主要特点是（　　）。
   A．大量大批生产　　　　　　　　　　B．单步骤生产
   C．以产品品种为成本计算对象　　　　D．分步骤按品种计算产品成本
3. 品种法的成本计算期为（　　）。
   A．生产周期　　　B．月度　　　C．年度　　　D．随时
4. 品种法（　　）。
   A．是最基本的成本计算方法　　　　　B．适用于小批量单步骤生产
   C．要求按生产批次计算成本　　　　　D．适用于大量大批单步骤生产

二、多项选择题

1. 下列关于品种法表述不正确的有（　　）。
   A．生产两种产品可不设"制造费用"账户
   B．必须设置"制造费用"账户
   C．不适用于多步骤生产的企业
   D．适用于单件组织生产的企业
2. 品种法的成本核算程序可能包括（　　）。
   A．日常按品种开设成本明细账归集生产费用
   B．期末归集和分配辅助生产费用
   C．期末归集和分配制造费用
   D．期末计算完工产品成本
3. 品种法适用于（　　）。
   A．小批单件单步骤生产

B. 大量大批单步骤生产
C. 管理不要求分步骤计算产品成本的小批单件多步骤生产
D. 管理不要求分步骤计算产品成本的大量大批多步骤生产
E. 管理要求分步骤计算产品成本的大量大批多步骤生产

三、判断题
1. 按品种法计算产品成本时，不存在将生产费用在各种产品之间分配的问题。（　　）
2. 应用品种法，可以不设置"制造费用"账户。（　　）
3. 品种法只适用于单步骤生产。（　　）

四、简答题
1. 品种法的适用范围及特点是什么？
2. 品种法应用于生产单一产品与生产两种及以上产品，在账户设置及成本项目划分上有什么不同？

五、实训题
江海机床集团铸造车间本期生产铁铸件 45 件，经检验 5 件报废，不可修复。残料作价 5 000 元入原材料仓库，废品损失不单独核算。本期生产铝铸件 40 件，全部合格。期末没有在产品。

要求：根据江海机床集团铸造车间有关成本账户的本期生产费用，应用品种法计算铸造车间铁铸件、铝铸件的产品成本，结转完工产品成本到半成品库。

① 根据所开设的铸造车间生产成本明细账（见单元一任务四的任务测试实训题），对要素费用发生处理的会计分录进行记账（依据单元二所有任务的任务测试实训题的账务处理数据）。
② 对期末账面费用分配结转的有关会计分录进行记账（依据单元三任务二的任务测试实训题的账务处理数据）。
③ 计算本期生产成本明细账的本期费用合计。
④ 计算本期铁铸件、铝铸件完工产品成本。
⑤ 编制结转完工产品成本的会计分录。

任务二　应用分批法

任务情境

微课：分批法（一）

情境描述

江海机床集团机加车间经常承接各类金属部件的委托加工业务。本期接到外部 3 个企业委托加工的 3 种零件：甲 2 000 个；乙 500 个；丙 1 500 个。

任务要求

① 分析机加车间来料加工业务的生产组织和工艺特点。
② 确定来料加工业务应采用的成本计算方法。

③ 开设接受委托加工的各种零件的"生产成本"账户的明细账。
④ 选择来料加工业务的成本明细账账页格式并说明理由。
⑤ 制定来料加工产品的生产成本核算流程。

任务分析

针对小批量单件组织生产的企业应用分批法，按生产批次开设成本明细账、划分成本项目、制定成本核算流程、计算产品成本。分批法是以产品的生产批次为成本核算对象，归集和分配生产费用、计算产品成本的一种方法。它主要适用于小批量单件组织生产的企业，如服装、工艺品、箱包、造船、大型专用设备制造等企业。这类企业各批产品因客户要求的原材料、工艺技术不同，只能分批组织生产，因而需要分批计算成本。采用分批法的企业成本管控的重点在于不能通用的原材料和与完工期限相关的各项成本的控制。

分批法应用分为两种情况：一种是生产周期较短，每个月同时进行生产的批次不太多的企业；另一种是生产周期较长，每个月同时进行生产的批次多达数十批以上的企业。两类企业成本核算的主要区别是月末对间接费用的分配处理不同：前者每月月末将"制造费用"账户账面费用分配结转到"生产成本"账户各生产批次明细账，月末制造费用分配后无余额；后者为减少工作量，每月只对产品全部完工的生产批次分配制造费用，因此月末"制造费用"账户账面有余额，余额为所有当月未完工批次生产过程的累计制造费用——对累计制造费用分配率的计算是重点。

相关知识

一、分批法的应用范围

（一）单件或小批量单步骤生产的企业

小批量单步骤生产的企业较为常见，如服装、印刷、箱包等企业；单件单步骤组织生产的产品往往个性化要求较高，如工艺品、铝合金门窗的生产等。

（二）单件或小批量多步骤生产，但管理上不要求计算各步骤半成品成本的企业

大型专用设备、船舶、定制家具等生产企业，按单件或小批量组织生产。为了准确划分不同产品的生产费用，企业需要按生产批次确定成本计算对象，归集和计算产品成本。

二、分批法的主要特点

（一）成本计算对象为生产批次

分批法以产品的生产批次为成本计算对象。生产批次对生产部门下达的生产指令，一般根据销售订单确定。但也可将产品规格要求相同的不同订单合并为一个生产批次，或者一个订单因产品组合复杂、数量较大等原因，为便于组织生产而拆分为不同的生产批次。

（二）成本计算期为生产周期

分批法以产品生产周期作为产品成本计算期。由于订单完工交货时间要求不一定在期末，因此产品成本计算期并不一定与会计分期相一致，即不一定是到月末才计算完工产品成本。

（三）完工产品成本计算简单

分批法一般不需要在完工产品和在产品之间分配生产成本。由于成本计算期与生产周期一致，一个批次生产的产品全部同时完工，因此无须计算在产品成本。如果一个批次部分完工产品提前交货，则一般按单位产品定额成本计算结转成本。

三、分批法的核算程序

（一）确定成本计算对象

按产品的生产批次开设成本明细账。

（二）要素费用发生处理

根据日常业务发生费用的有关原始凭证进行账务处理，填制记账凭证，登记基本生产成本、辅助生产成本、制造费用等有关明细账。

（三）辅助生产成本分配

月末根据辅助生产成本明细账编制辅助生产成本分配表，分配辅助生产成本并填制记账凭证（没有辅助生产的企业无此项）。

（四）制造费用分配

根据制造费用明细账填制制造费用分配表，在当期各生产批次之间分配制造费用并填制记账凭证。

一般在分批法应用中，对于各月同时生产的批次不是特别多、制造费用分配工作量不大的企业，在制造费用分配后期末无余额。

如果企业各月生产批次特别多、分配工作量较大，则可以简化制造费用的分配，每月只将制造费用分配给产品已经全部完工的生产批次，未完工的批次不分配制造费用，累计在"制造费用"账户上。

本期完工各批次分配制造费用的计算公式为：

$$制造费用分配率 = \frac{制造费用累计数}{各批次分配标准（工时）累计数}$$

某完工批次应分配的制造费用＝该完工批次累计生产工时×制造费用分配率

在信息技术应用条件下，未分配的制造费用直接保留在"制造费用"账户中。"制造费用"账户期末余额是未完工各生产批次应负担的制造费用的累计数。

（五）计算完工产品成本

根据基本生产成本明细账及完工单编制产品成本计算单，计算完工批次的产品成本。具体有以下两种情形。

① 产品全部完工的生产批次：生产成本明细账所归集的全部成本就是完工产品总成本，根据批量计算单位产品成本。

② 产品部分完工的生产批次：因此本月需要部分交货时，由于生产成本明细账因制造

费用分配简化使所归集的成本可能不完整，因此一般按产品单位定额成本、单位计划成本或最近一期相同产品的单位实际成本等计算结转完工产品成本。

（六）结转完工产品成本

根据产品成本计算单或完工产品成本汇总表，填制结转完工产品成本记账凭证。

微课：分批法（二）

例 4-2 某工艺品生产企业小批量组织生产。2023年3月生产A、B、C三种产品，生产批次、成本及相关生产数据如表4-11所示。其中，本月021503A批次需要全部交货；031703C批次需要提前部分交货20件。C产品定额成本：直接材料500元/件；直接人工400元/件；制造费用140元/件。

表4-11 3月成本及生产数据表   元

生产批次	项目	直接材料	直接人工	制造费用	投产时间	投产数量/件	完工/件	在产品/件	本月工时/小时
021503A	月初费用	5 920.00	2 640.00	2 880.00	2月	32	0	32	
021503A	本月费用	4 400.00	4 280.00				32	0	800
031604B	本月费用	9 024.00	5 520.00		3月	24	16	8	900
031703C	本月费用	24 800.00	18 600.00		3月	50	25	25	1 000
031804A	本月费用	7 960.00	6 280.00		3月	20	0	200	500
制造费用	月初费用			2 880.00					400
制造费用	本月费用			24 580.00					

① 按照一般程序，每月月末"制造费用"账户的账面金额全部分配转入"生产成本"账户的明细账，进行本月成本核算。

② 按照简化程序，每月只将制造费用分配给全部完工的生产批次，进行本月成本核算。账务处理如下。

（1）按照一般程序核算

① 按月将归集的制造费用分配给各生产批次，如表4-12所示。

表4-12 制造费用分配表

生产批次	生产工时/小时	分配率/（元/小时）	分配费用/元
021503A	800		6 144.00
031604B	900		6 912.00
031703C	1 000		7 680.00
031804A	500		3 844.00
合计	3 200	7.68	24 580.00

② 编制分配制造费用的会计分录。

借：生产成本——021503A　　　　　　　　　　　6 144.00
　　生产成本——031604B　　　　　　　　　　　6 912.00
　　生产成本——031703C　　　　　　　　　　　7 680.00
　　生产成本——031804A　　　　　　　　　　　3 844.00
　　贷：制造费用　　　　　　　　　　　　　　24 580.00

③ 计算结转完工产品成本，填制产品成本计算单，如表 4-13 和表 4-14 所示。

表 4-13 产品成本计算单

生产批次：021503A　　　　　　　　　　　　　　　　完工产量：32 件　　　　　　　　　　　　元

成本项目	直接材料	直接人工	制造费用	合　计
总成本	10 320.00	6 920.00	9 024.00	26 264.00
单位成本/（元/件）	322.50	216.25	282.00	820.75

表 4-14 产品成本计算单

生产批次：031703C　　　　　　　　　　　　　　　　完工产量：20 件　　　　　　　　　　　　元

成本项目	直接材料	直接人工	制造费用	合　计
单位定额成本/（元/件）	500.00	400.00	140.00	1 040.00
总成本	10 000.00	8 000.00	2 800.00	20 800.00

④ 依据产品成本计算单，编制结转完工产品成本的会计分录。

　　借：库存商品——021503A　　　　　　　　　　　　　　26 264.00
　　　　库存商品——031703C　　　　　　　　　　　　　　20 800.00
　　　　贷：生产成本——021503A　　　　　　　　　　　　26 264.00
　　　　　　生产成本——031703C　　　　　　　　　　　　20 800.00

⑤ 依据以上结转完工产品成本的会计分录登记账簿，如表 4-15 至表 4-18 所示。

表 4-15 生产成本明细账——021503A　　　　　　　　　　　　　　　　　　　　　　元

| 2023 年 | | 凭证字号 | 摘　要 | 直接材料 | 直接人工 | 制造费用 | 合　计 |
月	日						
3	（略）	（略）	月初余额	5 920.00	2 640.00	2 880.00	11 440.00
			本月费用	4 400.00	4 280.00	6 144.00	14 824.00
			费用合计	10 320.00	6 920.00	9 024.00	26 264.00
			结转产品成本	10 320.00 （红字）	6 920.00 （红字）	9 024.00 （红字）	26 264.00 （红字）

表 4-16 生产成本明细账——031604B　　　　　　　　　　　　　　　　　　　　　　元

| 2023 年 | | 凭证字号 | 摘　要 | 直接材料 | 直接人工 | 制造费用 | 合　计 |
月	日						
3	（略）	（略）	本月费用	9 024.00	5 520.00	6 912.00	21 456.00

表 4-17 生产成本明细账——031703C　　　　　　　　　　　　　　　　　　　　　　元

| 2023 年 | | 凭证字号 | 摘　要 | 直接材料 | 直接人工 | 制造费用 | 合　计 |
月	日						
3	（略）	（略）	本月费用	24 800.00	18 600.00	7 680.00	51 080.00
			结转产品成本	10 000.00 （红字）	8 000.00 （红字）	2 800.00 （红字）	20 800.00 （红字）
			在产品成本	14 800.00	10 600.00	4 880.00	30 280.00

表 4-18　生产成本明细账——031804A　　　　　　　　　　　　　　　　　　　元

2023 年		凭证字号	摘要	直接材料	直接人工	制造费用	合计
月	日						
3	（略）	（略）	本月费用	7 960.00	6 280.00	3 844.00	18 084.00

（2）按照简化程序核算

① 仅分配本月全部完工的生产批次应负担的制造费用，如表 4-19 所示。

制造费用分配率=（2 880.00+24 580.00）÷（1 200+900+1 000+500）
　　　　　　　=7.63（元/小时）

表 4-19　制造费用分配表

生产批次	生产工时/小时	分配率/（元/小时）	分配费用/元
021503A	1 200		9 156.00
合　计	1 200	7.63	9 156.00

② 依据制造费用分配表编制分配制造费用的会计分录。

　　借：生产成本——021503A　　　　　　　　　　　　　　　9 156.00
　　　　贷：制造费用　　　　　　　　　　　　　　　　　　　　　　9 156.00

③ 计算结转完工产品成本，如表 4-20 和表 4-21 所示。

表 4-20　产品成本计算单

生产批次：021503A　　　　　　　　　　　　　　　　　完工产量：32 件　　　　　　　　元

成本项目	直接材料	直接人工	制造费用	合计
总成本	10 320.00	6 920.00	9 156.00	26 396.00
单位成本/（元/件）	322.50	216.25	286.13	824.88

表 4-21　产品成本计算单

生产批次：031703C　　　　　　　　　　　　　　　　　完工产量：20 件　　　　　　　　元

成本项目	直接材料	直接人工	制造费用	合计
总成本	10 000.00	8 000.00	2 800.00	20 800.00
单位定额成本/（元/件）	500.00	400.00	140.00	1 040.00

④ 编制结转完工产品会计分录。

　　借：库存商品——021503A　　　　　　　　　　　　　　　26 396.00
　　　　库存商品——031703C　　　　　　　　　　　　　　　20 800.00
　　　　贷：生产成本——021503A　　　　　　　　　　　　　　　26 396.00
　　　　　　生产成本——031703C　　　　　　　　　　　　　　　20 800.00

⑤ 依据以上结转完工产品成本会计分录登记账簿，如表 4-22 至表 4-25 所示。

表 4-22　生产成本明细账——021503A　　　　　　　　　　　　　　　　　　　元

2023 年		凭证字号	摘要	直接材料	直接人工	制造费用	合计
月	日						
3	1	（略）	月初余额	5 920.00	2 640.00		8 560.00

(续表)

2023年		凭证字号	摘 要	直接材料	直接人工	制造费用	合 计
月	日						
	30		本月发生额合计	4 400.00	4 280.00	9 156.00	17 836.00
			本月费用合计	10 320.00	6 920.00	9 156.00	26 396.00
	30		结转完工产品成本	10 320.00（红字）	6 920.00（红字）	9 156.00（红字）	26 396.00（红字）

表 4-23　生产成本明细账——031604B　　　　　　　　　　　　元

2023年		凭证字号	摘 要	直接材料	直接人工	制造费用	合 计
月	日						
3	30		本月费用合计	9 024.00	5 520.00		14 544.00

表 4-24　生产成本明细账——031703C　　　　　　　　　　　　元

2023年		凭证字号	摘 要	直接材料	直接人工	制造费用	合 计
月	日						
3	30	（略）	本月费用合计	24 800.00	18 600.00		43 400.00
	30		结转完工产品成本	10 000.00（红字）	8 000.00（红字）	2 800.00（红字）	20 800.00（红字）
	30		月末余额	14 800.00	10 600.00	(2 800.00)	22 600.00

表 4-25　生产成本明细账——031804A　　　　　　　　　　　　元

2023年		凭证字号	摘 要	直接材料	直接人工	制造费用	合 计
月	日						
3	30		本月费用合计	7 960.00	6 280.00		14 240.00

任务实现

① 机加车间来料加工业务的生产组织特点为小批量生产，工艺特点为单步骤生产。

② 来料加工业务应采用的成本计算方法是分批法。

③ 按来料加工业务生产批次开设"生产成本"账户的明细账：基本生产成本——受托加工——甲、乙、丙 3 个明细账。

④ 经常性的来料加工产品的生产成本明细账账页可以按主要成本构成项目设置"直接材料""直接人工""制造费用"等项目，以详细登记各成本项目，方便进行成本分析。对于偶然发生的来料加工产品可简化采用三栏式账页。

⑤ 来料加工产品的生产成本核算流程如下。

第一，日常要素费用处理（领用辅助材料、人工）。

第二，期末分配车间制造费用。

第三，结转全部完工生产批次的生产成本。

任务总结

概括分批法的应用范围、特点和应用区别，如图 4-2 所示。

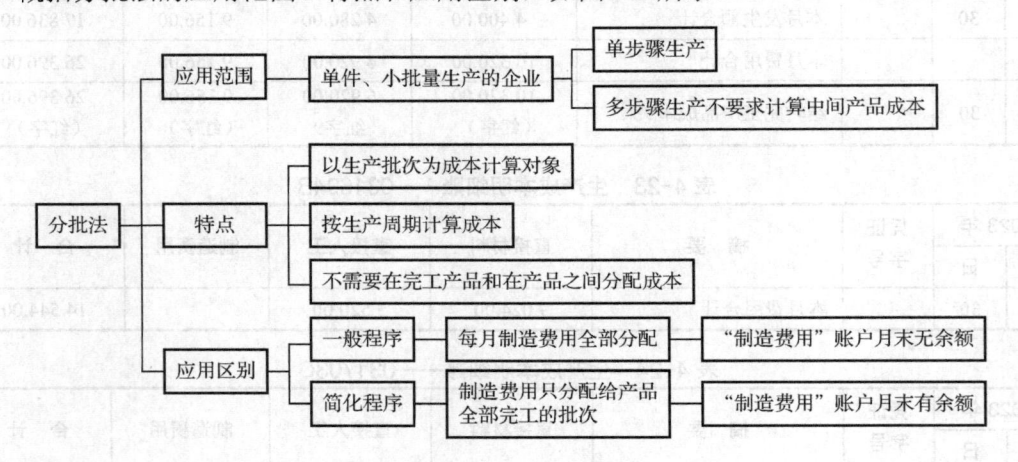

```
                        ┌─ 应用范围 ─── 单件、小批量生产的企业 ─┬─ 单步骤生产
                        │                                        └─ 多步骤生产不要求计算中间产品成本
                        │
                        │              ┌─ 以生产批次为成本计算对象
                 分批法 ─┼─ 特点 ──────┼─ 按生产周期计算成本
                        │              └─ 不需要在完工产品和在产品之间分配成本
                        │
                        │              ┌─ 一般程序 ── 每月制造费用全部分配 ──── "制造费用"账户月末无余额
                        └─ 应用区别 ──┤
                                       └─ 简化程序 ── 制造费用只分配给产品 ──── "制造费用"账户月末有余额
                                                     全部完工的批次
```

图 4-2　分批法应用要点

任务测试

一、单项选择题

1. 分批法的产品成本计算对象是（　　　）。
   A. 订单号　　　　B. 销售合同号　　　C. 生产批次　　　D. 进货单号
2. 分批法的成本计算期为（　　　）。
   A. 会计周期　　　B. 生产周期　　　　C. 生产品种　　　D. 生产步骤
3. 企业同一期间生产批次特别多，成本计算简化处理的内容是（　　　）。
   A. 直接费用确认　　　　　　　　　　B. 辅助生产费用分配
   C. 制造费用分配　　　　　　　　　　D. 完工产品成本计算
4. 通常情况下，可采用分批法计算产品成本的企业是（　　　）。
   A. 纺织厂　　　　B. 发电厂　　　　　C. 造纸厂　　　　D. 造船厂
5. 采用分批法计算产品成本的企业，其成本计算单的设置应按（　　　）。
   A. 产品批号　　　B. 生产日期　　　　C. 生产种类　　　D. 客户要求
6. 下列应用分批法核算的典型企业是（　　　）。
   A. 机床厂　　　　B. 汽车厂　　　　　C. 服装厂　　　　D. 水泥厂

二、多项选择题

1. 下列对生产批次表述正确的是（　　　）。
   A. 一个订单可以作为一个生产批次　　B. 一个订单可能分成几个生产批次
   C. 几个订单可能合并为一个生产批次　D. 生产批次编号只是一个数字序号
2. 分批法下需要在当期计算完工产品成本的生产批次为（　　　）。
   A. 当期全部完工　　　　　　　　　　B. 当期全部未完工
   C. 当期部分完工产品需要部分交货　　D. 当期部分完工不用交货

三、判断题

1. 应用简化分批法的企业不仅可以简化分配制造费用，而且可以简化需要分配计入各生产批次的人工费用。（　）

2. "制造费用"账户分配费用后月末应无余额。（　）

四、简答题

1. 分批法的特点是什么？
2. 分批法应用中为什么会简化制造费用分配？

五、实训题

1. 某箱包生产企业每月同时生产的批次多达数十批，平均生产周期3个月。5月与生产成本核算有关的经济业务如下。

① 3月投产的生产批次本月全部完工，各批次生产成本及工时资料如表4-26所示。

表4-26　5月完工批次生产成本及工时资料　　　　　　　　　　　　元

完工批次	直接材料	直接人工	累计工时/小时	制造费用
03W05P-1	78 560.00	23 000.00	3 000	
03N05P-2	6 330.00	15 825.00	728	
03N05G-3	5 129.00	653.00	80	

② 4月投产的生产批次中，04N06-12批次部分完工，有200件本月交货。单位定额成本：直接材料30元/件；直接人工6元/件；制造费用3元/件。

③ 5月投产的15个生产批次均未完工，当月完成工时2 000小时。本月"制造费用"账户累计费用28 350元，累计工时10 000小时。

要求：采用简化程序进行间接费用核算，完成有关账务处理。

2. 某企业根据购买单位订货单小批生产A、B、C三种产品。采用分批法计算成本。

（1）8月生产的批次

101批次：A产品10台，本月投产，本月完工6台。

102批次：B产品15台，本月投产，本月全部未完工。

103批次：C产品20台，上月投产，本月完工5台。

（2）103批次月初在产品成本

原材料1 400元；工资及福利费1 080元；制造费用2 020元。

（3）本月各批次生产费用

101批次：原材料3 260元；工资及福利费2 240元；制造费用2 000元。

102批次：原材料4 800元；工资及福利费3 150元；制造费用2 980元。

103批次：原材料2 680元；工资及福利费2 450元；制造费用3 020元。

101批次A产品完工数量较大，原材料在生产开始时一次性投入，其他费用在完工产品和在产品之间采用约当产量比例法分配，在产品完工程度为50%。

102批次由于全部未完工，本月生产费用全部是在产品成本。

103批次C产品完工数量少，完工产品按计划成本结转。产品计划单位成本：原材料180元；工资及福利费170元；制造费用240元。

要求：根据上述资料，采用分批法计算各批产品的完工产品成本和月末在产品成本，登记产品成本明细账，如表4-27至表4-29所示。

表 4-27　101 批次 A 产品成本明细账

生产批次：101　　　　　　　　　　　　　投产日期：8 月
产品名称：A 产品　　批量：10 台　　　　完工日期：本月完工 6 台　　　　　　　　　　　　　　元

摘　要	直接材料	直接人工	制造费用	合　计
本月发生生产成本				
完工产品成本				
完工产品单位成本/(元/台)				
月末在产品成本				

表 4-28　102 批次 B 产品成本明细账

生产批次：102　　　　　　　　　　　　　投产日期：8 月
产品名称：B 产品　　批量：15 台　　　　完工日期：全部未完工　　　　　　　　　　　　　　　元

摘　要	直接材料	直接人工	制造费用	合　计
本月发生生产成本				
完工产品成本				
完工产品单位成本/(元/台)				
月末在产品成本				

表 4-29　103 批次 C 产品成本明细账

生产批次：103　　　　　　　　　　　　　投产日期：7 月
产品名称：C 产品　　批量：20 台　　　　完工日期：8 月完工 5 台　　　　　　　　　　　　　　元

摘　要	直接材料	直接人工	制造费用	合　计
月初在产品成本				
本月发生生产成本				
本月生产成本合计				
完工产品单位成本/(元/台)				
完工产品成本				
月末在产品成本				

3. 某企业成批生产多种产品，采用简化的分批法进行成本计算。

① 6 月生产情况统计表如表 4-30 所示。

表 4-30　生产情况统计表

批　次	产品	批量/件	投产日期	完工日期
AB01	A 产品	100	1 月 6 日	6 月 20 日
AB02	B 产品	40	2 月 24 日	6 月 25 日
AB03	C 产品	200	3 月 5 月	未完工
AB04	D 产品	20	4 月 22 日	未完工
AB06	E 产品	80	6 月 10 日	未完工

② 月初在产品成本：6 月初在产品成本为 1 340 000 元，其中直接材料 800 000 元（AB01 批次 400 000 元、AB02 批次 160 000 元、AB03 批次 200 000 元、AB04 批次 40 000 元）、

直接人工 295 000 元、制造费用 245 000 元；月初累计生产工时为 100 000 小时，其中 AB01 批次 34 000 小时、AB02 批次 28 000 小时、AB03 批次 32 000 小时、AB04 批次 6 000 小时。

③ 本月发生生产成本：本月发生直接材料费 200 000 元，全部为 AB06 批次 E 产品所耗用；本月发生直接人工 84 200 元、制造费用 59 624 元；本月实际生产工时为 26 400 小时，其中 AB01 批次 6 000 小时、AB02 批次 4 000 小时、AB03 批次 7 000 小时、AB04 批次 5 000 小时、AB06 批次 4 400 小时。

要求：① 开设基本生产成本二级账和按生产批次设置的产品成本计算单（以单代账），并登记期初余额。基本生产成本二级账如表 4-31 所示，产品成本计算单分别如表 4-32 至表 4-36 所示。

表 4-31　基本生产成本二级账　　　　　　　　　　　　　　　　　　　　　　　　元

年		摘要	直接材料	生产工时	直接人工	制造费用	合计
月	日						
		月初在产品成本					
		材料费用					
		工资费用					
		制造费用					
		累计分配率					
		转出完工产品					
		月末在产品成本					

表 4-32　产品成本计算单

产品名称：A 产品　　　　　　　　　　　　　　　投产日期：
批次：AB01　　批量：　　　　　　　　　　　　完工日期：　　　　　　　　　　　　元

年		摘　要	直接材料	生产工时	直接人工	制造费用	合　计
月	日						
		月初在产品成本					
		本月发生生产成本					
		累计分配率					
		完工产品单位成本/（元/件）					
		转出完工产品					

表 4-33　产品成本计算单

产品名称：B 产品　　　　　　　　　　　　　　　投产日期：
批次：AB02　　批量：　　　　　　　　　　　　完工日期：　　　　　　　　　　　　元

年		摘　要	直接材料	生产工时	直接人工	制造费用	合　计
月	日						
		月初在产品成本					
		本月发生生产成本					
		累计分配率					

(续表)

年		摘 要	直接材料	生产工时	直接人工	制造费用	合 计
月	日						
		完工产品单位成本/(元/件)					
		转出完工产品					

表 4-34　产品成本计算单

产品名称：C 产品　　　　　　　　　　　　　　　投产日期：
批次：AB03　　批量：　　　　　　　　　　　　　完工日期：　　　　　　　　　　　　　　　　元

年		摘 要	直接材料	生产工时	直接人工	制造费用	合 计
月	日						
		累计余额					
		本月发生生产成本					
		本月累计					

表 4-35　产品成本计算单

产品名称：D 产品　　　　　　　　　　　　　　　投产日期：
批次：AB04　　批量：　　　　　　　　　　　　　完工日期：　　　　　　　　　　　　　　　　元

年		摘 要	直接材料	生产工时	直接人工	制造费用	合 计
月	日						
		累计余额					
		本月发生生产成本					
		本月累计					

表 4-36　产品成本计算单

产品名称：E 产品　　　　　　　　　　　　　　　投产日期：
批次：AB06　　批量：　　　　　　　　　　　　　完工日期：　　　　　　　　　　　　　　　　元

年		摘 要	直接材料	生产工时	直接人工	制造费用	合 计
月	日						
		本月发生生产成本					
		本月累计					

② 登记本月发生的生产费用，填写表 4-31 至表 4-36；计算完工产品成本。

③ 编制完工产品成本汇总表（见表 4-37），并结转完工产品成本。

表 4-37　完工产品成本汇总表　　　　　　　　　　　　　　　　　　　　　　　　　　　　　元

成本项目	A 产品（产量：100 件）		B 产品（产量：40 件）	
	总成本	单位成本	总成本	单位成本
直接材料				
直接人工				
制造费用				
合　计				

任务三　应用分步法

任务情境

情境描述

微课：逐步结转分步法

江海机床集团的主要产品螺纹磨床、丝杠磨床主要经过铸造、机加、装配 3 个工序生产出产成品：铸造车间生产各种铁铸件、铝铸件，检验合格交半成品库；机加车间从半成品库领用铁铸件加工螺磨床身、领用铝铸件加工丝磨床身等部件后，直接交装配车间；装配车间将机加车间转来的部件及外购件装配生产出机床，完工产品检验调试合格后交成品仓库。期末计算本期完工产品成本，如表 4-38 所示。

表 4-38　各生产步骤完工产品成本　　　　　　　　　　　　　　　　　　　　　　　　　元

项　目	产品	半成品	直接材料	直接人工	制造费用	合　计
铸造车间	铁铸件		468 000.00	153 000.00	84 000.00	705 000.00
	铝铸件		362 930.00	98 322.00	73 200.00	534 452.00
机加车间	螺磨床身	109 000.00		130 000.00	140 000.00	379 000.00
	丝磨床身	143 528.00		155 000.00	200 487.00	499 015.00
装配车间	螺纹磨床	187 841.30	138 495.00	106 206.10	347 425.30	779 967.70
	丝杠磨床	104 856.00	115 890.00	184 722.00	309 645.00	715 113.00

任务要求

① 分析主要产品螺纹磨床和丝杠磨床生产的组织及工艺特点。
② 确定上述主要产品适用的成本计算方法。
③ 确定各"基本生产成本"账户的明细账应设置的成本项目。
④ 编制结转完工产品成本的会计分录。
⑤ 将完工产品成本还原为产品生产发生的"直接材料""直接人工""制造费用"等成本项目，填制表 4-39 和表 4-40。

表 4-39　产品成本还原计算表

产品名称：螺纹磨床　　　　　　　产量：10 台　　　　　　　　　　　　　　　　　　元

成本项目	还原分配率	半成品	直接材料	直接人工	制造费用	合　计
还原前产品成本						
成本还原						
还原后产成品总成本						
单位成本/（元/台）						

表 4-40　产品成本还原计算表

产品名称：丝杠磨床　　　　产量：5 台　　　　　　　　　　　　　　　　　　　　元

成本项目	还原分配率	半成品	直接材料	直接人工	制造费用	合　计
还原前产品成本						
成本还原						
还原后产成品总成本						
单位成本/（元/台）						

任务分析

对连续式生产企业应用逐步结转分步法，要根据不同生产条件分别采用分项结转法、综合结转法确定成本计算对象，正确设置生产成本明细账及成本项目，制定成本核算流程，计算产品成本。

对装配式生产企业应用平行结转分步法确定成本计算对象，正确设置有关账户及成本项目，制定成本核算流程，计算产品成本。

江海机床集团主要产品的生产工艺既有连续式生产的环节，也有装配式生产的步骤，因此需要对各步骤生产成本核算采取不同的方法。

相关知识

一、分步法的应用类型

分步法是按照产品生产所经过的生产步骤归集各种产品的生产费用，分步骤计算各种产品成本的一种方法。它应用于多步骤生产、需要计算各步骤半成品成本的生产企业，如纺织、冶金、化工、水泥、汽车及大量大批生产的机械制造等类型的企业。

根据多步骤生产企业生产模式的不同，又可以分为连续式生产和装配式生产：连续式生产的企业适用逐步结转分步法；装配式生产的企业适用平行结转分步法。

（一）逐步结转分步法

以纺织企业为例，生产起点投入棉花，纺纱车间将棉花制成纱锭，织布车间用纱锭生产出布匹，印染车间再将布匹制成成品面料。各生产步骤的加工对象均为生产开始投入的棉花及其制成品，后一步骤的劳动对象是前一步骤的半成品，故称连续式生产。按半成品实物流转模式，分两种情况应用逐步结转分步法，称作分项结转和综合结转。

1. 分项结转

当各生产步骤产能匹配度较高时，前一个生产步骤生产出的半成品，全部交由下一个生产步骤深加工，直至最终步骤生产出产成品。由于不设置半成品仓库，各步骤半成品直接转入下一生产步骤，因此半成品成本计算结转采用分项结转，即前一步骤计算的完工半成品成本按"直接材料""直接人工""制造费用"等成本项目对应结转到后一生产步骤的相同成本项目中，各步骤成本项目设置完全一致。这种成本结转方法所计算的产成品各成本项目内容清晰明确。

2. 综合结转

当各生产步骤产能匹配度不高，前一生产步骤产能大于后一生产步骤的消耗量时，前一步骤半成品的一部分需要销售给市场上其他企业深加工。完工半成品需要转入半成品仓库，后一生产步骤生产需要时，填制领料单从仓库领用，将领料单中的金额记入"半成品"成本项目。该项目金额包含了前一步骤的"料""工""费"各成本项目金额，故称综合结转。最终计算的完工产成品成本有"半成品"项目，产成品成本没有完全清晰地反映为"直接材料""直接人工""制造费用"等成本项目金额，因此需要对产成品成本中的"半成品"成本项目金额分解还原为半成品的"直接材料""直接人工""制造费用"等成本项目。

（二）平行结转分步法

以汽车制造企业为例，生产一辆汽车约需 1 万个独立部件。如果发动机、车架、转向器、悬架、摆臂、大灯、轮胎等数十种主要部件由企业各分厂、车间等自主生产，其他部件由外部配套，则总装厂领用半成品及外购件装配生产出整车。如果总装厂领用的数十种乃至更多种部件采用前述综合结转法，则成本还原工作量巨大。为高效开展成本核算工作，应采用平行结转分步法。

"分项结转"逐步结转分步法实质是"品种法"分生产步骤的连续应用，较为简单；"综合结转"逐步结转分步法的成本还原是个难点，重点是还原分配率的计算，以及理解它与按成本结构比还原成本之间的关系。

应用平行结转分步法的关键点有 3 个：一是理解广义在产品和狭义完工产品（产成品）的范畴；二是广义在产品约当产量的计算；三是各步骤半成品与装配步骤产成品的投入产出比及其在计算中的应用。

二、分步法的特点

（一）成本计算对象为生产步骤

分步法首先以产品所经过的生产步骤为成本计算对象开设成本明细账，对各步骤的生产成本进一步按所生产产品的品种作为成本计算对象，设置下一级成本明细账。

（二）成本计算期为会计月度

分步法应用的企业为大量大批组织生产，因此按月计算产品成本。

（三）完工产品成本计算较复杂

分步法要计算、结转各步骤完工产品成本：逐步结转分步法综合结转半成品成本，需要对完工产品成本进行还原；平行结转分步法要将各步骤生产成本在狭义完工产品和广义在产品之间进行分配，汇总计算产成品成本。

三、分项结转分步法的应用

① 确定成本计算对象。

以生产步骤作为成本计算对象，设置成本明细账"基本生产成本——生产步骤——产品名称"。各步骤成本项目的设置保持一致，设置"直接材料""直接人工""制造费用"等成本项目。

② 日常要素费用发生的处理。
③ 期末分配结转辅助生产成本、制造费用等生产成本账面费用。
④ 按生产步骤先后顺序计算结转各步骤完工产品成本。

依次将前一生产步骤完工半成品成本按成本项目分别结转到后一生产步骤，记入对应的成本项目，作为当期后续步骤生产成本的组成部分，最后计算出产成品成本。

⑤ 结转完工产品成本。

例 4-3 某纺织企业有 3 个生产步骤，为连续式生产，半成品仅供本企业生产用，不对外销售，原材料在第一步生产开始时一次性投入。第一步生产半成品纱锭；第二步生产半成品布匹；第三步生产成品布料。期末统计的产量等相关资料如表 4-41 所示，费用资料如表 4-42 所示。根据资料采用分项结转分步法计算结转各生产步骤完工产品的成本。

表 4-41 产量等相关资料

项 目	第一步/纱锭	第二步/米	第三步/米
月初在产品数量	100	150	100
本月投产（转入）数量	1 000	800	900
本月完工产品数量	800	900	900
月末在产品数量	300	50	100
在产品完工率/%	50	50	50

表 4-42 费用资料 元

步 骤	成本项目	直接材料	直接人工	制造费用	合 计
第一步	期初在产品成本	8 000.00	5 500.00	4 500.00	18 000.00
	本月发生费用	80 000.00	50 000.00	40 000.00	170 000.00
第二步	期初在产品成本	22 000.00	7 000.00	7 000.00	36 000.00
	本月发生费用		45 000.00	40 000.00	
第三步	期初在产品成本	20 000.00	6 000.00	4 000.00	30 000.00
	本月发生费用		55 000.00	40 000.00	

① 计算第一步完工半成品成本，如表 4-43 所示。

表 4-43 第一步产品成本计算单

完工产品数量：800 纱锭　　在产品数量：300 纱锭　　投料率：100%　　完工率：50%

成本项目	直接材料	直接人工	制造费用	合 计
本月生产成本合计/元	88 000.00	55 500.00	44 500.00	188 000.00
在产品约当产量/纱锭	300	150	150	
约当总产量/纱锭	1 100	950	950	
完工产品单位成本/(元/纱锭)	80.00	58.42	46.84	185.26
完工产品成本/元	64 000.00	46 736.00	37 472.00	148 208.00

② 结转第一步完工半成品成本。

借：基本生产成本——第二步——布匹（料）　　　　　64 000.00
　　基本生产成本——第二步——布匹（工）　　　　　46 736.00
　　基本生产成本——第二步——布匹（费）　　　　　37 472.00
　　贷：基本生产成本——第一步——纱锭（料）　　　64 000.00
　　　　基本生产成本——第一步——纱锭（工）　　　46 736.00
　　　　基本生产成本——第一步——纱锭（费）　　　37 472.00

③ 计算第二步完工半成品成本，如表 4-44 所示。

表 4-44　第二步产品成本计算单

完工产品数量：900 米　　在产品数量：50 米　　投料率：100%　　完工率：50%

成本项目	直接材料	直接人工	制造费用	合　计
本月生产成本合计/元	86 000.00	98 736.00	84 472.00	269 208.00
在产品约当产量/米	50	25	25	
约当总产量/米	950	925	925	
完工产品单位成本/(元/米)	90.53	106.74	91.32	288.59
完工产品成本/元	81 477.00	96 066.00	82 188.00	259 731.00

本月生产成本合计=本步骤月初在产品成本+本月发生生产成本（日常要素费用处理）+
　　　　　　　　上步骤半成品成本（期末计算结转）

④ 结转第二步完工半成品成本。

借：基本生产成本——第三步——布料（料）　　　　　81 477.00
　　基本生产成本——第三步——布料（工）　　　　　96 066.00
　　基本生产成本——第三步——布料（费）　　　　　82 188.00
　　贷：基本生产成本——第二步——布匹（料）　　　81 477.00
　　　　基本生产成本——第二步——布匹（工）　　　96 066.00
　　　　基本生产成本——第二步——布匹（费）　　　82 188.00

⑤ 计算第三步完工产品成本，如表 4-45 所示。

表 4-45　第三步产品成本计算单

完工产品数量：900 米　　在产品数量：100 米　　投料率：100%　　完工率：50%

成本项目	直接材料	直接人工	制造费用	合　计
本月生产成本合计/元	101 477.00	157 066.00	126 188.00	384 731.00
在产品约当产量/米	100	50	50	
约当总产量/米	1 000	950	950	
完工产品单位成本/(元/米)	101.48	165.33	132.83	399.64
完工产品成本/元	91 332.00	148 797.00	119 547.00	359 676.00

⑥ 结转第三步完工产品成本。

借：库存商品——布料　　　　　　　　　　　　　　　359 676.00
　　贷：基本生产成本——第三步——布料（料）　　　91 332.00
　　　　基本生产成本——第三步——布料（工）　　　148 797.00
　　　　基本生产成本——第三步——布料（费）　　　119 547.00

四、综合结转分步法的应用

① 确定成本计算对象。

以生产步骤作为成本计算对象,设置成本明细账"基本生产成本——生产步骤——产品名称"。第一步设置"直接材料""直接人工""制造费用"等成本项目,后续生产步骤设置"半成品""直接材料""直接人工""制造费用"等成本项目。

② 日常要素费用发生的处理。
③ 期末分配结转辅助生产成本、制造费用等生产成本账面费用。
④ 计算结转各步骤半成品成本至半成品仓库。
⑤ 计算完工产品成本。
⑥ 结转完工产品成本。
⑦ 对产成品成本中的半成品成本项目进行还原。

例 4-4 某企业有 3 个生产步骤,为连续式生产:原材料在第一步生产起点一次性投入;第一步生产半成品 A,第二步生产半成品 B,完工半成品均转入半成品仓库,供销售发货及后续生产步骤领用。本期计算的产成品及各步骤半成品成本如表 4-46 所示。对本月甲产品成本中的半成品成本项目金额还原为半成品原始成本项目金额,计算甲产品成本的"直接材料""直接人工""制造费用"等原始成本项目金额。

表 4-46 各步骤完工产品成本　　　　　　　　　　　　　　　　　　元

成本项目	半成品	直接材料	直接人工	制造费用	合　计
半成品 A 成本		579 000.00	164 000.00	95 000.00	838 000.00
半成品 B 成本	210 000.00		240 000.00	150 000.00	600 000.00
甲产品成本	398 952.40		507 317.20	458 536.40	1 364 806.00

(1) 计算上步骤半成品成本结构比,进行成本还原

① 计算半成品成本结构比,如表 4-47 所示。

表 4-47 半成品成本结构比计算表　　　　　　　　　　　　　　　　元

成本项目	半成品	直接材料	直接人工	制造费用	合　计
半成品 A 成本		579 000.00	164 000.00	95 000.00	838 000.00
成本结构比		69.09%	19.57%	11.34%	100.00%
半成品 B 成本	210 000.00		240 000.00	150 000.00	600 000.00
成本结构比	35.00%		40.00%	25.00%	100.00%

② 对产成品成本计算还原,如表 4-48 所示。

表 4-48 产成品成本还原计算表　　　　　　　　　　　　　　　　　元

成本项目	半成品	直接材料	直接人工	制造费用	合　计
还原前甲产品成本	398 952.40		507 317.20	458 536.40	1 364 806.00
半成品 B 成本结构比	35.00%		40.00%	25.00%	100.00%
还原出半成品 B 成本	139 633.34		159 580.96	99 738.10	398 952.40

单元四　产品成本计算方法应用

（续表）

成本项目	半成品	直接材料	直接人工	制造费用	合　计
半成品 A 成本结构比		69.09%	19.57%	11.34%	100.00%
还原出半成品 A 成本		96 472.67	27 326.24	15 834.43	139 633.34
还原后甲产品成本		96 472.67	694 224.40	574 108.93	1 364 806.00

（2）计算还原分配率，进行成本还原

按上步骤半成品成本项目结构比还原产成品成本中的半成品成本，也就是以上步骤半成品各成本项目金额为标准分配待还原半成品成本。因此，可以通过计算还原分配率进行成本还原，以使计算效率更高。其计算公式为：

$$还原分配率=\frac{本期完工产品成本中待还原半成品成本}{本期上步骤半成品成本总额}$$

还原的各成本项目金额=上步骤半成品各成本项目金额×还原分配率

用还原分配率还原产成品成本，如表 4-49 所示。

表 4-49　产成品成本还原计算表　　　　　　　　　　　　　　元

成本项目	半成品	直接材料	直接人工	制造费用	合　计
还原前甲产品成本	398 952.40		507 317.20	458 536.40	1 364 806.00
第二步半成品 B 成本	210 000.00		240 000.00	150 000.00	600 000.00
还原分配率	0.664 9				
还原额	139 629.00		159 576.00	99 747.40	398 952.40
第一步半成品 A 成本		579 000.00	164 000.00	95 000.00	838 000.00
还原分配率		0.166 6			
还原额		96 461.40	27 322.40	15 845.20	139 629.00
还原后甲产品成本		96 461.40	694 215.60	574 129.00	1 364 806.00

以下通过一个完整的实例，应用综合结转分步法进行产品成本核算。

例 4-5　某企业有 3 个生产步骤，为连续式生产。半成品转入半成品仓库，供本企业生产领用及对外销售；原材料在第一步生产开始时一次性投入。期末核算需要的产量等相关资料如表 4-50 所示，费用资料如表 4-51 所示。计算结转期末完工产品成本，进行产成品成本还原。

表 4-50　产量等相关资料

成本项目	第一步	第二步	第三步
月初在产品	9	5	2
本月投产（转入）	100	49	40
本月完工产品	75	50	40
月末在产品	34	4	2
在产品完工率/%	50	50	50

表 4-51 费用资料　　　　　　　　　　　　　　　　　　　　　　　　　　　　　　　　　　　　元

步骤	成本项目	直接材料（半成品）	直接人工	制造费用	合计
第一步	期初在产品成本	8 000.00	5 500.00	4 500.00	18 000.00
	本月发生费用	297 200.00	288 900.00	179 500.00	765 600.00
第二步	期初在产品成本	22 000.00	70 000.00	70 000.00	162 000.00
	本月发生费用	396 900.00	450 000.00	400 000.00	1 246 900.00
第三步	期初在产品成本	20 000.00	6 000.00	4 000.00	30 000.00
	本月发生费用	1 364 806.00	55 000.00	40 000.00	1 459 806.00

① 计算第一步完工半成品成本，如表 4-52 所示。

表 4-52　第一步产品成本计算单

成本项目	直接材料	直接人工	制造费用	合计
本月生产成本合计/元	305 200.00	294 400.00	184 000.00	783 600.00
约当总产量/件	109	92	92	
完工产品单位成本/（元/件）	2 800.00	3 200.00	2 000.00	8 000.00
完工产品成本/元	210 000.00	240 000.00	150 000.00	600 000.00

② 结转第一步完工半成品成本。

借：自制半成品——第一步半成品　　　　　　　　　　　　　　600 000.00
　　贷：基本生产成本——第一步　　　　　　　　　　　　　　　　600 000.00

③ 计算第二步完工半成品成本，如表 4-53 所示。

表 4-53　第二步产品成本计算单

成本项目	半成品 A	直接人工	制造费用	合计
本月生产成本合计/元	418 900.00	520 000.00	470 000.00	1 408 900.00
约当总产量/件	54	52	52	
完工产品单位成本/（元/件）	7 757.41	10 000.00	9 038.46	26 795.87
完工产品成本/元	387 870.50	500 000.00	451 923.00	1 339 793.50

④ 结转第二步完工半成品成本。

借：自制半成品——第二步半成品　　　　　　　　　　　　　1 339 793.50
　　贷：基本生产成本——第二步　　　　　　　　　　　　　　　1 339 793.50

⑤ 计算第三步完工产品成本，如表 4-54 所示。

表 4-54　第三步产品成本计算单

成本项目	半成品 B	直接人工	制造费用	合计
本月生产成本合计/元	1 384 806.00	61 000.00	44 000.00	1 489 806.00
约当总产量/件	42	41	41	
完工产品单位成本/（元/件）	32 971.57	1 487.80	1 073.17	35 532.54
完工产品成本/元	1 318 862.80	59 512.00	42 926.80	1 421 301.60

单元四 产品成本计算方法应用

⑥ 结转完工产品成本。
借：库存商品——产成品　　　　　　　　　　　1 421 301.60
　　贷：基本生产成本——第三步　　　　　　　　　　　1 421 301.60
⑦ 产成品成本还原，如表4-55所示。

表4-55　产成品成本还原计算表　　　　　　　　　　　　　　　　　　　　　　元

成本项目	还原分配率	半成品 （直接材料）	直接人工	制造费用	合　计
还原前总成本		1 318 862.80	59 512.00	42 926.80	1 421 301.60
第二步半成品成本		387 870.50	500 000.00	451 923.00	1 339 793.50
还原额及还原分配率	0.984 4	381 819.72	492 200.00	444 843.08	1 318 862.80
第一步半成品成本		210 000.00	240 000.00	150 000.00	600 000.00
还原额及还原分配率	0.636 4	133 644.00	152 736.00	95 439.72	381 819.72
还原后总成本		133 644.00	704 448.00	583 209.60	1 421 301.60

案中学　　　　　　　　　综合结转分步法的应用

某企业有3个基本生产车间，为连续式生产：材料在第一步生产开始时一次性投入；半成品均转入半成品仓库供后续生产领用；第三车间生产出产成品。采用逐步结转分步法（综合结转）计算完工产品成本。各步骤生产成本数据如表4-56所示。

表4-56　产品各步骤生产成本　　　　　　　　　　　　　　　　　　　　　　　元

成本项目	第一步		第二步		第三步	
	在产品成本	完工半成品	在产品成本	完工半成品	在产品成本	完工产品成本
直接材料	675.00	25 882.50	1 250.00	32 528.00	500.00	50 000.00
直接人工	128.25	9 561.75	285.00	4 275.00	228.00	4 104.00
制造费用	44.25	5 215.75	215.00	3 197.00	172.00	3 416.00
合　计	847.50	40 660.00	1 750.00	40 000.00	900.00	57 520.00

要求：根据表4-56分别按成本结构比和还原分配率进行产品成本还原，填制产品成本还原计算表。

① 计算半成品成本结构比进行还原，如表4-57所示。

表4-57　产品成本还原计算表　　　　　　　　　　　　　　　　　　　　　　　元

成本项目	还原前总成本	第二步半成品 成本结构比	还原额	第一步半成品 成本结构比	还原额	还原后总成本
直接材料						
直接人工						
制造费用						
合　计						

② 计算还原分配率进行还原，如表4-58所示。

表 4-58　产品成本还原计算表　　　　　　　　　　　　元

成本项目	还原前总成本	第二步半成品成本	还原额及还原分配率	第一步半成品成本	还原额及还原分配率	还原后总成本
还原分配率						
直接材料						
直接人工						
制造费用						
合　计						

五、平行结转分步法的应用

（一）平行结转分步法的 3 个要点

1. 各步骤计算结转的是完工产品应负担本步骤的成本

平行结转分步法期末计算结转各步骤完工产品成本，是将各步骤生产成本在狭义完工产品和广义在产品之间进行分配，即计算结转产成品所耗用的各步骤半成品所应当负担的各步骤生产成本。

2. 广义在产品

平行结转分步法各步骤只计算结转产成品所耗本步骤半成品的成本，期末本步骤生产成本明细账余额为广义在产品成本，包括期末本步骤正在生产的狭义在产品成本，以及本步骤已完工但未用以制成产成品的半成品成本。广义在产品由本步骤狭义在产品、仓库中结存的半成品、装配步骤在产品所领用的半成品等构成。

3. 投入产出比

生产一个单位的产成品所需消耗的某生产步骤半成品的数量，就是该步骤和产成品之间的投入产出比。例如，一辆轿车需要安装 1 台发动机、4 只轮胎，则发动机厂与装配厂的投入产出比为 1∶1、轮胎厂与装配厂的投入产出比为 4∶1。在计算产成品所耗用各步骤半成品数量，以及装配步骤在产品所耗用半成品数量时，分别要以产成品数量和装配步骤在产品数量乘以各步骤的投入产出比。

（二）平行结转分步法应用程序

1. 计算某步骤广义在产品约当产量

某步骤广义在产品约当产量 = 期末半成品仓库的半成品数量 +
后续步骤在产品占用的半成品数量 +
本步骤狭义在产品数量 × 投料率或完工率

式中，后续步骤在产品占用的半成品数量 = 后续步骤在产品数量 × 投入产出比

2. 计算某步骤半成品各成本项目单位成本

$$某步骤半成品各成本项目单位成本 = \frac{本步骤各成本项目生产成本}{本期产成品数量 \times 投入产出比 + 广义在产品约当产量}$$

单元四 产品成本计算方法应用

3. 计算由产成品负担的各步骤半成品成本

某步骤应结转给产成品的成本 = 产成品数量 × 投入产出比 × 本步骤半成品单位成本

4. 汇总产成品总成本

产成品总成本 = $\sum$ 各步骤应结转给产成品的成本

例 4-6 某汽车生产厂整车生产需要 2 万个零件。假设其中发动机、摆臂等 50 种部件自产，其余零部件由外部配套，采用平行结转分步法计算整车成本。有关生产数据如表 4-59 所示，生产成本数据如表 4-60 所示。运用平行结转分步法计算结转当期产品成本。

表 4-59 生产数据

产 量	发动机分厂/台	摆臂分厂/个	总装分厂/辆
本期完工数量	200	500	200
期末在产品数量	30	80	10
半成品仓库期末数量	50	300	—
投入产出比	1	4	1
投料率	100%	100%	100%
完工率	50%	50%	50%

表 4-60 生产成本数据   元

成本项目	直接材料	直接人工	制造费用	合　计
发动机分厂	1 450 000.00	1 925 000.00	2 200 000.00	5 575 000.00
摆臂分厂	1 220 000.00	2 360 000.00	1 180 000.00	4 760 000.00
总装分厂	10 500 000.00	2 870 000.00	4 100 000.00	17 470 000.00

① 计算各步骤应结转完工产品成本，如表 4-61 至表 4-63 所示。

表 4-61 发动机分厂产品成本计算单

	成本项目	直接材料	直接人工	制造费用	合　计
1	本期生产成本合计/元	1 450 000.00	1 925 000.00	2 200 000.00	5 575 000.00
2	投料率或完工率	100%	50%	50%	
3	狭义在产品约当产量/个	30	15	15	
4	库存半成品/个	50	50	50	
5	装配步骤在产品数量/个	10	10	10	
6	投入产出比	1	1	1	
7	广义在产品约当产量/个（7=3+4+5×6）	90	75	75	
8	产成品数量/个	200	200	200	
9	约当总产量/个（9=8×6+7）	290	275	275	
10	完工产品单位成本/（元/个）（10=1÷9）	5 000.00	7 000.00	8 000.00	20 000.00

(续表)

	成本项目	直接材料	直接人工	制造费用	合　计
11	结转至完工产品成本/元（11=8×6×10）	1 000 000.00	1 400 000.00	1 600 000.00	4 000 000.00

表 4-62　摆臂分厂产品成本计算单

	成本项目	直接材料	直接人工	制造费用	合　计
1	本期生产成本合计/元	1 220 000.00	2 360 000.00	1 180 000.00	4 760 000.00
2	投料率或完工率	100%	50%	50%	
3	狭义在产品约当产量/个	80	40	40	
4	库存半成品/个	300	300	300	
5	装配步骤在产品数量/个	10	10	10	
6	投入产出比	4	4	4	
7	广义在产品约当产量/个	420	380	380	
8	产成品数量/个	200	200	200	
9	约当总产量/个	1 220	1 180	1 180	
10	完工产品单位成本/（元/个）	1 000.00	2 000.00	1 000.00	4 000.00
11	结转至完工产品成本/元	800 000.00	1 600 000.00	800 000.00	3 200 000.00

表 4-63　总装分厂产品成本计算单

成本项目	直接材料	直接人工	制造费用	合　计
本期生产成本合计/元	10 500 000.00	2 870 000.00	4 100 000.00	17 470 000.00
在产品约当产量/个	10	5	5	
产成品数量/个	200	200	200	
约当总产量/个	210	205	205	
完工产品单位成本/（元/个）	50 000.00	14 000.00	20 000.00	84 000.00
结转至完工产品成本/元	10 000 000.00	2 800 000.00	4 000 000.00	16 800 000.00

② 汇总完工产品成本，如表 4-64 所示。

表 4-64　整车成本汇总表　　　　　　　　　　　　　　　　　　　　　元

成本项目	直接材料	直接人工	制造费用	合　计
发动机分厂计入	1 000 000.00	1 400 000.00	1 600 000.00	4 000 000.00
摆臂分厂计入	800 000.00	1 600 000.00	800 000.00	3 200 000.00
总装分厂计入	10 000 000.00	2 800 000.00	4 000 000.00	16 800 000.00
总成本	11 800 000.00	5 800 000.00	6 400 000.00	24 000 000.00
完工产品单位成本/（元/辆）	59 000.00	29 000.00	32 000.00	120 000.00

③ 编制结转完工产品成本的会计分录。
　　借：库存商品——整车　　　　　　　　　　　　　　　　　　　24 000 000.00
　　　　贷：基本生产成本——发动机分厂——发动机　　　　　　　　4 000 000.00

基本生产成本——摆臂分厂——摆臂	3 200 000.00
基本生产成本——总装分厂——整车装配	16 800 000.00

案中学　　　　　　　　　　平行结转分步法应用

某制造企业大量、多步骤装配式生产甲产品。其中，半成品 A 需要经过冷作、电镀两个车间生产后转入半成品仓库；半成品 B 在机加车间完成生产转入半成品仓库；装配车间领用半成品及外购件组装生产甲产品。本月产量资料如表 4-65 所示，期末账面费用资料如表 4-66 所示。

表 4-65　产量资料　　　　　　　　　　　　　　　　　　件

成本项目	机加车间 B	冷作车间 A	电镀车间 A	装配车间
本月完工产品数量	100	160	150	90
月末在产品数量	20	40	10	20
半成品仓库	40		30	
在产品投料率	100%	100%	100%	100%
在产品完工率	50%	50%	50%	50%
投入产出比	1	2	2	1

表 4-66　期末账面费用资料　　　　　　　　　　　　　　元

成本项目	直接材料	直接人工	制造费用	合　计
机加车间	170 000.00	120 000.00	80 000.00	370 000.00
冷作车间	150 000.00	999 600.00	124 880.00	127 448.00
电镀车间	499 200.00	62 500.00	74 970.00	636 670.00
装配车间	200 000.00	85 000.00	65 000.00	350 000.00

要求：采用平行结转分步法完成本月成本核算。

① 计算并填写各生产部门产品成本计算单，如表 4-67 至表 4-70 所示。

表 4-67　机加车间产品成本计算单

产品：B

成本项目	直接材料	直接人工	制造费用	合　计
本月生产成本合计/元				
狭义在产品约当产量/件				
广义在产品约当产量/件				
约当总产量/件				
完工产品单位成本/（元/件）				
结转至完工产品成本/元				

表 4-68　冷作车间产品成本计算单

产品：A

成本项目	直接材料	直接人工	制造费用	合　计
本月生产成本合计/元				

(续表)

成本项目	直接材料	直接人工	制造费用	合 计
狭义在产品约当产量/件				
广义在产品约当产量/件				
约当总产量/件				
完工产品单位成本/(元/件)				
结转至完工产品成本/元				

表 4-69　电镀车间产品成本计算单

产品：A

成本项目	直接材料	直接人工	制造费用	合 计
本月生产成本合计/元				
狭义在产品约当产量/件				
广义在产品约当产量/件				
约当总产量/件				
完工产品单位成本/(元/件)				
结转至完工产品成本/元				

表 4-70　装配车间产品成本计算单

产品：甲

成本项目	直接材料	直接人工	制造费用	合 计
本月生产成本合计/元				
在产品约当产量/件				
约当总产量/件				
完工产品单位成本/(元/件)				
结转至完工产品成本/元				

② 汇总完工产品成本（见表 4-71），并据以编制结转会计分录。

表 4-71　完工产品成本汇总表　　　　　　　　　　　　　　　　　　　　元

成本项目	直接材料	直接人工	制造费用	合 计
机加车间——B				
冷作车间——A				
电镀车间——A				
装配车间——甲				
合 计				

任务实现

① 江海机床集团的主要产品螺纹磨床和丝杠磨床生产的组织特点为大量生产，生产工艺特点为多步骤，要求分步计算完工产品成本。

② 上述主要产品适用的成本计算方法为分步法。

③ 各"基本生产成本"账户的明细账应设置的成本项目为：铸造车间各产品成本的明细账设"直接材料""直接人工""制造费用"等成本项目；机加车间各产品成本的明细账设"半成品""直接人工""制造费用"等成本项目；装配车间各产品成本的明细账设"半成本""直接材料""直接人工""制造费用"等成本项目。

④ 编制结转完工产品成本的会计分录。

〈1〉结转铸造车间完工产品成本。

借：自制半成品——铁铸件　　　　　　　　　　　　　　705 000.00
　　自制半成品——铝铸件　　　　　　　　　　　　　　534 452.00
　　　贷：基本生产成本——铸造车间——铁铸件　　　　705 000.00
　　　　　基本生产成本——铸造车间——铝铸件　　　　534 452.00

〈2〉结转机加车间完工产品成本。

借：基本生产成本——装配车间——螺纹磨床　　　　　　379 000.00
　　基本生产成本——装配车间——丝杠磨床　　　　　　499 015.00
　　　贷：基本生产成本——机加车间——螺磨床身　　　379 000.00
　　　　　基本生产成本——机加车间——丝磨床身　　　499 015.00

〈3〉结转装配车间完工产品成本。

借：库存商品——螺纹磨床　　　　　　　　　　　　　　779 967.70
　　库存商品——丝杠磨床　　　　　　　　　　　　　　715 113.00
　　　贷：基本生产成本——装配车间——螺纹磨床　　　779 967.70
　　　　　基本生产成本——装配车间——丝杠磨床　　　715 113.00

⑤ 将完工产成品成本还原为产品生产发生的"直接材料""直接人工""制造费用"等成本项目，如表 4-72 和表 4-73 所示。

表 4-72　产品成本还原计算表

产品名称：螺纹磨床　　　　产量：10 台　　　　　　　　　　　　　　　　元

成本项目	还原分配率	半成品	直接材料	直接人工	制造费用	合　计
还原前产品成本		187 841.30	138 495.00	106 206.10	347 425.30	779 967.70
成本还原	0.266 4		124 675.20	40 759.20	22 406.90	187 841.30
还原后产成品总成本			263 170.20	146 965.30	369 832.20	779 967.70
完工产品单位成本/（元/台）			26 317.02	14 696.53	369 83.22	77 996.77

表 4-73　产品成本还原计算表

产品名称：丝杠磨床　　　　产量：5 台　　　　　　　　　　　　　　　　元

成本项目	还原分配率	半成品	直接材料	直接人工	制造费用	合　计
还原前产品成本		104 856.00	115 890.00	184 722.00	309 645.00	715 113.00
成本还原	0.196 2		71 206.87	19 290.78	14 358.35	104 856.00
还原后产成品总成本			187 096.87	204 012.78	324 003.35	715 113.00
完工产品单位成本/（元/台）			37 419.37	40 802.56	64 800.67	143 022.60

任务总结

概括分步法各种应用类型的应用范围及要点，如图4-3所示。

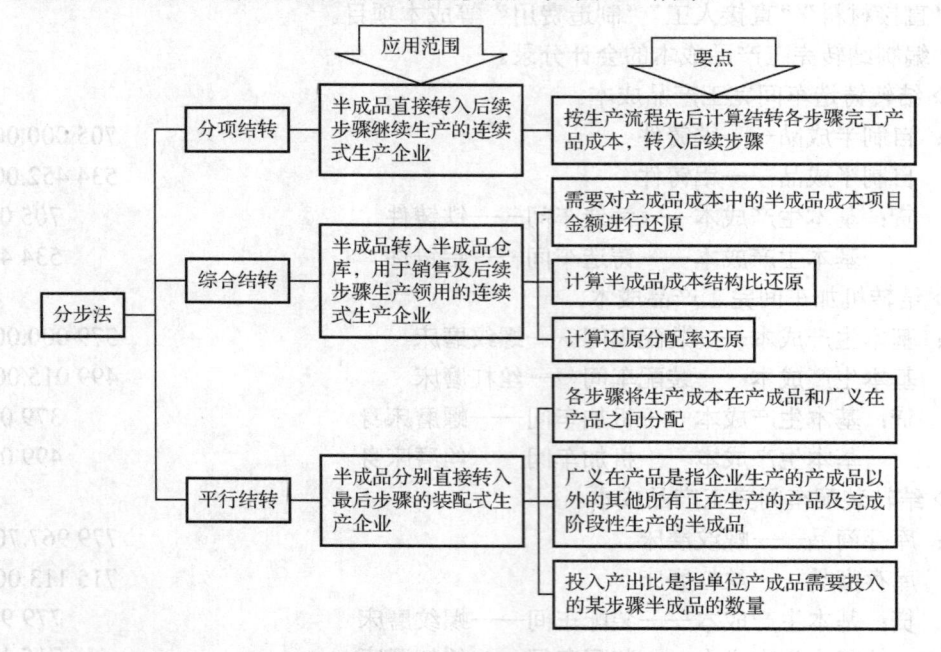

图4-3 分步法各种应用类型的应用范围及要点

分类	应用范围	要点
分项结转	半成品直接转入后续步骤继续生产的连续式生产企业	按生产流程先后计算结转各步骤完工产品成本，转入后续步骤
综合结转	半成品转入半成品仓库，用于销售及后续步骤生产领用的连续式生产企业	需要对产成品成本中的半成品成本项目金额进行还原；计算半成品成本结构比还原；计算还原分配率还原
平行结转	半成品分别直接转入最后步骤的装配式生产企业	各步骤将生产成本在产成品和广义在产品之间分配；广义在产品是指企业生产的产成品以外的其他所有正在生产的产品及完成阶段性生产的半成品；投入产出比是指单位产成品需要投入的某步骤半成品的数量

任务测试

在线测试

一、单项选择题

1. 在逐步结转分步法下，各步骤完工产品和在产品之间分配费用是指在（　　）之间分配费用。
   A. 产成品和在产品
   B. 半成品和在产品
   C. 产成品和广义在产品
   D. 本步骤完工半成品或产成品和本步骤在产品

2. 在平行结转分步法下，各步骤完工产品和在产品之间分配费用是指在（　　）之间分配费用。
   A. 产成品和在产品
   B. 半成品和在产品
   C. 产成品和广义在产品
   D. 本步骤完工半成品或产成品和本步骤在产品

3. 进行成本还原，应以还原分配率分别乘以（　　）。
   A. 本月产成品各个成本项目的费用
   B. 本月所耗半成品各个成本项目的费用

C．本月所产该种半成品各个成本项目的费用
D．本月所耗该种半成品各个成本项目的费用

4．某种产品由 3 个步骤制成，采用逐步结转分步法计算成本：本月第一步骤转入第二步骤的生产费用为 2 300 元，第二步骤转入第三步骤的生产费用为 4 100 元；本月第三步骤发生的费用为 2 500 元（不包括上一步骤转入的费用）；第三步骤月初在产品费用为 800 元、月末在产品费用为 600 元。本月该种产品的产成品成本为（　　）元。

A．10 900　　　　B．6 800　　　　C．6 400　　　　D．2 700

5．分步法的主要特点是（　　）。

A．为了计算半成品成本　　　　B．为了计算各步骤应计入产成品份额
C．按产品的生产步骤计算产品成本　　　　D．分批次计算产品成本

二、多项选择题

1．在逐步结转分步法下，实行综合结转的原因是（　　）。

A．半成品转入半成品仓库　　　　B．半成品产能较大且市场有需求
C．半成品仅满足后续生产需要　　　　D．会计人员自主决定

2．在平行结转分步法下，产品成本计算的内容包括（　　）。

A．本步骤完工产品单位成本　　　　B．产成品应负担的成本
C．本步骤完工产品总成本　　　　D．本步骤正在生产的产品的成本

3．广义在产品包括（　　）。

A．尚在本步骤加工中的在产品
B．企业最后一个步骤的完工产品
C．半成品库结存的半成品
D．后续步骤的在产品所领用的半成品

4．平行结转分步法的适用情况是（　　）。

A．产品种类多、计算和结转半成品工作量大
B．装配式多步骤生产零部件较多
C．管理上不要求提供原始成本项目反映的产成品成本资料
D．管理上不要求全面反映各个步骤的生产耗费水平

5．在平行结转分步法下，对于完工产品和在产品之间费用的分配，正确的说法是指（　　）之间的费用分配。

A．产成品和广义的在产品
B．产成品和狭义的在产品
C．各步骤完工半成品和月末加工中的在产品
D．应计入产成品的份额和广义的在产品

三、判断题

1．平行结转分步法不用计算半成品单位成本。（　　）
2．半成品全部转入后续步骤继续生产的多步骤生产企业适用综合结转分步法。（　　）
3．不会对外销售的半成品为减少储存成本，不应转入半成品库。（　　）
4．应用平行结转分步法的企业，应建立完备的半成品总账，并严格进行账账、账实核对。（　　）

5．综合结转分步法计算还原分配率比计算半成品成本结构比还原成本的处理效率低。
（　　）

四、简答题

1．逐步结转分步法的适用范围及其分类是什么？

2．平行结转分步法的适用范围及成本计算要点是什么？

3．在平行结转分步法下，半成品部分用于销售，部分经仓库转入最终步骤，如何计算结转完工半成品销售成本及产成品成本？

五、实训题

1．某企业有3个基本生产车间，生产甲产品，生产开始时一次性投入全部材料，顺序进行加工，第三车间生产出产成品。采用逐步结转分步法（综合结转）计算甲产品完工产品成本，如表4-74所示。

表4-74　甲产品完工产品成本计算表　　　　　　　　　　　　　　　　　　　元

成本项目	第一步		第二步		第三步	
	在产品成本	完工半成品	在产品成本	完工半成品	在产品成本	完工产品成本
直接材料	675.00	26 125.00	1 250.00	40 652.50	500.00	49 124.50
直接人工	128.25	9 561.75	285.00	4 275.00	228.00	4 104.00
制造费用	44.25	5 215.75	215.00	3 197.00	172.00	3 416.00
合　计	847.50	40 902.50	1 750.00	48 124.50	900.00	56 644.50

要求：根据表4-74的数据进行甲产品成本还原，编制甲产品成本还原计算表，如表4-75所示。

表4-75　甲产品成本还原计算表　　　　　　　　　　　　　　　　　　　　　元

成本项目	还原前总成本	第二步半成品成本	还原额及还原分配率	第一步半成品成本	还原额及还原分配率	还原后总成本
还原分配率						
直接材料						
直接人工						
制造费用						
合　计						

2．某企业生产甲产品，该产品顺序经过第一、二、三加工步骤：第一步投入原材料后生产半成品A，交第二步生产半成品B，再交第三步加工成甲产成品；原材料在第一步开始生产时一次性投入，各步骤的加工程度均为50%。该企业采用综合结转分步法计算产品成本，自制半成品通过半成品库收发，发出自制半成品的计价采用加权平均法。该企业2023年4月生产业务的资料如下。

① 产量资料如表4-76所示。

表4-76　产量资料　　　　　　　　　　　　　　　　　　　　　　　　　　　件

步　骤	月初在产品	本月投入	本月完工	月末在产品
第一步	50	300	240	110

174

（续表）

步骤	月初在产品	本月投入	本月完工	月末在产品
第二步	30	250	200	80
第三步	80	190	250	20

② 月初在产品成本资料如表 4-77 所示。

表 4-77　月初在产品成本资料　　　　　　　　　　　　　　　　　　　　元

步　骤	直接材料	自制半成品	直接人工	制造费用	合　计
第一步	3 500.00		690.00	1 400.00	5 590.00
第二步		4 190.00	430.00	1 380.00	6 000.00
第三步		18 250.00	7 100.00	3 950.00	29 300.00
合　计	3 500.00	22 440.00	8 220.00	6 730.00	40 890.00

③ 月初库存：半成品 A 月初库存 60 件；实际成本 8 700 元；半成品 B 月初无库存。
④ 本月生产成本如表 4-78 所示。

表 4-78　本月生产成本　　　　　　　　　　　　　　　　　　　　　　元

步　骤	直接材料	直接人工	制造费用	合　计
第一步	28 000.00	5 800.00	9 810.00	43 610.00
第二步		10 850.00	10 620.00	21 470.00
第三步		21 500.00	19 450.00	40 950.00
合　计	28 000.00	38 150.00	39 880.00	106 030.00

要求：① 计算各步骤半成品成本和完工产品成本，将计算过程和结果填入产品成本计算单，如表 4-79 至表 4-81 所示。

表 4-79　产品成本计算单

车间名称：第一步
半成品名称：半成品 A　　　　　　完工产量：　　　　　　　　　　　　　元

成本项目	直接材料	直接人工	制造费用	合　计
月初在产品成本				
本月生产成本				
本月生产成本合计				
完工产品单位成本/（元/件）				
完工产品成本				
月末在产品成本				

表 4-80　产品成本计算单

车间名称：第二步
产品名称：半成品 B　　　　　　完工产量：　　　　　　　　　　　　　元

成本项目	半成品	直接人工	制造费用	合　计
月初在产品成本				

(续表)

成本项目	半成品	直接人工	制造费用	合　计
本月生产成本				
本月生产成本合计				
完工产品单位成本/（元/件）				
完工产品成本				
月末在产品成本				

表 4-81　产品成本计算单

车间名称：第三步
产品名称：在产品甲　　　　　　　　　　　完工产量：　　　　　　　　　　　　　　　元

成本项目	半成品	直接人工	制造费用	合　计
月初在产品成本				
本月生产成本				
本月生产成本合计				
完工产品单位成本/（元/件）				
完工产品成本				
月末在产品成本				

② 登记半成品 A 的明细账，如表 4-82 所示。

表 4-82　半成品明细账

名称：半成品 A　　　　　　　　　　　　　　　　　　　　　　　　　　　　　　　　元

摘　要	收　入			发　出			结　存		
	数量/件	单价/（元/件）	金　额	数量/件	单价/（元/件）	金　额	数量/件	单价/（元/件）	金　额
月初余额									
交库									
二车间领用									

③ 进行成本还原，填写产品成本还原计算表，如表 4-83 所示。

表 4-83　产品成本还原计算表

产品名称：产成品甲
产量：　　　　　　　　　　　　　　　　　　　　　　　　　　　　　　　　　　　元

成本项目	半成品		直接材料	直接人工	制造费用	合　计
	B	A				
还原前产品成本						
第一次还原						
第二次还原						
还原后产成品总成本						
产成品单位成本/（元/件）						

3. 某汽车生产厂整车生产需要 2 万个零件。假设其中发动机、轮胎等 50 种部件自产，其余由外部配套。有关生产统计资料如表 4-84 所示，生产成本资料如表 4-85 所示。要求：运用平行结转分步法计算完工产品成本，填写成本计算单（见表 4-86 至表 4-89），并编制会计分录。

表 4-84　生产统计资料

产　量	发动机分厂/台	轮胎分厂/个	总装分厂/辆
本月完工数量	200	500	200
月末在产品数量	30	80	10
半成品仓库期末数量	50	300	
投入产出比	1	4	1
投料率	100%	100%	100%
完工率	50%	50%	50%

表 4-85　生产成本资料　　　　　　　　　　　　　　　　　　　　　　　　元

本期生产费用	直接材料	直接人工	制造费用	合　计
发动机分厂	1 450 000.00	1 925 000.00	2 200 000.00	5 575 000.00
轮胎分厂	1 220 000.00	2 360 000.00	1 180 000.00	4 760 000.00
总装分厂	10 500 000.00	2 870 000.00	4 100 000.00	17 470 000.00

表 4-86　产品成本计算单

生产步骤：发动机分厂

成本项目	直接材料	直接人工	制造费用	合　计
本月生产成本合计/元				
狭义在产品约当产量/台				
广义在产品约当产量/台				
约当总产量/台				
完工产品单位成本/（元/台）				
结转至完工产品成本/元				

表 4-87　产品成本计算单

生产步骤：轮胎分厂

成本项目	直接材料	直接人工	制造费用	合　计
本月生产成本合计/元				
狭义在产品约当产量/个				
广义在产品约当产量/个				
约当总产量/个				
完工产品单位成本/（元/个）				
结转至完工产品成本/元				

表 4-88 产品成本计算单

生产步骤：总装分厂

成本项目	直接材料	直接人工	制造费用	合　计
本月生产成本合计/元				
狭义在产品约当产量/辆				
广义在产品约当产量/辆				
约当总产量/辆				
完工产品单位成本/（元/辆）				
结转至完工产品成本/元				

表 4-89 产成品成本汇总表

产品：整车　　数量：200 辆　　　　　　　　　　　　　　　　　　　　　　　　　　　　元

成本项目	直接材料	直接人工	制造费用	合　计
发动机分厂计入				
轮胎分厂计入				
总装分厂计入				
产成品总成本				
完工产品单位成本/（元/辆）				

4. 计算江海机床集团机加车间半成品成本，直接转装配车间（分项结转）。本月机加车间螺磨床身完工 42 台，在产品 6 台；丝磨床身完工 110 台，在产品 20 台。原材料在生产起点一次性投入，在产品平均完工程度 50%。

要求：① 根据所开设的机加车间生产成本明细账(见单元一任务四的任务测试实训题)，对月初余额和要素费用发生处理的会计分录进行记账（依据单元二所有任务的任务测试实训题的账务处理数据）。

② 对月末账面费用分配结转的有关会计分录进行记账（依据单元三任务一、任务二的任务测试实训题的账务处理数据）。

③ 计算本月各生产成本明细账的本月生产成本合计。

④ 计算本月丝磨床身、螺磨床身完工产品成本。

⑤ 编制结转完工产品成本的会计分录。

5. 计算江海机床集团装配车间完工产品（机床）成本，对产成品成本的半成品成本项目进行成本还原。本月装配车间螺纹磨床完工 20 台，在产品 5 台；丝杠磨床完工 10 台，在产品 5 台。原材料在生产起点一次性投入，在产品完工平均程度 50%。

要求：① 根据所开设的装配车间生产成本明细账(依据单元一任务四的任务测试实训题)，对月初余额和要素费用发生处理的会计分录进行记账（依据单元二所有任务的任务测试实训题的账务处理数据）。

② 对月末账面费用分配结转的有关会计分录进行记账（依据单元三任务一、任务二的任务测试实训题的账务处理数据）。

③ 对月末机加车间结转完工产品成本的会计分录进行记账。

④ 计算本月各生产成本明细账的本月生产成本合计。

⑤ 计算本月丝杠磨床、螺纹磨床完工产品成本。
⑥ 编制结转完工产品成本的会计分录。
⑦ 进行产品成本还原。

任务四　应用成本计算辅助方法

任务情境

情境描述

微课：成本计算辅助方法

江海机床集团下属齿轮厂生产齿轮的材料按计划价格计价，人工工时执行标准（定额）工时。本月生产 M3 齿轮的主要生产材料某型锻钢的定额耗用量为 480 千克，实际耗用为 500 千克，材料计划单价 4 元/千克，当月材料成本差异率为超支差 1%；人工工时按定额工时计算，实际完成工时 600 小时，标准小时工资率为 25 元/小时，实际小时工资率为 30 元/小时；定额制造费用 2 010 元，实际分配制造费用 2 000 元，其中变动制造费用预算分配率为 2 元，实际分配率为 1.80 元；月末盘点确认在产品定额成本 2 400 元，其中直接材料 800 元、直接人工 1 300 元、制造费用 300 元。

任务要求

① 计算本月生产成本脱离定额差异。
② 在产品按定额成本计价法计算完工产品总成本。

任务分析

成本计算辅助方法是在基本方法（品种法、分批法、分步法）的应用基础上，结合企业产品生产及成本管理的特殊性，为提高成本核算效率与管理效果而采取的辅助方法。例如，分类法是针对企业产品品种或规格繁多的生产企业，将产品归类进行成本核算；定额法是针对实施定额成本管理制度的企业，在实际成本与定额成本差异计算分析的基础上进行产品成本核算；作业成本法是针对实施作业成本管理制度的企业，按作业进行成本归集，计算产品成本。成本计算辅助方法随着生产及管理的变化而变化。

应用分类法对一类产品计算完工产品成本。一类产品相当于一个品种，较为容易，主要在于选择适当的标准将完工产品成本分配给类内各种产品。应用定额法的重点在于分析成本差异产生的原因。作业成本法以作业归集成本的目的在于明确成本动因，以提高成本分配的客观准确性，从而对作业进行优化管理，有效管控成本。

相关知识

一、分类法

分类法是按产品类别归集生产费用，计算各类完工产品总成本，然后按一定标准分配计算类内各种（或不同规格）产品成本的一种成本计算方法。分类法作为一种辅助方法，目的是简化成本账户设置，以提高成本核算工作效率。

（一）分类法的适用范围

分类法适用于产品品种、规格繁多且能够按一定标准分类的大量生产的企业。例如，电器元件、针织品、食品、化学试剂生产等企业。它也适用于联产品、副产品和等级品生产的企业。

（二）分类法的成本核算程序

① 按产品类别作为成本计算对象，开设账簿。依据各种产品的性质、结构、用途等特点，把所耗原材料相同或相近、工艺过程相同或相近的不同产品适当归类，以类别作为成本计算对象。

② 按产品类别归集生产成本，计算完工产品成本。

③ 完工产品成本在类内各产品之间进行分配。

某一类完工产品成本的类内分配要选择与产品成本有密切联系的分配标准。对于原材料较单一、成本和原材料之间联系较密切的产品，常用的标准有重量、体积、长度等；对于原材料及生产工艺较复杂的产品，可采用系数法。

① 选择类内产量大、生产稳定的产品作为标准产品，单位产品系数定为1，再根据产品工艺技术等相关因素推算确定其他产品系数。

② 折算类内各种完工产品总系数。

$$类内某完工产品系数=该产品完工产品数量×系数标准$$
$$总系数=\sum 类内各种完工产品系数$$

③ 按系数计算分配各产品成本。

$$单位系数分配率=待分配完工产品成本÷总系数$$
$$类内某种产品应分配成本=类内某完工产品系数×单位系数分配率$$

例 4-7 某企业产品品种繁多，应用分类法将产品分为五大类，其中 Y 类产品当期生产成本总额为 3 478 200 元，期末没有在产品。采用系数法将完工产品成本在类内各产品之间分配，具体系数及计算如表 4-90 所示。

表 4-90 Y 类产品成本类内分配表

产品规格	Y7W	Y15W	Y25W	合 计
系数标准	0.5	1	1.8	
完工产品数量/只	50 000	200 000	50 000	
完工产品系数	25 000	200 000	90 000	315 000
完工产品总成本/元				3 478 200.00
单位系数分配率/元				11.041 9
分配成本/元	276 047.50	2 208 380.00	993 772.50	3 478 200.00

依据表 4-90 编制结转完工产品成本的会计分录如下。

```
借：库存商品——Y7W                           276 047.50
    库存商品——Y15W                        2 208 380.00
    库存商品——Y25W                          993 772.50
    贷：生产成本——Y类产品                             3 478 200.00
```

（三）联产品、副产品、等级品的成本计算

1. 联产品成本计算

联产品是企业利用同种原材料，在同一生产过程中同时生产出的几种使用价值不同的主要产品。例如，炼油厂以原油为主要原材料进行冶炼，生产出汽油、煤油和柴油等主要产品。

联产品分离前的生产加工成本归集在同一账户中，期末将联产品视作一类产品计算完工产品成本，再将完工产品成本在各联产品之间分配。

2. 副产品成本计算

副产品是企业在主要产品生产过程同时，附带生产出的一些非主要产品。例如，炼油厂在炼油过程生产出的除主要产品外的石油焦，不锈钢零件车削加工生产中由车床加工车出的可作为"清洁球"的金属细丝等。副产品一般价值相对较低。

副产品成本的计算既可按分类法分配类内产品成本，也可采用其他方法，如采用售价倒挤法计算确定其应负担的分离前的生产成本。具体区分以下几种情况。

① 对于价值极低，需要进一步加工后才能销售的副产品，可不负担分离前成本。

② 对于价值较低，或者不需要进一步加工，可直接用于销售的副产品，一般应负担分离前成本，否则会造成副产品账实不符。企业既可根据实际情况选择适当的分配标准分配成本，也可以简化计算。

③ 对于售价较稳定的副产品，以其售价减去销售费用及销售税金后的余额确定为副产品所应负担的分离前成本。

④ 对于售价不稳定的副产品，以平均价格或计划价格确定其成本，负担分离前成本。

3. 等级品成本计算

等级品是以同种原材料，经过同一生产过程生产出的品种相同，但品质有所差别的产品。对不同的产品品质分类，形成一等品、二等品、三等品等等级品。

等级品是因生产技术和加工过程不可控因素而造成的，但所使用的原材料、加工过程完全相同。因此，不同的等级品在实际生产中所发生的耗费完全相同，所应分配承担的生产成本本应相同。但有些企业的产品生产会出现较多等级品，且不同等级品的销售价格差异较大，低等级品销售价格可能低于平均成本水平，所以当不同等级品在不同时期销售量结构改变时，会造成企业损益出现较大波动，而企业的实际生产经营情况并没有发生改变。因此，需要对不同等级品所承担的成本做相应调整，以避免影响会计信息质量。

通常情况下，等级品成本分配以单位售价为比例确定标准系数，再根据各等级品实际产量计算系数，然后按系数计算分配成本。这种方法就是分类法的具体应用——使售价高的等级品负担较高的成本、售价低的等级品负担较低的成本，从而使产品销售收入与成本费用的配比关系更为合理。

二、定额法

定额法是企业采用定额成本进行生产成本控制管理的条件下，在定额成本差异计算分析的基础上，计算完工产品实际成本的成本计算辅助方法。企业实施生产成本定额管理，在日常成本管控中通过计算各项成本脱离定额差异，分析产生差异的原因，对生产中造成成本上升的人为因素进行纠正，对客观因素的影响制定应对策略，以便有效管控成本。在产品成本计算中借助定额成本分析数据辅助开展产品成本核算，将成本管理与成本核算有机结合，有利于提高成本管理与成本计算的工作效率。

（一）适用范围

定额法适用于对产品生产成本实行定额成本管理制度，制定了完善的定额标准，进行成本差异计算、分析和考核的企业。这类企业的产品品种及规格、型号较为稳定，原材料一般采用计划成本计价。

（二）定额法的成本核算程序

1. 按定额成本分析要求设置"生产成本"账户的明细账

定额法下"生产成本"账户的明细账各成本项目应设置"定额成本""脱离定额差异""定额变动差异"3个栏次，如表4-91所示。

表4-91　生产成本明细账（定额法）　　　　　　　　　　　　　　　　元

年		字号	摘要	直接材料			直接人工			制造费用		
月	日			定额成本	脱离定额差异	定额变动差异	定额成本	脱离定额差异	定额变动差异	定额成本	脱离定额差异	定额变动差异

（1）定额成本

　　直接材料定额成本=实际产量×单位产品材料消耗定额×材料计划单价
　　直接人工定额成本=实际产量×单位产品工时定额×计划小时工资率
　　制造费用定额成本=实际产量×单位产品工时定额×计划小时费用率

（2）脱离定额差异

脱离定额差异是因生产过程未准确执行定额标准，所产生的实际成本与定额成本的差。它反映生产过程中费用的节约与超支，在成本核算中经常发生。

　　脱离定额差异=实际数量×实际价格-标准数量×标准价格

（3）定额变动差异

定额变动差异是企业因技术革新、生产条件变化等原因，对定额标准进行修订，在执行新定额的月份需要对月初在产品定额成本做调整而产生的差异。它只有在执行新定额时才会发生。

　　期初在产品成本定额变动差异=旧定额成本-新定额成本

当成本业务发生时，根据有关业务单据，计算实际成本与定额成本的差异，按定额成本与成本差异分别记入"生产成本"账户的明细账。

2. 归集生产成本，分析成本脱离定额差异

在定额法应用中，日常成本差异分析主要是揭示成本脱离定额的原因，以寻求解决成本上升问题的措施。这是定额成本核算和管理最重要的环节。一般情况下，将成本脱离定额差异划分为数量差异和价格差异。

（1）数量差异

数量差异计算分析的基本公式为：

$$数量差异=（实际数量-标准数量）\times 标准价格$$

具体计算公式为：

① 直接材料数量差异=（实际消耗量-定额消耗量）×材料计划单价
② 直接人工数量（效率）差异=（实际工时-定额工时）×标准小时工资率
③ 变动制造费用数量（效率）差异=（实际工时-定额工时）×标准小时费用率

公式①中，直接材料消耗量超支差或节约差"（实际消耗量-定额消耗量）"的分析，在实务中既可通过实际领料超过或不足于限额领料单的数量确定，也可以通过对领用原材料进行实物盘点确定。

公式②、③中，当生产工人工资采用计件制，以工人所生产产品的定额工时为工资计算标准时，公式②、公式③均为0，无须计算这两项数量差异。

（2）价格差异

价格差异计算分析的基本公式为：

$$价格差异=实际数量\times（实际价格-标准价格）$$

具体计算公式为：

① 直接材料价格差异=材料实际消耗量×（材料实际价格-材料计划价格）
② 直接人工价格（工资率）差异=实际工时×（实际工资率-标准工资率）
③ 变动制造费用价格（开支）差异=实际工时×（实际小时费用率-标准小时费用率）

当企业原材料实行计划价格计价时，材料日常核算所反映的就是实际消耗量下的计划成本，公式①为0，无须计算。分配材料成本差异时，作为价格差异记入"直接材料"成本项目"脱离定额差异"行。对材料采购价格脱离定额标准（计划价格）的管控是企业供应环节成本管控的内容，应建立相应的管理制度。

综上所述，在原材料采用计划价格计价、人工工时执行标准（定额）工时的企业，日常定额成本管理对脱离定额差异的分析主要是计算直接材料数量差异、直接人工价格（工资率）差异、变动制造费用价格（开支）差异。

3. 填制产品成本计算单（见表4-92），分配定额成本差异

表4-92 产品成本计算单（定额法）

产品： 完工产量： 元

成本项目		直接材料	直接人工	制造费用	合　计
本期生产成本合计	定额成本				
	脱离定额差异				
	定额变动差异				
	小　计				

(续表)

成本项目		直接材料	直接人工	制造费用	合　计
分配率	脱离定额差异				
	定额变动差异				
产成品成本	定额成本				
	脱离定额差异				
	定额变动差异				
	小　计				
在产品成本	定额成本				
	脱离定额差异				
	定额变动差异				
	小　计				

脱离定额差异的分配可根据企业实际情况，选择在产品按定额成本计价法，将差异全部由完工产品负担；或者选择定额比例法计算分配率，将差异在完工产品和在产品之间分配。

定额变动差异金额较小，或者产品生产周期小于一个月时，一般全部计入当期完工产品成本。

产品实际成本=定额成本±脱离定额差异±定额变动差异

4. 结转完工产品成本，编制会计分录

例 4-8 某企业生产甲产品，原材料在生产开始时一次性投入，在产品平均完工率为50%。企业实施定额成本管理制度，完工产品成本计算采用定额比例法。本期期初在产品100件，在产品成本为：直接材料定额成本10 000元，差异700元；直接人工定额成本750元，差异80元；制造费用定额成本250元，差异40元。

本期发生以下业务。

① 本期因新设备投入使用，甲产品定额消耗量标准由原来的20 cm^2/件修订为10 cm^2/件，原材料计划价格仍为5元/cm^2。

② 根据本期下达生产任务300件，填制限额领料单领用材料3 000 cm^2，计划成本15 000.00元；生产中另填制普通领料单追加领料200 cm^2，计划成本1 000元。

③ 完工产品采用计件工资制，单位产品定额工时为5小时。本期完工产品350件，在产品50件，在产品完工率50%；本期生产完成定额工时1 625小时；实际工资率3.5元/小时；工资总额5 687.50元；标准工资率3元/小时。

④ 变动制造费用实际小时费用率为1.8元/小时，标准小时费用率为1元/小时。

⑤ 期末分配材料成本差异，本期材料成本差异率为8%。

运用定额比例法计算甲产品完工产品成本，填制产品成本计算单。

（1）调整材料消耗定额

期初在产品成本定额变动差异=10 000－100×10×5=5 000（元）

借：生产成本——甲产品（直接材料）（变动差异）　　　　　　　　　5 000.00
　　贷：生产成本——甲产品（直接材料）（定额成本）　　　　　　　　5 000.00
（2）领用材料
直接材料数量差异=（3 200-3 000）×5=200×5=1 000（元）
借：生产成本——甲产品（直接材料）（定额成本）　　　　　　　　15 000.00
　　生产成本——甲产品（直接材料）（脱离差异）　　　　　　　　　1 000.00
　　贷：原材料　　　　　　　　　　　　　　　　　　　　　　　　　16 000.00
（3）分配工资费用
直接人工价格（工资率）差异=1 625×(3.5-3)=812.50（元）
借：生产成本——甲产品（直接人工）（定额成本）　　　　　　　　　4 875.00
　　生产成本——甲产品（直接人工）（脱离差异）　　　　　　　　　812.50
　　贷：应付职工薪酬——工资　　　　　　　　　　　　　　　　　　5 687.50
（4）结转间接费用
变动制造费用价格（开支）差异=1 625×(1.8-1)=1 300（元）
借：生产成本——甲产品（制造费用）（定额成本）　　　　　　　　　1 625.00
　　生产成本——甲产品（制造费用）（脱离差异）　　　　　　　　　1 300.00
　　贷：制造费用　　　　　　　　　　　　　　　　　　　　　　　　2 925.00
（5）期末分配材料成本差异
材料成本差异=3 200×5×8%=1 280.00（元）
借：生产成本——甲产品（直接材料）（脱离差异）　　　　　　　　　1 280.00
　　贷：材料成本差异　　　　　　　　　　　　　　　　　　　　　　1 280.00
（6）根据本期成本数据填制产品成本计算单（定额比例法），计算产品成本（见表4-93）

表4-93　产品成本计算单（定额比例法）

产品：甲产品　　　　　完工产量：350件　　在产品数量：50件　　　　　　　　　元

	成本项目	直接材料	直接人工	制造费用	合　计
本期生产成本合计	定额成本	20 000.00	5 625.00	1 875.00	27 500.00
	脱离定额差异	1 280.00	892.50	1 340.00	3 512.50
	定额变动差异	5 000.00			5 000.00
	小　计	29 180.00	6 517.50	3 215.00	36 012.50
分配率	脱离定额差异	0.06	0.16	0.71	
	定额变动差异				
产成品成本	定额成本	17 500.00	5 250.00	1 750.00	24 500.00
	脱离定额差异	1 050.00	840.00	1 242.50	3 132.50
	定额变动差异	5 000.00			5 000.00
	小　计	23 550.00	6 090.00	2 992.50	32 632.50
在产品成本	定额成本	2 500.00	375.00	125.00	3 000.00
	脱离定额差异	230.00	52.50	97.50	380.00
	定额变动差异				
	小　计	2 730.00	427.50	222.50	3 380.00

（7）结转完工产品成本并登记账簿（见表4-94）

借：库存商品——甲产品　　　　　　　　　　　　　　　　　　　32 632.50
　　贷：生产成本——甲产品（定额成本）　　　　　　　　　　　 24 500.00
　　　　生产成本——甲产品（脱离差异）　　　　　　　　　　　　3 132.50
　　　　生产成本——甲产品（变动差异）　　　　　　　　　　　　5 000.00

表4-94　生产成本明细账——甲产品　　　　　　　　　　　　　　　　　　元

年		字号	摘要	直接材料			直接人工			制造费用			合计
月	日			定额成本	脱离定额差异	定额变动差异	定额成本	脱离定额差异	定额变动差异	定额成本	脱离定额差异	定额变动差异	
			期初余额	10 000.00	700.00		750.00	80.00		250.00	40.00		11 820.00
			调整材料定额	(5 000.00)		5 000.00							0.00
			领用材料	15 000.00	1 000.00								16 000.00
			分配工资费用				4 875.00	812.50					5 687.50
			结转间接费用							1 625.00	1 300.00		2 925.00
			分配材料成本差异		1 280.00								1 280.00
			费用合计	20 000.00	1 280.00	5 000.00	5 625.00	892.50		1 875.00	1 340.00		37 912.50
			结转完工产品成本	17 500.00（红字）	2 607.50（红字）	5 000.00（红字）	5 250.00（红字）	833.00（红字）		1 750.00（红字）	1 250.67（红字）		34 191.17（红字）
			期末余额	2 500.00	372.50	0.00	375.00	59.50		125.00	89.33		3 521.33

（8）根据本期成本数据填制产品成本计算单（在产品按定额成本计价法），计算产品成本（见表4-95）

表4-95　产品成本计算单（在产品按定额成本计价法）

产品：甲产品　　　　　完工产量：350件　　　在产品数量：50件　　　　　　元

项目		直接材料	直接人工	制造费用	合计
本期生产成本合计	定额成本	20 000.00	5 625.00	1 875.00	27 500.00
	脱离差异	1 280.00	892.50	1 340.00	3 512.50
	变动差异	5 000.00			5 000.00
	小计	26 280.00	6 517.50	3 215.00	36 012.50

（续表）

项　目		直接材料	直接人工	制造费用	合　计
产成品成本	定额成本	17 500.00	5 250.00	1 750.00	24 500.00
	脱离差异	1 280.00	892.50	1 340.00	3 512.50
	变动差异	5 000.00			5 000.00
	小　计	23 780.00	6 142.50	3 090.00	33 012.50
在产品成本	定额成本	2 500.00	375.00	125.00	3 000.00

（9）结转完工产品成本并登记账簿（见表4-96）

借：库存商品——甲产品　　　　　　　　　　　　　　　　　33 012.50
　　贷：生产成本——甲产品（定额成本）　　　　　　　　　24 500.00
　　　　生产成本——甲产品（脱离差异）　　　　　　　　　 3 512.50
　　　　生产成本——甲产品（变动差异）　　　　　　　　　 5 000.00

表4-96　生产成本明细账——甲产品　　　　　　　　　　　　　　元

年		字号	摘要	直接材料			直接人工			制造费用			合　计
月	日			定额成本	脱离定额差异	定额变动差异	定额成本	脱离定额差异	定额变动差异	定额成本	脱离定额差异	定额变动差异	
			期初余额	10 000.00	700.00		750.00	80.00		250.00	40.00		11 820.00
			调整材料定额	(5 000.00)		5 000.00							0.00
			领用材料	15 000.00	1 000.00								16 000.00
			分配工资费用				4 875.00	812.50					5 687.50
			结转间接费用							1 625.00	1 300.00		2 925.00
			分配材料成本差异		1 280.00								1 280.00
			费用合计	20 000.00	2 980.00	5 000.00	5 625.00	892.50		1 875.00	1 340.00		37 712.50
			结转完工产品成本	17 500.00（红字）	2 980.00（红字）	5 000.00（红字）	5 250.00（红字）	892.50（红字）		1 750.00（红字）	1 340.00（红字）		34 712.50（红字）
			期末余额	2 500.00	0.00	0.00	375.00	0.00		125.00	0.00		3 000.00

三、作业成本法

作业成本法是以生产作业为成本计算对象归集作业成本，再分配给作业的受益对象（产品、服务等）的成本辅助计算方法。作业成本法是在生产自动化水平提高、间接费用在产品成本中占比上升、采用传统方法分配制造费用出现严重成本扭曲的情况下，基于作业消耗资源、产品消耗作业的逻辑进行作业的划分——先按作业归集费用，再按成本动因分配费用给各产品。作业成本法是企业全面成本管理和成本精细化管理的一种手段。

所谓作业，是指业务流程中为特定目标（生产产品、提供服务）而耗费资源的活动。作业可从不同的维度进行分类分析，如根据业务层次与范围，作业可分为单位作业、批次作业、产品作业、工序作业等。

划分作业并进行作业分析，从成本管理的角度可以围绕产品的价值链，发现并消除不创造价值的作业。通过分析成本动因，能够达到对资源耗费的准确控制，从而降低成本、提高作业成效。从成本核算的角度，可以将生产过程的间接费用按照成本动因更准确地分配给有关产品，从而提高成本信息质量。

（一）适用范围

作业成本法主要适用于业务活动过程较为复杂，自动化、信息化程度较高，传统的制造费用分配方法不能准确地反映成本和受益对象之间的联系，客观上要求对生产业务活动过程开展作业成本管理的企业。

（二）作业成本法的成本核算程序

① 确定作业体系，即确定作为成本计算对象的作业。

② 分析成本性态和成本动因，归集成本。直接成本直接计入产品或劳务；间接成本按作业进行归集。

③ 按成本动因分别计算成本分配率，合理分配作业成本。其计算公式为：

$$某作业中心成本分配率 = \frac{该作业成本总额}{该作业成本动因总数}$$

某产品应负担的作业成本＝该产品消耗的作业动因数量×某作业中心成本分配率

④ 计算完工产品和在产品成本。

任务实现

江海机床集团下属齿轮厂本期 M3 齿轮生产成本的账务处理如下。

① 计算本月生产成本脱离定额差异。

直接材料数量差异=(500-480)×4=80（元）

材料成本差异=500×4×1%=20（元）

直接人工价格（工资率）差异=600×(30-25)=3 000（元）

变动制造费用价格（开支）差异=600×(1.8-2)=-120（元）

② 采用在产品按定额成本计价法计算完工产品总成本，如表 4-97 所示。

单元四　产品成本计算方法应用

表 4-97　产品成本计算表　　　　　　　　　　　　　　　　　　　　　元

成本项目		直接材料	直接人工	制造费用	合　计
本月生产成本合计	定额成本	1 920.00	15 000.00	2 010.00	18 930.00
	脱离定额差异	100.00	3 000.00	-120.00	2 980.00
	定额变动差异				
	小　计	2 020.00	18 000.00	1 890.00	21 910.00
产成品成本	定额成本	1 120.00	13 700.00	1 710.00	16 530.00
	脱离定额差异	100.00	3 000.00	-120.00	2 980.00
	定额变动差异				
	小　计	1 220.00	16 700.00	1 590.00	19 510.00
在产品成本	定额成本	800.00	1 300.00	300.00	2 400.00

任务总结

概括产品成本计算辅助方法的应用范围及要点，如图 4-4 所示。

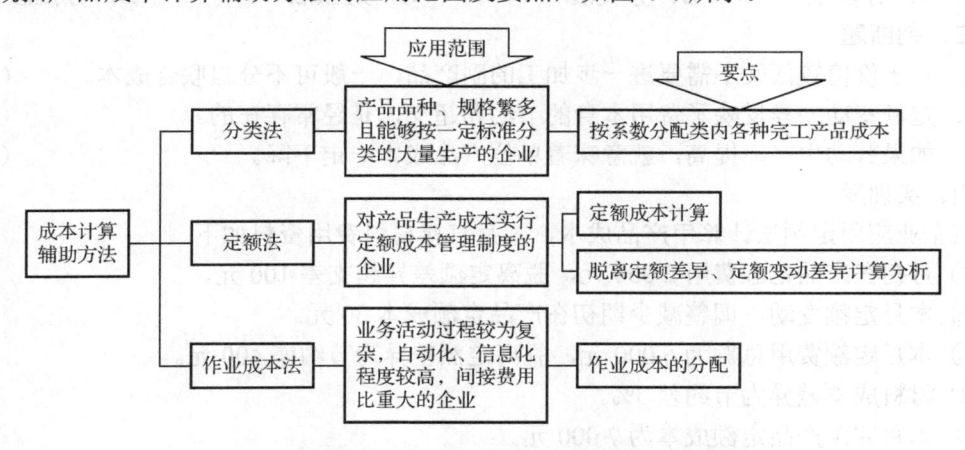

成本计算辅助方法：
- 分类法
  - 应用范围：产品品种、规格繁多且能够按一定标准分类的大量生产的企业
  - 要点：按系数分配类内各种完工产品成本
- 定额法
  - 应用范围：对产品生产成本实行定额成本管理制度的企业
  - 要点：定额成本计算；脱离定额差异、定额变动差异计算分析
- 作业成本法
  - 应用范围：业务活动过程较为复杂，自动化、信息化程度较高，间接费用比重大的企业
  - 要点：作业成本的分配

图 4-4　产品成本计算辅助方法的应用范围及要点

任务测试

一、单项选择题

1. 用同样的原材料，经过一道或一系列工序的加工同时生产出几种地位相同但用途不同的主要产品的是（　　）。

　　A．产成品　　　　B．联产品　　　　C．副产品　　　　D．等级品

2. 在实际生产中，宜采用分类法计算产品成本的是（　　）。

　　A．企业生产的产品可按一定标准分类

　　B．企业产品的品种、规格繁多

　　C．产品品种、规格繁多，但可以按照一定标准分类

　　D．大量大批单步骤生产的企业生产的多种产品

3．当企业生产工人工资采用计件制，以工人所生产产品的定额工时为工资计算标准时，成本数量差异分析只需要计算（　　）。
    A．直接材料数量差异　　　　　　　B．直接人工数量（效率）差异
    C．变动制造费用数量（效率）差异　D．变动制造费用价格（开支）差异

二、多项选择题

1．成本计算的辅助方法（　　）。
    A．不能单独应用
    B．能够单独应用
    C．必须与基本方法结合应用
    D．根据需要确定是否与基本方法结合应用
2．在定额法下，当消耗定额调整降低时，计算定额变动差异后，月初在产品（　　）。
    A．定额成本减少　　　　　　B．定额成本增加
    C．定额变动差异增加　　　　D．定额变动差异减少
3．下列方法中属于产品成本计算辅助方法的有（　　）。
    A．分步法　　B．分类法　　C．定额法　　D．分批法

三、判断题

1．对于价值较低又不需要进一步加工的副产品，一般可不分担联合成本。（　　）
2．定额变动差异反映了费用本身的节约和超支，是经常存在的。（　　）
3．如果劳动生产率提高，就意味着单位产品成本一定下降。（　　）

四、实训题

某企业应用定额法计算甲产品成本，本月直接材料费用资料如下。
① 月初在产品定额费用 2 000 元，脱离定额差异超支差 100 元。
② 本月定额变动，调整减少期初在产品定额成本 30 元。
③ 本月定额费用总额为 6 000 元，脱离定额差异为节约差 400 元。
④ 材料成本差异为节约差 3%。
⑤ 本月完工产品定额成本为 7 000 元。
要求：① 在产品按定额成本计价法计算期末在产品成本。
② 计算本月应分配的材料成本差异。
③ 计算完工产品成本。

单元五
成本报表编制与分析

企业内部控制应用与实践

▶ **思政目标**
1. 树立正确的世界观、价值观、人生观。
2. 强化财经法律意识,遵守财经法规和职业道德。
3. 培养爱岗敬业、诚实守信、坚持原则、依法纳税、强化服务等职业道德。
4. 增强职业责任感,树立对成本数据的保密意识,自觉维护企业商业秘密。

▶ **知识目标**
1. 了解成本报表的主要构成内容。
2. 掌握成本报表的填报要求。
3. 掌握成本报表分析的目的及内容。
4. 掌握成本报表设计的要求。
5. 掌握成本报表考核分析的方法。

▶ **技能目标**
1. 能够填制商品产品成本表、主要产品单位成本表、制造费用明细表。
2. 能够计算成本变动额、变动率,分析成本变动原因。
3. 能够绘制成本变动趋势图。
4. 能够开展成本构成及成本水平变动分析。
5. 能够运用连环替代法进行成本变动影响因素分析。

任务一 编制成本报表

任务情境

情境描述

江海机床集团 2023 年 5 月主要产品的有关数据为：螺纹磨床本月实际产量 5 台，本年累计产量 40 台；单位产品成本上年平均为 120 900 元，本年计划为 120 000 元，本月实际为 119 000 元，本年平均为 119 800 元。

丝杠磨床本月实际产量 3 台，本年累计产量 12 台；单位产品成本上年平均为 81 050 元，本年计划为 80 000 元，本月实际为 79 800 元，本年平均为 80 600 元。

任务要求

根据资料填制企业主要商品产品成本表，如表 5-1 所示。

表 5-1 商品产品成本表

年 月 元

产品名称	规格	计量单位	实际产量		单位成本				本月总成本			累计总成本		
			本月	本年累计	上年平均	本年计划	本月实际	本年平均	上年	计划	实际	上年	计划	实际
			1	2	3	4	5	6	7=1×3	8=1×4	9=1×5	10=2×3	11=2×4	12=2×6
可比产品														
螺纹磨床														
丝杠磨床														
不可比产品														
合计														

任务分析

企业常规成本报表填制任务的复杂度较低，但一般需要根据企业管理要求计算考核分析数据，并填写较多的补充说明资料。临时向管理层提供的专项成本报表需要自行设计报表格式，因此不仅需要掌握常用成本报表的填制方法，还需要掌握成本报表的设计要求。

单元五　成本报表编制与分析

> 相关知识

一、成本报表的概念和作用

成本报表是反映企业一定时期成本水平、成本构成及成本变动情况的会计报表。它属于内部报表，没有标准格式，不需要对外公开披露。成本会计核算所取得的各种账表数据是衡量企业各成本责任主体成本控制好坏和开展生产经营决策分析的主要依据，成本会计人员需要定期和不定期地向管理层提供有关成本数据。

成本报表的主要作用是向管理层反映企业实际成本的控制情况，考核成本计划、成本定额、成本预算等成本目标的完成情况，分析成本构成及成本变动的趋势并揭示影响因素，发现管理中存在的问题，从而为企业生产经营决策、改善管理提供依据。

成本报表能否满足企业管理的需要、能否及时高效地提供成本信息，主要取决于成本核算对成本细分的程度，表现在成本账户设置及成本项目的划分是否科学、细致、合理，是否做到了对企业重要成本构成内容的细分和单独反映。在计算机处理条件下，成本分类越细致，提供成本信息的准确性和效率越高，越能够满足管理的需要。

二、成本报表的特点

（一）灵活性

由于成本报表主要满足企业内部管理的需要，因此其报表种类、格式、项目、编制时间、报送程序和范围等都要根据企业管理需要自行确定，并随着生产条件、管理要求的变化而变化。一般定期填制报送的成本报表主要有商品产品成本表、主要产品单位成本表、制造费用明细表。实际工作中，会计人员还要根据管理层的要求临时设计、填报有关成本报表。

（二）保密性

企业的成本信息一般属于商业秘密，因此成本报表作为企业内部报表，不要求对外公开披露。会计人员对成本数据要根据产品是否涉密及保密等级要求，严格执行信息报送的对象及内容要求，自觉维护企业商业秘密。

三、成本报表的编制

（一）成本报表的编制要求

① 数字真实。报表所提供的数据应当是在完整记录当期实际发生的业务，核对账证、账账、账实相符后据实填报，不得弄虚作假，掩盖成本真实情况。

② 内容完整。报表的表头、表体、补充资料各部分项目应按要求填写完整，以满足管理需要，不得随意取舍。尤其成本报表属于动态报表，数据为"时期数"，报表应有清晰、明确的数据采集时间范围。

③ 编报及时。定期成本报表应按企业内部规定的时间按时报送；临时向管理层提供的满足特定要求的成本报表，在接受任务时应确定具体时间与内容要求，以确保及时提供有关报表。

④ 简明实用。会计人员应根据具体业务内容及管理要求合理设计报表格式，以便报表使用者清晰、准确地理解项目、指标内容和数据关系。对具有钩稽关系的报表项目一般应注明显示数据之间关系的运算公式。

（二）常见成本报表的填报

常见的成本报表有商品产品成本表、主要产品单位成本表（见表 5-2）、制造费用明细表（见表 5-3）等。通常填报成本报表是为了考核目标成本完成的情况，因此成本报表需要列示目标成本数据和实际成本数据，以便进行考核分析；日常其他特定管理决策事项要向管理层填报的成本报表，则需要成本会计人员根据要求自行设计报表格式。

表 5-2 主要产品单位成本表

年 月

产品名称： 规格： 计量单位：
本月产量： 本年累计产量： 金额单位：元

成本项目	历史先进水平（年）	上年平均	本年计划	本月实际	本年平均
直接材料					
直接人工					
制造费用					
制造成本					

表 5-3 制造费用明细表

年 月 元

项 目	本年计划	上年同期	本月实际	本年累计
工资及福利费				
折旧费				
修理费				
办公费				
水电费				
机物料消耗				
劳动保护费				
其他				
合 计				

1. 商品产品成本表的填报

① 可比产品：以前年度正式生产过，有完整的成本资料可做比较的产品。
② 不可比产品：本年度初次正式生产，缺乏可比较的成本资料的产品。
③ 本月实际数依据本月成本账簿填列。

④ 上年实际数：依据上年成本报表或上年账簿填列。

⑤ 本月计划数：根据本月计划进行填列。

⑥ 补充资料部分，根据企业管理要求，对报表中的对比数据做比较分析和说明，帮助报表使用者快速、准确、详细地解读报表。它主要包括：

- 实际单位成本比上年、比计划降低额、降低率。
- 商品产值=产量×销售价格（不含税）。
- 产值成本率=商品产品成本÷商品产值×100%。

2. 主要产品单位成本表的填报

① "历史先进水平"栏：根据企业历史成本资料该产品最低实际单位成本数填列。

② "上年平均"栏：根据企业上年度该产品实际成本累计平均单位成本填列。

③ "本年计划"栏：根据本年度该产品计划单位成本数填列。

④ "本月实际"栏：根据本月该产品的产品成本计算单中的单位成本数填列。

⑤ "本年平均"栏：根据本年度该产品实际总成本与产量计算平均单位成本数填列。

3. 制造费用明细表的填报

制造费用明细表各栏目分别根据年度计划、上年同期本表数据、制造费用本月账面实际发生额合计及本年累计数据填列。具体项目因企业制造费用构成的不同而有所不同。

例 5-1 某装备制造企业2022年12月生产产品甲100台、乙50件、丙30件，月末3种产品年累计产量分别为1 000台、600件、180件。甲、乙产品上年平均实际单位成本分别为900元、350元；甲、乙、丙产品本年计划单位成本分别为850元、300元、700元，本月实际单位成本分别为840元、310元、700元，本年累计实际平均单位成本分别为845元、305元、710元。

月末根据成本账簿的上述数据，填报主要成本报表，如表5-4、表5-5和表5-6所示。

表5-4 商品产品成本表

2022年12月　　　　　　　　　　　　　　　　　　　　　　　　　　　　　　　　元

产品名称	规格	计量单位	实际产量		单位成本				本月总成本			累计总成本		
			本月	本年累计	上年平均	本年计划	本月实际	本年平均	上年	计划	实际	上年	计划	实际
			1	2	3	4	5	6	7=1×3	8=1×4	9=1×5	10=2×3	11=2×4	12=2×6
可比产品														
甲	H3-24R	台	100	1 000	900	850	840	845	90 000	85 000	84 000	900 000	850 000	845 000
乙	D5	件	50	600	350	300	310	305	17 500	15 000	15 500	210 000	180 000	183 000
不可比产品														
丙	C6	件	30	180		700	700	710		21 000	21 000		126 000	127 800
合计									107 500	121 000	120 500	1 110 000	1 156 000	1 155 800

表 5–5　主要产品单位成本表

2022 年 12 月

产品名称：甲　　　　　　　　　　　　规格：H3-24R　　　　　　　　　　　　计量单位：台
本月产量：100 台　　　　　　　　　　本年累计产量：1 000 台　　　　　　　　金额单位：元

成本项目	历史先进水平（年）	上年平均	本年计划	本月实际	本年平均
直接材料	448	480	480	470	466
直接人工	222	240	200	225	230
制造费用	160	180	170	145	149
制造成本	830	900	850	840	845

表 5–6　制造费用明细表

2022 年 12 月　　　　　　　　　　　　　　　　　　　　　　　　　　　　　　元

项　　目	本年计划	上年同期	本月实际	本年累计
工资及福利费	71 680	78 000	64 960	66 752
折旧费	44 800	48 750	40 600	41 720
修理费	10 752	11 700	9 744	10 012
办公费	3 584	3 900	3 248	3 338
水电费	5 376	5 850	4 872	5 006
机物料消耗	17 920	19 500	16 240	16 688
劳动保护费	8 960	9 750	8 120	8 344
其他	16 128	17 550	14 616	15 020
合　计	179 200	195 000	162 400	166 880

四、成本报表设计要求

成本会计实务中，会计人员常常要根据管理要求临时设计、填报有关成本报表。设计中应注意达到以下几个方面的要求。

① 报表名称清晰、明确，没有歧义。
② 报表数据时间范围明确。
③ 报表项目简明，含义清晰。
④ 报表有关项目之间的数据关系清晰、明确，在项目下以行号或列号注明运算公式。
⑤ 报表数据计量单位明确。
⑥ 数据格式规范。会计金额小写要 3 位一个分节号；小数点后保留位数统一，需要补 0 的位数应补齐。
⑦ 有必要的补充说明。主要是对表中对比数据做必要的计算分析说明。

任务实现

根据资料填制企业主要商品产品成本表，如表 5-7 所示。

表 5-7　商品产品成本表

2023 年 5 月　　　　　　　　　　　　　　　　　　　　　　　　　　元

产品名称	规格	计量单位	实际产量		单位成本				本月总成本			累计总成本		
			本月	本年累计	上年平均	本年计划	本月实际	本年平均	上年	计划	实际	上年	计划	实际
			1	2	3	4	5	6	7=1×3	8=1×4	9=1×5	10=2×3	11=2×4	12=2×6
可比产品														
螺纹磨床		台	5	40	120 900.00	120 000.00	119 000.00	119 800.00	604 500.00	600 000.00	595 000.00	4 836 000.00	4 800 000.00	4 792 000.00
丝杠磨床		台	3	12	81 050.00	80 000.00	79 800.00	80 600.00	243 150.00	240 000.00	239 400.00	972 600.00	960 000.00	967 200.00
不可比产品														
合计									847 650.00	840 000.00	834 400.00	5 808 600.00	5 760 000.00	5 759 200.00

任务总结

概括成本报表的作用、特点和填制要求，如图 5-1 所示。

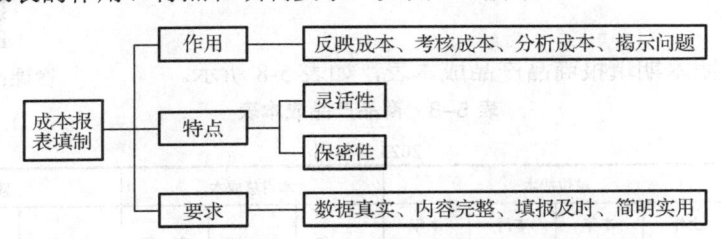

成本报表填制
- 作用 —— 反映成本、考核成本、分析成本、揭示问题
- 特点 —— 灵活性 / 保密性
- 要求 —— 数据真实、内容完整、填报及时、简明实用

图 5-1　成本报表的作用、特点和填制要求

任务测试

一、单项选择题

1. 可比产品是指（　　）。
   A．曾经生产过的产品　　　　　　B．有定额资料的产品
   C．正式生产过有完整成本资料的产品　　D．有行业标准的产品

2. 成本报表内容与编制方法（　　）。
   A．由国家统一规定　　　　　　B．由企业自行制定
   C．由主管部门制定　　　　　　D．由会计准则规定

二、多项选择题

1. 成本报表的特点是（　　）。
   A．公开性　　B．保密性　　C．灵活性　　D．统一性

2. 属于制造业成本报表的是（　　　）。
   A. 产品生产成本表　　　　　　　　B. 主要产品单位成本表
   C. 制造费用明细表　　　　　　　　D. 商品流通费用明细表
3. 成本报表的填报要求包括（　　　）。
   A. 数据真实　　B. 内容完整　　C. 填报及时　　D. 简明实用

三、判断题

1. 企业可以根据自身的生产特点和管理要求，编制各种有利于进行成本控制和成本考核的报表。（　　）
2. 成本报表的种类、格式和内容必须符合国家有关部门的统一规定。（　　）
3. 编制成本报表的目的主要是满足企业内部管理的需要。（　　）

任务二　分析成本报表

任务情境

情境描述

江海机床集团本期填报商品产品成本表，如表 5-8 所示。

微课：成本报表分析

表 5-8　商品产品成本表

2023 年 5 月　　　　　　　　　　　　　　　　　　　　　　　　元

产品名称	规格	计量单位	实际产量		单位成本				本月总成本			累计总成本		
			本月	本年累计	上年平均	本年计划	本月实际	本年平均	上年	计划	实际	上年	计划	实际
			1	2	3	4	5	6	7=1×3	8=1×4	9=1×5	10=2×3	11=2×4	12=2×6
可比产品														
螺纹磨床		台	5	40	120 900.00	120 000.00	119 000.00	119 800.00	604 500.00	600 000.00	595 000.00	4 836 000.00	4 800 000.00	4 792 000.00
丝杠磨床		台	3	12	81 050.00	80 000.00	79 800.00	80 600.00	243 150.00	240 000.00	239 400.00	972 600.00	960 000.00	967 200.00
不可比产品														
合计									847 650.00	840 000.00	834 400.00	5 808 600.00	5 760 000.00	5 759 200.00

任务要求

① 计算本年实际成本比计划成本降低额。
② 计算本年实际成本比计划成本降低率。
③ 说明实际成本比计划成本降低的原因。

任务分析

企业定期成本报表的主要作用是进行成本考核，因此往往需要依据成本报表对考核指标进行计算评价。分析主要采用对比分析法、比率分析法和因素分析法，一般可根据成本报表直接进行计算分析。

成本报表分析一般属于考核分析，是以实际成本与目标成本相比较做分析。成本变动额、成本变动率的计算较为简单，分析评价直接描述对比结果，较容易掌握。影响因素分析的连环替代法是在有限因素影响假设条件下，计算各因素对成本变动的影响，重点是因素替代顺序的确定并依次计算因素影响值。深入分析实际成本相对于目标成本变动的影响因素，需要结合账簿及生产的有关数据，详细分解成本指标的影响因素。

相关知识

一、成本报表分析的意义与内容

成本报表分析是利用成本数据及相关资料，对成本水平、成本构成、成本变动及其原因进行分析，以帮助管理者加强成本控制，挖掘降低成本的潜力，提高经济效益。

成本报表分析具有丰富的内容，从成本报表分析与业务活动的时间关系看，有事前、事中与事后分析；从分析的目的看，有成本预测分析、成本决策分析、成本考核分析。成本报表分析的目的不同，分析的对象和采用的方法就不同。

① 成本预测分析的目的是把握成本变动规律和未来成本水平，为企业经济决策提供可靠依据。成本预测分析主要是根据成本核算资料，分析成本性态，建立模型，对未来成本变化及可能达到的水平进行合理的估算。

② 成本决策分析的目的在于选择成本最优的决策方案。例如，企业生产所需要的某一设备有购置和租赁两种取得方式，选择哪种取得方式属于单纯的成本决策问题，其分析需要对各方案的相关成本进行比较，选择相关成本小的方案。

③ 成本考核分析的目的是落实经济责任制，是对过去经济活动所发生的成本进行剖析。它主要依据成本报表及成本账簿资料，通过计算实际成本与计划成本、历史成本、定额成本等目标成本或其他对比数据进行比较，考核成本指标完成情况，明确优劣，并进一步揭示影响成本变化的主、客观因素，作为对有关责任主体奖惩的依据。

企业成本考核指标因企业生产特点、发展阶段、管理水平及目标管理要求的不同而有所不同。因此，实务中成本考核分析要根据企业制定的具体考核指标，依据成本会计工作中的单、证、账、表记录，以及其他相关经济技术指标进行详细计算分析。例如，技术经济指标变动对成本的影响分析，包括劳动生产率、设备利用率、原材料利用率、能源利用率、废品率等有关指标变动对产品成本的影响；成本效益分析涉及销售、盈利等多种指标。

二、成本报表分析方法

（一）对比分析法

对比分析法是根据企业成本考核的具体要求，把成本项目本期实际数据与计划数据、历史数据、国内外同行业先进数据等目标成本进行比较，揭示差异和优劣，明确成本控制的问题和重点，评价成本工作绩效。

进行成本对比分析，要注意指标的可比性，即成本指标内容、时间范围、计算方法等方面口径一致。尤其在同类型企业进行成本指标对比时，要考虑技术、经济等客观条件的影响，从而准确揭示成本问题，客观评价成本工作。对比分析主要是计算成本降低额。其计算公式为：

$$成本降低额=本期目标成本-本期实际成本$$

实际成本与计划成本对比，主要是了解计划完成情况，明确成本水平较计划上升或下降的多少，为进一步分析成本差异产生的原因指明方向；与前期实际成本对比，有助于揭示成本两期之间成本水平的差异，了解成本变动的趋势。在实务中，要注意成本变动额与成本降低额计算上的差异。成本变动额是本期实际成本减去本期目标成本的差，负值表示成本降低额，正值表示成本增长额。

（二）比率分析法

比率分析法是通过计算有关指标之间的相对数，进行不同条件下有关成本指标的比较分析。它包括成本项目构成比率分析和相关指标比率分析。

1. 成本项目构成比率分析

成本项目构成比率分析是通过计算某项成本指标的各个组成部分占成本总额的比重，来分析成本内容构成的变化。例如，主要产品成本项目构成比率变化分析，通过构成比率分析准确把握成本管理的重点，了解成本的构成变化。其计算公式为：

$$成本项目构成比率=各成本项目金额\div该产品成本总额\times100\%$$
$$=单位产品各成本项目金额\div该产品单位成本\times100\%$$

2. 相关指标比率分析

相关指标比率分析是计算成本指标与有关经济指标的相对数，来分析成本绩效的优劣。常见的分析指标有可比产品成本降低率、产值成本率等。其计算公式为：

$$可比产品成本降低率=可比产品成本降低额\div可比产品按上年实际平均$$
$$单位成本计算的总成本\times100\%$$
$$产值成本率=商品产品成本\div商品价值\times100\%$$

式中，
$$商品价值=产量\times销售价格（不含税）$$
$$成本费用利润率=利润总额\div成本费用总额\times100\%$$

其中，成本费用总额包括营业成本、税金及附加、销售费用、管理费用、财务费用等。

（三）因素分析法

因素分析法是对影响成本指标水平的有关内在因素进行数量分析，以揭示各因素变动对成本指标影响的方向和大小的分析方法。常用的有连环替代法。

连环替代法分析计算如下。

假定某一产品成本指标 C 由 X、Y、Z 三个因素决定，其关系为：

目标成本 $C_t = X_t \times Y_t \times Z_t$

实际成本 $C_a = X_a \times Y_a \times Z_a$

实际成本与目标成本的差异 $\Delta C = C_t - C_a$

依次计算 X、Y、Z 各因素变动对实际成本脱离目标成本的影响，按照"先数量指标，后质量指标，先绝对量指标、后相对量指标"的原则，假定其他因素不变，逐一替代计算如下。

基于目标成本 $C_t = X_t \times Y_t \times Z_t$

第一次替代：

假设 X 变量为最先改变的数量指标，由制定目标成本时的 X_t 改变为实际条件下的 X_a，Y、Z 两个因素保持不变，计算当 X 变量改变后的成本数据 C_1。

$$C_1 = X_a \times Y_t \times Z_t$$

则 X 因素对实际成本脱离目标成本的影响值为：$\Delta C_x = C_1 - C_t$。

第二次替代：

假设 Y 变量在 X 变量发生改变后接着发生改变，由制定目标成本时的 Y_t 改变为实际条件下的 Y_a，Z_t 因素保持不变，计算当 Y 变量改变后的成本数据 C_2。

$$C_2 = X_a \times Y_a \times Z_t$$

则 Y 因素对实际成本脱离目标成本的影响值为：$\Delta C_y = C_2 - C_1$。

第三次替代：

假设在 X、Y 两个因素改变后，Z 因素也接着发生改变，由制定目标成本时的 Z_t 改变为实际条件下的 Z_a。此时，3 个因素全部为实际成本发生时的水平，Z 变量改变后的成本数据 C_3 即为实际成本 C_a。

$$C_a = X_a \times Y_a \times Z_a$$

则 Z 因素对实际成本脱离目标成本的影响值为 $\Delta C_z = C_a - C_2$。

最后，计算 3 个因素影响的总和：

$$\Delta C = \Delta C_x + \Delta C_y + \Delta C_z$$

例 5-2 某企业本期甲产品生产计划成本 900 000 元，实际成本 1 045 500 元。材料计划消耗量为 18 000（90 台×200 千克/台）千克，材料计划单价 50 元/千克；材料实际消耗量为 20 500（100 台×205 千克/台）千克，材料实际单价 51 元/千克。运用连环替代法分析实际成本与计划成本差异的原因。

实际成本与计划成本的差额＝1 045 500.00－900 000.00＝145 500.00（元）

产量变动的影响＝(100－90)×200×50＝100 000.00（元）

材料消耗量变动的影响＝100×(205－200)×50＝25 000.00（元）

材料价格变动的影响＝100×205×(51－50)＝20 500.00（元）

3 个因素变动影响总额＝100 000.00＋25 000.00＋20 500.00＝145 500.00（元）

对上述各因素变动对总成本的影响进行计算分析后，需要进一步对产量增加这一变化进行分析，以明确产量增加的原因是销售扩大，还是盲目扩大生产；产量增加是否严格执行了目标管理要求；产量变更是否有必要的审批管理环节。对原材料消耗的增加原因要进行分析，明确是下料环节误差，还是生产环节浪费，或者是其他原因造成的。对材料实际采购成本的变化原因也要进一步分析，以落实成本考核责任。

任务实现

根据江海机床集团本期商品产品成本表，进行实际成本与计划成本的对比分析如下。

① 螺纹磨床本年实际成本比计划成本降低额＝4 800 000.00－4 792 000.00＝8 000（元）

丝杠磨床本年实际成本比计划成本降低额=960 000.00-967 200.00=-7 200（元）

② 螺纹磨床本年实际成本比计划成本降低率=8 000÷4 800 000.00×100%=0.17%

丝杠磨床本年实际成本比计划成本降低率=-7 200÷960 000.00×100%=-0.75%

③ 本年螺纹磨床实际成本比计划略有降低，减少了 8 000 元，降低率 0.17%。成本总额降低是产品单位实际成本降低所致。

本年丝杠磨床实际成本比计划成本略有增加，增加了 7 200 元，增长率 0.75%。成本总额增长是产品单位实际成本增加所致。

影响单位实际成本变动的因素分析，需要根据成本账簿中成本项目的变动情况做进一步分析。

任务总结

概括成本报表分析方法体系，如图 5-2 所示。

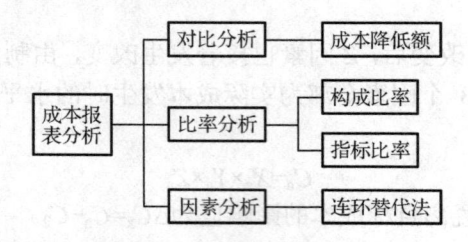

图 5-2　成本报表分析方法体系

任务测试

一、单项选择题

1. 对比分析法是指（　　）。
   A．趋势分析　　　　　　　　　　B．连环替代分析
   C．结构分析　　　　　　　　　　D．实际与目标差异分析

2. 分析得到"人工成本在总成本中所占比重显著提高"的结论是依靠对产品成本进行（　　）得到的。
   A．趋势分析　　　　　　　　　　B．构成比率分析
   C．因素分析　　　　　　　　　　D．指标比率分析

3. 关于连环替代法的错误表述是（　　）。
   A．假设有限因素影响　　　　　　B．先替代数量指标
   C．后替代质量指标　　　　　　　D．可任意确定替代顺序

二、多项选择题

1. 成本分析内容可划分为（　　）。
   A．成本预测分析　B．成本决策分析　C．成本考核分析　D．成本核算

2. 成本报表分析常用的方法有（　　）。
   A．趋势分析法　　B．对比分析法　　C．比率分析法　　D．因素分析法

3．生产企业常见的产品成本报表有（　　　）。
   A．商品产品成本表　　　　　　　　B．主要产品单位成本表
   C．制造费用明细表　　　　　　　　D．管理费用明细表

三、判断题

1．可比产品成本降低率等于可比产品成本降低额除以全部可比产品的全年总成本。（　　）

2．产品产量的变动只会使成本降低额同比例、同方向增减，而不会影响成本降低率。（　　）

四、简答题

会计人员在日常工作中需要报送的临时成本报表在设计上应注意哪些事项？

五、实训题

某企业甲产品生产计划产量 1 500 件，因客户追加订单实际生产 1 600 件。单位产品原材料消耗为：计划 30 千克；实际 36 千克。原材料单价为：计划 50 元/千克；实际 42 元/千克。

要求：运用连环替代法计算本期原材料消耗量，分析原材料单价变动对产品直接材料费用的影响。

尊敬的老师：

　　您好。

　　请您认真、完整地填写以下表格的内容（务必填写每一项），索取相关图书的教学资源。

教学资源索取表

书　　名					作者名	
姓　　名			所在学校			
职　　务			讲授课程		职　称	
联系方式	电　话			E-mail		
	QQ号			微信号		
地址（含邮编）						
贵校已购本教材的数量（本）						
所需教学资源						
系/院主任姓名						

系／院主任：_____（签字）

（系／院办公室公章）

20____年____月____日

注意：

① 本配套教学资源仅向购买了相关教材的学校老师免费提供。

② 请任课老师认真填写以上信息，并请系／院加盖公章，然后传真到（010）80115555 转 718438 索取配套教学资源。也可将加盖公章的文件扫描后，发送到 fservice@126.com 索取教学资源。欢迎各位老师扫码添加我们的微信号，随时与我们进行沟通和互动。

③ 个人购买的读者，请提供含有书名的购书凭证，如发票、网络交易信息，以及购书地点和本人工作单位来索取。

微信号